06

张远山作品集

美丽新世界

北京出版集团
北京出版社

本书说明

　　《美丽新世界》所收24篇思想论，写于1992年至2010年。历史论，文化论，哲学论，各选8篇。6篇选自文集《永远的风花雪月，永远的附庸风雅》，3篇选自文集《告别五千年》，7篇选自文集《文化的迷宫》，2篇选自文集《老庄之道》，2篇选自吴剑文编张远山文选《思想真的有用吗》，4篇是未曾入集的集外文。

　　所收文章曾经发表于《书屋》《社会科学论坛》《东方》《中国图书评论》《博览群书》《黄河》《领导文萃》《杂文选刊》《八面来风》《书摘》《考试》《金隆》《南方都市报》《三湘都市报》等报刊。3篇经读者投票获1997、1998、2003年度《书屋》奖。

　　本次收入《张远山作品集》，文字均已修订。另增一个相关附录。

目 录

下卷

哲学论

历史论

告别五千年

人们常常喜欢把文明和历史，比拟为人的生命历程，比如"希腊是人类的童年"，"中华文明过于早熟"等。这种把历史有机化的东方式隐喻，现在已经没什么市场。原因或许是"太人性"（尼采）了，太文学化了，太不科学了。不过依我看来，至少在长时段的历史判断上，科学没什么用，所以我还是想用传统的、"东方神秘主义"的比喻。不过有必要说明，我既不是历史衰退论者，也不是历史循环论者，我甚至不相信历史有什么"客观规律"。因为如果真有"客观规律"，那么自由意志就无处安身，这是中外哲学家至今尚未解决的莫大难题。为了头脑的自由意志，我只能对"客观规律"存疑。因此本文所论，与"规律"无关，仅是比喻。

我的比喻与上述把历史阶段比拟为生命时段，既有相同之处，都取自人，也有不同之处，我不取人生的时间性，而取人体的空间性。人体的空间性，大要是两部分：以腰际为界，分为上半身、下半身。细分是五小段，其中上半身三小段：头脑、胸膛、腹部；下半身两小段：胯部、膝部。五大身段，可以代表五个基本的文化层次。每一阶段的历史，从占主导地位的文化层次中获得基本动力，其他文化层次或者退居次席，或者被贬抑到无足轻重。

中华文明史，大致正是两大段，以唐中叶的女主武则天称帝、安史之乱、禅宗兴起为界，此前是上半身，此后是下半身。上下半身之内，按照时髦的遗传基因学说，也各有五小段。五小段内的每一朝代，又有同样的五小段，比如开国皇帝大抵颇有头脑，继任的皇帝也大抵很有胸膛，随后的皇帝沦落到肠胃、胯部，亡国之君则用膝盖跪迎新主。如果某位皇帝在位时间足够长，大抵也有相似的五部曲，如同孕妇一般，自己五脏俱全，腹中胎儿也应有尽有。但我又不愿用史实附会理论，所以据实而论，唐中叶以前，作为中国历史总体的上半身，其力量始终来自上半身，而非来自下半身。这并不意味着没有下半身，而是上半身主宰着下半身。唐中叶以后，作为中国历史总体的下半身，也并非没有上半身，只是下半身主宰着上半身。值得注意的是，上半身主宰下半身的时代，下半身往往相当强健；下半身主宰上半身的时代，下半身必定非常虚弱。

上篇 上半身和上半时

中华文化发轫于传说中的尧、舜、禹时代，历经夏、商、周三代，到中华文明之父孔子（前551—前479）降生之前，属于中华文明的史前期，但归入总的中华文化史。孔子之前的中华文化史，属于史前巫术时代，所以文化层次未分，天人合一，人兽合体，百兽率舞。那时人还没有独立，历史的文化层次尚未充分展开。需要补充的是，天人合一时代过去之后，中国人一直在试图重建天人合一，然而从未获得成功。

孔子降生前后，天人一统被打破，天梯断了，人天阻隔（《尚书·吕刑》"绝地天通"），中国人开始了文明历程，"天行健，君子以自强不息"（《易传·乾》）。春秋战国是中国头脑大放异彩的时代，所有诸子百家，都是迄今为止最好的中国头脑：老子、孔子、墨子、庄子、公孙龙、荀子、韩非，等等。好头脑产生的历史影响不尽相同，但这与那些头脑的关系不太大。因为即便某些好头脑的历史影响极坏，也是不肖子孙自己没头脑。春秋战国时代，不仅是中国人的头脑时代，也是印度、希腊、犹太等伟大民族的头脑时代。德国哲学家雅斯贝尔斯把全球范围平行发生的头脑时代，命名为人类文明的"轴心时代"。诚哉斯言！如果不以头脑为轴心，那么文明必然衰退。[1]

天梯本是华夏民族的共祖黄帝上下仙凡两界的"电梯"。到秦始皇，春秋战国的"人文发电机"都被砸烂，书被焚，儒被坑，于是"天电""人电"齐断，天神黄帝不再乘天梯下来，人间的头脑又全都只长荒草，不再开花结果，于是中国历史进入两千多年的没头脑时代。初民的主神，大抵都司

---

[1] 中国的轴心时代，参阅作品集第七卷《寓言的密码》。

雷电，中国人没有了神，再也没有思想的闪电。对此儒家起了主要作用，他们把人神合一的神话予以人文化、历史化，于是神退了位。神道设教的墨家又被儒家击败，中国人的没头脑，终于长期无药可救。西方中世纪也像秦以后的中国一样没头脑，但由于有神，尽管头脑休克千年，毕竟没有成为植物人，十字军东征以后，被从阿拉伯"出口转内销"的希腊思想重新一"充电"，长期冬眠的头脑再次激活，于是开始了伟大的文艺复兴。而中国人的头脑，在秦以后除了被砍，别无他用。也许当荆轲白白献上樊将军自愿割下的头颅，却刺秦未成之时，此后两千年的历史悲剧即已注定。

于是秦王嬴政综合"三皇五帝"，成了"皇帝"。秦始皇重新建立一统，但不是天人一统，而是由人一统天下。秦始皇一登上中国的历史舞台，中国人的上帝就死了，从此中国进入了没有头脑、只有胸膛的时代，像"以乳为目，以脐为口"（《山海经》）的刑天那样，狂舞干戚。

秦始皇的胸膛拍得够响，也把奴役人民的鞭子拍得够响，但只在"宇内"拍得响。而这个"宇内"，被他用长城圈了起来。全体中国人，从此成了皇帝的家畜。[1]

汉承秦制，依然没有头脑，但是胸膛拍得更响。至今中国人若拍胸膛，仍然骄傲地自称"汉人"，"汉子"，"好汉"，"男子汉"。没头脑的流氓，胸膛倒是有的。街头流氓只要一拍胸膛，没头脑的良民都很害怕。无论是秦始皇嬴政，汉高祖刘邦，还是西楚霸王项羽，都是只有胸膛、没有头脑的政治流氓。只要爱拍胸膛，都是流氓，不管是在街头，还是庙堂。王道既需要头脑，又需要胸膛；霸道不需要头脑，只需要胸膛。孟轲尽管主张王道，但他拍胸膛的腔调，十足一个文化流氓，儒学就是被他"舍我其谁"地大拍胸膛，拍成了僵化的正统思想。秦始皇以后的中国皇帝，最高境界就是没头脑的霸道。霸道越成功，越被没头脑的臣民称颂为王道。秦以后的中国百姓，最高境界也是没头脑的霸道，民间叫作"地头蛇"，以便与庙堂真龙对称，或者直接叫他"恶霸"，当然是在背后。当恶霸偶尔与官府捣

---

[1] 贾谊《过秦论》："及至始皇，奋六世之余烈，振长策而御宇内，吞二周而亡诸侯，履至尊而制六合，执敲扑以鞭笞天下……"

蛋时，就被老百姓称为"侠客"。

西汉是最有胸膛的时代，气魄极盛。汉武帝是中国最有胸膛的皇帝。他的胸膛拍得很响，他的臣子也拍得很响，卫青、霍去病、张骞的拍胸膛声，至今还能听到。但是霍去病墓前的石猪石马，一看就是没头脑者雕刻的，比最后一代先秦头脑雕刻的秦始皇兵马俑不知差多少。西汉最有头脑的司马迁，却被没头脑的汉武帝阉割了下半身。也正是这个没头脑的汉武帝，宣布独尊最没头脑的思孟学派儒学，罢黜一切有头脑的诸子学说，导致此后两千年的中国优秀头脑，因为只读儒书而变得毫无头脑。至于汉大赋就更不用说了，有头脑者怎么会把脑力耗费于这种雕虫小技？"洛阳纸贵"，仅仅说明全体没头脑。

一个失去头脑的民族，只能以胸膛以下的腹部代替头脑，以肠胃的蠕动代替头脑的活跃，于是孔子之前的愚昧巫风重新大炽，汉武帝时代最没头脑的董仲舒，开始鼓吹"天人感应"的巫术儒学。延至东汉，谶纬巫蛊之风臻于极盛。唐代最没头脑的韩愈，也看不上妖人董仲舒，宣布跳过他，直接承续一千年前先秦诸子中最没头脑的孟子之"道统"，全然不顾孟子关于"五百年必有王者兴"的可笑预言。巫术迷信是比有头脑的宗教远为低劣的信仰代用品，与其说"宗教是人民的鸦片"（马克思），不如说巫术是头脑的毒品。世上最没头脑最接近巫术的宗教，就数汉代兴起的道教了。道教追求此岸肉体长生，而非彼岸精神永生，与无神论的先秦道家毫无关系，却被没头脑的后人混为一谈。

既然士大夫的头脑已被儒学淤泥堵死，老百姓的头脑又被巫术迷信堵死，中原文明的早发优势当然不复存在。在魏晋时代的胸膛气魄最后回光返照之后，很快就是五胡横扫北中国。这一时期，中国人继失去头脑之后，连胸膛也开始气喘吁吁。诸葛亮像关羽、张飞一样，是口气比力气大的拍胸膛者，其名文《前（后）出师表》实在难以卒读，倒是当时最有气魄的曹操父子，留下了千古名篇。整个六朝除了陶渊明，没有任何头脑。但是陶渊明的头脑，仅够自己逃避那个没头脑时代，不足以给整个时代重新"充电"。虽然他也唱过两句"刑天舞干戚，猛志固常在"，但他深知自己所处的时代，连西汉的刑天式胸膛也已不复存在。所以只能"不知有汉，无论魏晋"，"悠然见南山"地独自天人合一去了。从他的祖父陶侃为了不用头脑，每天把陶瓮搬进搬出，你就不难看出一点端倪。由于失去了头脑的精神理想和胸膛的世俗理想，六朝人只剩下最为世俗的肠胃。然而一味满足肠胃，迟早会肠胃功能紊乱，于是士大夫"嗑药吸毒"，服五石散，乞求长生久视；老百姓吃斋念佛，崇拜偶像，乞求往生极乐。佛教的精深信仰，在没头脑时代的中国，只能沦为与道教一样浅薄的巫术迷信。

由于唐中叶以前属于中华文明的上升期，也就是历史的上半身，所以唐中叶以前的中华文明，仅仅停滞在腰线以上。荒淫的隋炀帝受尽千古骂名，但他以惊人气魄开凿的大运河，比秦始皇修建的长城远为功德无量，为唐代的文化复兴创造了条件。也就是说，下半身在唐以前还没有过分活跃，至少尚未活跃到导致上半身瘫痪。不过下半身的"房中术"，已经开始了星星之火。

到了唐代，没头脑的胡人的粗粝胸膛，与秦汉先失头脑、六朝再失胸膛的汉人一结合，终于生出一个强悍的杂种。这一胡汉结合的胸膛，开拓了中国有史以来的最大疆域。广阔胸膛中那颗搏动的心脏，产生了辉煌的唐诗。唐诗足以代表中国之心，但是仍然毫无头脑，因为唐诗中找不到任何先秦没有的新思想。倒不如说，唐诗是对中华文明走向脑死亡这一重大悲剧的深情哀悼，是"壮士一去兮不复还"的易水之歌。然而悲壮的易水之歌，被胡人安禄山的渔阳鼙鼓打断，此后的宋词、元曲、明清小说，只是心力衰竭以后的长长呜咽。作为宋词之祖的李白（701—762）《忆秦娥》，为之定了基调："西风残照，汉家陵阙。"

中经如同天鹅之歌的开元盛世，从七世纪末到八世纪中叶的半个世纪里，女主武则天（624—705）[1]，禅宗和尚惠能（638—713）[2]，胡人安禄山

---

[1] 武则天（624—705，690—704在位）颁伪佛经《大云经》，制造弥勒佛"为众生故，现受女身"之舆论，690年践帝位，改国号周，704年自去帝号，让位其子唐中宗李显。

[2] 700年武则天召神秀（606—706）入京，封国师。神秀死后，被唐中宗李显（656—710，705—710在位）谥为"大通禅师"。惠能（638—713）弟子七祖神会（688—760）在惠能死后编纂《六祖坛经》，发动"南宗革命"，导致815年唐宪宗李纯（778—820，806—820在位）追谥惠能为"大鉴禅师"，此后神秀的北宗禅式微，惠能的南宗禅一统天下。参见胡适《荷泽大师神会传》。

（703—757），这三个划时代的"非主流"人物，把唐代划开，也把中国历史的上半身与下半身划开，更不妨说是剖腹或腰斩。用陈子昂作于696年的《登幽州台歌》形容这一历史分水岭，真是再恰当不过："前不见古人，后不见来者。念天地之悠悠，独怆然而涕下。"从此以后，日渐兴盛的禅宗告诉中国人，不识字更好，人根本不需要头脑。表彰禅宗的武则天告诉乾纲不振的汉子们，女人也可以成为皇帝，男人也可以充入后宫。从此中国汉子们继彻底失去头脑以后，又彻底失去了胸膛。在没有胸膛的逼仄胸腔中，是否还有心肝，只有天晓得了。

捉弄人的是，从公元前三千年尧、舜、禹时代到孔子时代，是两千五百年。从孔子时代到公元后两千年我撰写本文之时，也是两千五百年。所谓"上下五千年"的中华文化史，其上半身和下半身，上半时和下半时，恰好上下各半，完全对称。甚至从孔子时代到唐中叶的安史之乱（755—763），是一千两百多年；从唐中叶的安史之乱到公元后两千年我撰写本文之时，也是一千两百多年。也就是说，从孔子至今的两千五百年中华文明史，其上半身和下半身，上半时和下半时，同样上下各半，完全对称。

下篇　下半身和下半时

进入文明下半身和历史下半时的中国人，头脑的思想精魂，胸膛的阳刚之气，再也没能复原，于是永远没头脑却永远有胸膛的胡人，比六朝之时更加没遮没拦地长驱直入，终于直抵南中国的边陲。从五代至两宋，辽、金、西夏的塞北刑天们，都视中原如无人之境。苟延残喘的宋人只能在西湖之畔，夜夜笙歌地醉生梦死，放任腰际上下的食色大欲了。

两汉皇帝大拍胸膛，臣民也有胸膛可拍，武将卫青、霍去病可以横扫匈奴，大振汉声，书生张骞、班超也可以投笔从戎，扬威异域。然而南宋皇帝没有胸膛，也不允许臣民有胸膛，武将岳飞的胸膛拍不响，反被十二道金牌拍死，书生辛弃疾的胸膛更拍不响，只能"把栏杆拍遍"。所有的中国头脑，除了苦读旨在消灭头脑的朱熹版四书五经，唯一的日常功课就是参禅，参那个不识字也没头脑的佛学叛徒惠能的禅学闷葫芦。唐代以后最有头脑的苏东坡，除了"遥想公瑾当年"，只能"姑妄谈鬼"了。但他却与远比司马迁没头脑的司马光（《资治通鉴》与《史记》不可同日而语）合伙，与远比自己更有头脑的王安石作对，使之重振胸膛（作为儒生，王安石不可能致力于恢复头脑的尊严）的计划归于流产，终于"人生失意无南北"。肠胃时代的宋词，当然令人肝肠寸断。奉旨填词的柳永唱道："今宵酒醒何处？杨柳岸，晓风残月。"

然而元代以前，中华文明的总体水位毕竟尚未降至腰部以下，仅仅是在腰线上下徘徊。蒙古人的铁骑，终于把中国人的最后一点胸膛气魄也践踏殆尽。本该用头脑挣饭吃的儒生，在"九儒十丐"的天条之下，彻底丧失了尊严。元代最有胸膛的关汉卿，拍着胸膛夸耀的只是腰部以下的力量，自称是"蒸不烂、煮不熟、捶不扁、炒不爆、响当当一粒铜豌豆"。元曲的最高成就《西厢记》，却在出世的佛寺中，上演腰部以下的入世喜剧。而时代的绝唱，则是马致远的《天净沙·秋思》："枯藤老树昏鸦，小桥流水人家，古道西风瘦马。夕阳西下，断肠人在天涯。"

元代以后，就到了中华文明最为黑暗的朝代，然而它却自诩为可与日月争辉的"明朝"。这一朝代的特点，就是从放纵腰线以上的食欲，转入放纵腰线以下的色欲。腰线如同楚河汉界，轻易不能越过，一旦越过，就如过河卒子，再也无法回头。下半身瘫痪的自由人，照样可以保有人类不可或缺的头脑和胸膛。下半身瘫痪的有尊严者，照样可以是可杀不可辱的大丈夫。上半身瘫痪而下半身活跃的人，已与禽兽相差无几。不幸的是，明朝正是这样一个下半身高度活跃的朝代。

首先，这是一个下半身残缺又彻底没有头脑和胸膛的太监主宰的朝代。其次，这是一个最为优秀的头脑致力于撰写《金瓶梅》和《肉蒲团》的朝代。胯部时代的明清小说，读了当然令人胯下蠢蠢欲动。明朝是控制士大夫最为严酷的朝代，由于政治上无可为，文化上完全失去活力，士子们不能拍着胸膛在战场上厮杀，只能扭动胯部在床第上采战。既然他们的双手不能大拍上半身的胸膛，只能把玩女人下半身最底部的三寸金莲了。床第上的战士，号称"采阴补阳"和"返精补脑"。真不明白，毫无阳刚的精神太监还补什么阳，毫无头脑的思想奴隶又补什么脑？一泻千里的西门庆，大把吞吃着胡僧给他的壮阳药，以及自家药房里的各种补药。大概正是从那时起，中药房里卖的主要不是治病救命的药，而是滋阴壮阳的"十全大补膏"了。

明朝皇帝根本不再需要臣民贡献腰线以上的头脑和胸膛，于是再次修起了长城，而且修得比秦长城远为坚固。作为下半身主宰一切的最大证据，明朝皇帝只需要臣民提供腰线以下的屁股和膝盖，所以明朝除了是西门庆的"驴行货"时代，未央生的"狗行货"时代，也是动辄打屁股的廷杖时代，更是充分使用膝盖的下跪时代。总之，明朝作为上半身彻底被废的中华古典文明的最后尾声，全力开发的都是下半身的功能。由于雄性激素严重缺乏，整个明朝未能产生一篇雄文。孱弱文士们津津乐道的张岱名句"舟中人两三粒"，大概算是时代最强音了。

至于清朝，已经不是中华古典文明的存活时代，而是中华古典文明的木乃伊时代，是借清朝征服者的"以汉治汉"政策而诈尸闹鬼的时代。清初的所谓"太平盛世"，只是中华古典文明等待埋葬之前的"太平间"，乾嘉巨子只是在为文化遗体做入殓前的整容化妆而已。在更为严酷的异族统治之下，中国人连西门庆式色厉内荏的下盘功夫也没有了，只剩下贾宝玉式的"意淫"，只能下作兮兮充满绮念地神游"太虚幻境"了。

很显然，中华文明急需脱胎换骨，急需新的头脑和新的胸膛，于是西方头脑和西方胸膛适时而至。有头脑的西方人凭借船坚炮利，跨洋越海来到中华大地，把胸膛拍得山响。不甘心被铁屋关死的极少数中国人，虽然暂时还没有强健的胸膛，但已开始向西方头脑学习，并且在学习过程中重新获得了胸膛。因为真正有头脑的人，一定有胸膛，只是未必像仅有胸膛的流氓拍得那么响。重新获得头脑的中国人，终于成了有胸膛的革命党，埋葬了早已成为僵尸的帝王制度和古典文明。于是历史走到了我们正在与之告别的二十世纪，中华民族进入了衰极复振又前途未卜的痛苦蜕变期。

二十世纪是一个浓缩的世纪。说它浓缩，一是上下半时都开办过西方文化的速成班，然而这种压缩饼干式的精神食粮，导致了严重的消化不良，并且主要停留于肠胃，还来不及改良头脑；二是它同样具体而微地按照时间顺序，逐级走过了五个文化层次，或者说五个文化身段。

第一、第二个十年（1911年辛亥革命、1919年五四运动）是头脑时代。当然此时最有头脑的中国人，头脑里有的，主要是西方思想。其后三个十年（二、三、四十年代）是胸膛时代。首先是各地军阀像大猩猩那样，互相比赛谁的胸膛拍得更响，然后是国、共两党比拼谁的胸膛拍得更响。这一比拼尚未分出胜负，日本人加塞进来，与全体中国人比拼拍胸膛，妄图上演蛇吞象的奇迹。然而日本人尽管是中华古典文明最优秀的学生，却没记住一句中国谚语"兄弟阋于墙，外御其侮"（在没头脑时代，中国人就靠这些谚语代替思考），更没想到另一句中国谚语"瘦死的骆驼比马大"专门等着他们，于是身材矮小而胸膛不大的日本人被赶走。随后比国民党更有头脑的共产党成了最终胜利者。气魄极盛的毛泽东唱道："秦皇汉武，略输文采；唐宗宋祖，稍逊风骚。"

于是进入二十世纪下半时的最初三个十年（五、六、七十年代），这是全体中国人把胸膛拍得山响的时代，不幸的是又再次成为只重胸膛不重头脑的时代。有头脑的知识分子都被洗脑，洗去其他西方思想，代之以奉为正统的唯一西方思想。于是由膝行而重新"站起来"的全体中国人，都跟着一起拍胸膛，表示要胸怀全球。公允地说，这是唐中叶以后，中国人在世界上地位最高、影响最大的时代，然而代价太大了，除了胸膛以外，头脑和肠胃都被漠视。之后的中国人终于醒悟，饿着肚子不可能真正拍响胸膛，至少拍不出汉唐气象。于是开始低调地韬光养晦，进入八十年代的肠胃时代，希望吃饱肚子以后再拍胸膛，依然不考虑头脑。因为历史和文化具有巨大的惯性，从上半身越过腰线降至下半身不容易，反过来从下半身越过腰线升至上半身更不容易。

历史的巨大惯性表现为，八十年代初步满足肠胃之后，不仅没有向胸膛和头脑方向上升，而且向下三路不断下滑。由肠胃领唱的八十年代，主旋律是"端起饭碗吃饭，放下饭碗骂娘"。然后饱暖思淫欲，由胯部主演的九十年代，压轴大戏是"玩的就是心跳"，"过把瘾就死"。文化的巨大惯性表现为，不仅没头脑者还在为帝王时代的唯一正统思想招魂，阻碍中国人的头脑得到真正解放。由于政治上无可为，上半身瘫痪，于是下半身再次活跃起来，因为上半身的胳膊，拧不过下半身的大腿。一本号称"《金瓶梅》第二"的脏书，是这一时期的唯一"名著"，作者是当代最优秀的没头脑作家。"以笔为旗"之辈，自以为得毛泽东真传，继续把胸膛拍得山响。然而毛泽东是真有胸膛，贴假胸毛的假"好汉"却没胸膛可言。至于到底有没有头脑，只要看看那种刑天式的架势，就不难找到答案。九十年代不仅是胯部时代，更是膝盖时代，宣称"抵抗投降"的人，却不得不向权力、金钱和愚昧屈膝投降。鲁迅说："老调子还没唱完。"然而时辰已到，大幕将落，时代的歌手该谢幕了。"俱往矣"，五千年不散的筵席，终于该散场了。

中华古典文明的下半身或下半时早已过去，过渡性质的二十世纪也即将过去，上下五千年终于走到了终结点。这不禁使我产生了莫大期待：也许中国人确实到了重新挺起胸膛，用自己的头脑自由思想的时候了。

1999年7月13日

（本文刊于《八面来风》1999年第12期，《书屋》2000年第1期，德国《莱茵通信》2005年第12期。收入张远山文集《文化的迷宫》。入选祝勇编《对快感的傲慢与偏见：中国读书随笔菁华》，时事出版社2001年版。入选祝勇编《1977—2002中国优秀散文》，春风文艺出版社2003年版。入选祝勇编《最美的白话文》，现代出版社2014年版。入选祝勇编《中国好文章》，现代出版社2016年版。入选吴剑文编张远山文选《思想真的有用吗》，北京出版社2021年版。）

文化五身段

写于1999年7月的拙文《告别五千年》，提出了中华帝国史的五阶段说，大意是：

> 中华帝国史，可以分为五个身段或时段：
>
> 头脑时代（先秦）
>
> 胸膛时代（两汉至盛唐）
>
> 腹部时代（残唐五代两宋）
>
> 胯部时代（元明）
>
> 膝部时代（清代以降）
>
> 以唐中叶的安史之乱为界，又可分为上半身、下半身或上半时、下半时……

此文引起不少国人共鸣，有读者说是"曾经读过的最好文章"，也有朋友说是"历史借张远山之手书写的当代文本"，这些称赞令我芒刺在背。我不想唐突读者和朋友的善意，只想郑重道歉：由于我表述不当，他们误把头脑、胸膛、腹部、胯部、膝部五个身段当成了"比喻"。每次有人称赞《告别五千年》的比喻多么巧妙，我都无地自容，因为误解的责任在我。为了嘲讽"放之四海而皆准的历史发展普遍规律"，我在文章开头连续两次故意卖了破绽："我还是想用传统的、'东方神秘主义'的比喻。……本文所论，与'规律'无关，仅是比喻。"我之所谓"比喻"，本是反语，原以为读者很容易看出并非比喻，没想到弄巧成拙，事与愿违，反而"假作真时真亦假"。

拙文《像明天就要死去那样活着》曾经说过：如果我哪天突然被车撞死，还剩最后一口气，路人问我平生有何遗憾，我会说没有，因为我没把想做之事放到未来，而是每天在做想做之事。但我现在确实担心，假如明天出门被车撞死，这一沉冤或许永无辩白之日，因此我必须在出门之前，对《告别五千年》略作补充，希望"肃清流毒"，避免"谬种流传"。

一

美国心理学家亚伯拉罕·马斯洛（1908—1970）的"需求层次说"认为，人类"几乎很少达到完全满足的状态"，一个欲望得到满足之后，另一个欲望立刻产生。较低级的基本需求满足之前，更高级的基本需求并非没有，而是不太急迫，尚未成为当务之急；较低级的基本需求满足之后，尚未满足的高一级需求立刻成为注意中心。已经满足的低一级需求，则不再占据注意中心，而是处于"静止的、不起作用的状态"。

马斯洛提出，检验是否属于基本需求，测试条件如下：

一、缺少它引起疾病；

二、有了它免于疾病；

三、恢复它治愈疾病；

四、丧失它的人宁愿优先寻求它，而不是寻求其他的满足。

马斯洛排出的需求顺序，依次如下：

一、生理需求；

二、安全需求；

三、归属和爱的需求；

四、尊重需求；

五、求知需求；

六、审美需求。

马斯洛认为，六大基本需求，必从低级到高级有序出现。最基本的第一级需求满足以后，高一级的第二级需求立刻成为迫切需求；第二级需求满足以后，更高级的第三级需求又立刻成为迫切需求。

马斯洛认为人类"几乎很少达到完全满足的状态"，我完全同意。但我认为必须补充：需求不仅是有序的，而且是循环的。即最初只要求最低限度的基本满足，比如先求不饿，然后就要求相对比较安全，在最低水平依次满足六大基本需求之后，六大基本需求又会在更高水平开始第二轮次的循环。这时不仅要求不饿，还会追求（注意"要求"和"追求"的区别）吃饱吃好，食不厌精，脍不厌细，吃稀有的山珍海味，吃禁食的鱼与熊掌，甚至可能畸形发展到用催吐剂把已吃食物吐出来，再吃其他食物。至于饮茶、喝酒、抽烟、吸毒之类，大概不宜列入基本需求，而应归入审美需求。可见仅在吃这一最为低级的基本需求层次，人类就会争奇斗妍，永不满足，使最低级、最简单的需求不断高级化、复杂化。同理，其他每一项基本需求，均有与此类似的从低级到高级、从简单到复杂、几乎无止境的"追求"，因此人类永远没有满足之时。

马斯洛对六大基本需求的立项及其顺序，我基本同意。不过增减项目，乃至调整顺序，并非不可能，比如美国总统富兰克林·罗斯福（1882—1945）的四大自由，就比马斯洛的六大需求少两项，顺序也有小异。

罗斯福的四大自由，大致相当于马斯洛的前四大需求。两者的主要区别是，罗斯福是从高至低排序，马斯洛是从低至高排序。为了便于比较，把马斯洛的前四项基本需求，改为从高至低排序，列表如下——

马斯洛的四大需求	罗斯福的四大自由
1.尊重需求	1.思想言论的自由
2.归属和爱的需求	2.宗教信仰的自由
3.安全需求	3.免于匮乏的自由
4.生理需求	4.免于恐惧的自由

两者之前两项，均属高级需求或高级自由，而且排序相同。马斯洛的第一需求"尊重需求"，相当于罗斯福的第一自由"思想言论的自由"。马

斯洛的第二需求"归属和爱的需求",相当于罗斯福的第二自由"宗教信仰的自由"。尽管两者因社会角色有别,措辞略有差异,但是可以认为,第一项属于世俗性政治权利,第二项属于超越性精神权利。

两者之后两项,均属低级需求或低级自由,但是排序相反。

作为政治家,罗斯福以社会群体为思考出发点,认为多数人的生存第一(免于匮乏的自由),少数人的安全第二(免于恐惧的自由)。政治家的"政治正确"是保卫整个社会和整个文明,有时不得不为了多数人的生存,"丢卒保车"地牺牲少数人的安全。例如,为了不让纳粹获悉盟国已经掌握了纳粹密码,以供紧急状态之急需,英国首相温斯顿·丘吉尔听任希特勒按"月光奏鸣曲"计划轰炸了考文垂市,没有事先通知该市市民撤离或防范。

作为科学家,马斯洛以人类个体为思考出发点,认为个体的安全第一(安全需求),个体的享受第二(生理需求)。科学家的"思想正确"是揭示每一个体的"生存策略"。每一个体首先必须保存自我及其亲人,因为自己这个"卒",正是自己要保的最大之"车"。

不必对两者的惊人一致感到意外。罗斯福在1941年1月6日的国会咨文中,初次提出四大自由,其时太平洋战争尚未爆发,美国尚未加入二战。罗斯福又在1943年通过广播向全世界再次阐明了四大自由,其时美国已经加入二战。尽管马斯洛提出六大基本需求,是在罗斯福提出四大自由之后,但我认为马斯洛的六大基本需求未必受到罗斯福四大自由之启发。社会真理或人文公理,常常是一切理智健全者能够达成举世共识的基本结论。我也不清楚在本文之前,是否有人把罗斯福的四大自由和马斯洛的六大需求进行过比较。

我还认为,罗斯福之所以没有列举马斯洛的"求知需求"和"审美需求",没有把四大自由扩充为六大自由,并非他认为"求知"和"审美"不重要,而是基于下述理由:

一、"思想言论自由"和"宗教信仰自由",已经包括"求知需求"和"审美需求"。

二、政治家不仅不必像科学家那样严谨,而且应该力避繁琐。

三、求知的自由和审美的自由，自古以来是欧洲文明不言而喻的自由。罗斯福无法想象还有什么文明民族，会对完全无害的求知和审美妄加干涉。

所以罗斯福如此表述四大自由：

> 在纳粹法西斯或日本军阀占领的每一国土中，人民都已被贬至奴隶的地位，我们决心为这些被征服的民族，恢复人类的尊严，使为本身命运的主宰，有思想言论的自由，宗教信仰的自由，免于匮乏的自由，和免于恐惧的自由。

可见罗斯福认为，不需要在纳粹法西斯占领的土地上，恢复自古以来就存在的"求知的自由"和"审美的自由"，在被纳粹法西斯占领的战时欧洲，这两项自由也基本存在，除了与犹太有关的。罗斯福可能不知道，在被日本军阀占领的中国，自古以来就没有"求知的自由"和"审美的自由"，从孔子的"恶郑声"，到帝国时代不断声讨"亡国之音"，到现代中国批判"靡靡之音"，连完全无害的消极自由也不存在。

二

马斯洛可能不同意增减基本需求的立项，但他至少同意，在诸多因素影响下，需求顺序可能发生改变，比如其著作《动机与人格》(1954)就强调了个性的作用。个性尤其在四大自由或四大需求之外发生作用，比如求知需求和审美需求，哪一项更重要？求知需求还能细分，科学真理和人文公理，哪一项更具吸引力？审美需求也能细分，声之审美（音乐）和色之审美（美术），哪一项更令人陶醉？都会因人而异，主要是因天性而异。

世事洞明的中华文明之父孔子，两千多年前就已认为，基本需求的顺序，在每一个体的不同生命阶段，重要性、迫切性有所不同：

君子有三戒：少之时，血气未定，戒之在色；及其壮也，血气方刚，戒之在斗；及其老也，血气既衰，戒之在得。(《论语·季氏》)

　　"色"属于生理需求，孔子视为少年人的最迫切需求。"斗"属于尊重需求，孔子视为壮年人的最迫切需求；"得"属于安全需求，孔子视为老年人的最迫切需求。孔子标举的三大需求，同样没有越出罗斯福四大自由和马斯洛四大需求的范围，又绝非偶然地，正好没有罗斯福因文明社会普遍具有而忽略的两项自由："求知自由"和"审美自由"。也是马斯洛因文明人普遍具有而未忽略的两项基本需求："求知需求"和"审美需求"。

　　更为发人深省的是，在罗斯福的四大自由和马斯洛的四大需求之中，孔子唯一没有涉及的是罗斯福、马斯洛同样视为次高级的"归属和爱的需求"，"宗教信仰的自由"。理由一目了然：中国是无神论的国度，而这与孔子创立的儒学具有极大关系。孔子本人没有宗教信仰的需求，顶多是装模作样地"祭神如神在"，与后世善男信女以烧香拜佛之名，行踏青郊游之实，差别不大。中国人不考虑"归属"问题，并非没有归属问题，而是没有选择归属的自由。因为考虑归属问题，必以有选择自由为前提。因为全体中国人，除了"天子不得臣，诸侯不得友"的庄子等极少数道家真人，无不归属和依附于帝王，所以归属需求和信仰自由之类命题，在中国就不允许提出，不可能提出。同样，"爱"的命题也不允许提出，不可能提出。对中国人来说，性或色欲，仅有传宗接代的世俗意义，不可能升华出精神超越的形而上意义。在父母之命、媒妁之言的儒学礼教禁锢之下，中国人几千年不知超越性之上的"爱情"为何物，直到今天也没真正懂得，遑论超越个体、家庭、民族乃至人类的"爱"。

三

　　绕了一大圈，现在可以回过头来，说明《告别五千年》的"五身段说"绝非比喻。我认为基本需求的立项及其顺序，不仅因为每个人的个性（如马斯洛所言）、年龄（如孔子所言）、性别（无须举例）而有所不同，还会因每个民族的族群特性而有所不同（如罗斯福所忽略）。正如每个人的个体特性可以归纳为"个性"，每个民族的族群特性可以归纳为"民族性"。有些学者为了避免种族主义之嫌，主张只有个体特性的差别，没有族群特性的差别。其实种族主义者强调的族群特性差别，专指先天性的族群特性差别；我强调的族群特性差别，专指后天性的族群特性差别，即不同民族的文化特性差别和传统特性差别。种族主义者认为：族群特性具有先天差别。但我认为：先天特性的差别，只存在于个体之中，不存在于族群之中。全体人类的先天共性值得研究，但是无须针对某一民族特别强调。此族群与彼族群不同的共同特性，一定是后天的、环境的、文化的、传统的。个体的先天特性，很难用外力强行改造，也无必要用外力强行改造。个体主动自发的自愿改造，纯属个人自由。但是群体的后天特性，不仅可以改造，而且对有进取心的落后民族而言，则必须改造。但是改造民族性应该是全体国民达成共识之后主动自发的自觉努力，不能以个别政治领袖的主观意志为标准，用外力强行予以被动改造。总之，个体的先天特性，应该"上帝的归上帝"；群体的后天特性，却不能"恺撒的归恺撒"，因为现代文明的人文公理，不允许任何形式的恺撒合法地存在。

基于这样的认识，拙文《告别五千年》探讨了中华民族先秦以降的后天特性、文化特性、传统特性。"五阶段说"正是我长期思考中华文明由盛转衰史做出的概括，采用肢体标志称为"五身段说"，是为了使这篇面向大众的哲学随笔更加通俗易懂，既不是随意比附，更不是偶然巧合，而是"以人为本"的实证主义。任何理论，如果不以对象的客观存在为据，必是凿空之谈，虚妄之说。"五阶段说"或"五身段说"，其实就是我的"五大需求说"或"五大自由说"，因为我把生理需求进一步细分为食（腹部）、色（胯部），但我用一天时间写出《告别五千年》之时，并未与罗斯福的四大自由、马斯洛的六大需求、孔子的"三戒"发生联想。本文提及，仅是为了证明人类基本需求之普遍相通。

从实证角度来看，人类的基本需求必与人类的身体构造一一对应，正如音乐审美对应于耳，美术审美对应于眼，因此把"五阶段说"称为"五身段说"，并非信马由缰的文学想象，而是坚实缜密的哲学思考。若非如此，我宁愿放弃形象化的表述，改用抽象枯燥的概念。因为对于哲学而言，准确表述是第一要义，形象化可求则求，不可求则不应强求。以下我将分别把五个形象的身段，还原为五个抽象的概念，并与罗斯福、马斯洛进行参照。这五个抽象概念，正是当代国人应该努力追求的五大需求或五大自由，它们在中华帝国史的不同历史阶段，曾经依次成为最迫切的基本需求，不妨称为"时代精神"或"时代主题"。另外必须注意，我的从高至低排序，与罗斯福相同。但我的后三项，即马斯洛、罗斯福的后两项，却与马斯洛相同而与罗斯福相反，理由非常简单，我不是政治家，也不是"以天下为己任"的儒家，我是天生的以个体为思考出发点的道家者流，一贯旗帜鲜明地引庄子为同道。

在拙文《告别五千年》中，"头脑"代表超越性精神发展的需求，相当于罗斯福的"思想言论的自由"和"宗教信仰的自由"，又相当于马斯洛的"归属和爱的需求"、"求知需求"、"审美需求"。先秦时代是中国人的头脑最发达的时代，而头脑的重要性无论怎么强调都不过分。这一时代的民族英雄，是"天子不得臣，诸侯不得友"的庄子，以及具有中国人几乎不可能有的逻辑头脑的公孙龙。

"胸腔"代表世俗性意志发展的需求，如权力、尊严等。这一需求，在罗斯福的四大自由之中没有恰当的对应物，这可能与民主国家元首很难满足领土野心，而且不能公开张扬权力意志有关。这一需求，部分相当于马斯洛的"尊重需求"。然而在秦始皇之后的中华帝国，只有帝王一个人可以有此需求，因而先秦以后的中华帝国，实行的是仅有君主一人享有为所欲为之无限自由的普遍奴隶制，其他人则完全没有"免于恐惧的自由"[1]。由于中国帝王的"尊重需求"在帝国疆域之内业已达到顶峰，因而"追求"进一步满足的唯一路径，就是要求异族的"尊重"，即扩展版图或要求朝贡。中国臣民的"尊重需求"被压抑之后，这一植根于先天人性的"基本需求"

---

[1] 中华帝国的教父韩非对君主专制做了邪恶而雄辩的论证，参阅作品集第七卷《寓言的密码》。

不会消失，荣誉感强的中国人就会非常符合家奴身份地把帝王的"尊重需求"移情为自己的"尊重需求"，因而渴望"为王前驱"、"修齐治平"。这一愿望在战时会有更多机会得到化装满足，因此汉之卫青、宋之岳飞，直到今天仍然受到国人高度崇敬。我并非不崇敬他们作为个人的优秀，但必须质疑的是：为什么秦汉以后两千年的中华帝国史，不再诞生"头脑"型民族英雄[1]，只有品种单一的"胸膛"型民族英雄？中华帝国史的胸膛时代自秦汉始，至隋唐终，终结于汤因比《历史研究》所说的"第二帝国"。这一时期的中华帝国，不再产生"头脑"型民族英雄，因而只能从《山海经》的神话中找一个没有"头脑"仅有"胸膛"的民族造型："以乳为目，以脐为口"的刑天[2]。

顺便一提，真正的民族英雄一定是腰部以上的民族英雄，腰部以下纵有长技，只堪做民族造型、民族耻辱乃至民族败类。而只有头脑英雄才可能是丰富多彩的，胸膛英雄不过是徒增数量记录的简单重复而已。唐中叶以后，在中华帝国的天空之下，连帝王也不再有"胸膛"，况且"天下一家"别无分店，因而再有豪气的臣子如辛弃疾辈，也无处可借"胸膛"。以武曌践位、禅宗创立和安史之乱为界，中华帝国史进入"腹部"时代。

"腹部"代表食欲，相当于罗斯福的"免于匮乏的自由"之一部分，也相当于马斯洛的"生理需求"（食、色）之前一半。如果说"食不厌精"、"脍不厌细"始于中华帝国的"养父"孔子，那么到了宋代，这一民族倾向就达到了荒谬的顶峰。这是当代中国诸多失去理想的孱弱知识人愿意托生宋朝的重要原因，无法想象有头脑和胸膛的人愿意生活在宋代。"杯酒（腹部）释兵权（胸膛）"，哈！历史老人竟然如此黑色幽默！连偶然的历史细节，也在近乎凑趣地证实我的"五身段说"。然而这一疯狂满足"生理需求"的时代，人民却没有"免于匮乏的自由"。数亿中国农民，至今未能充分享有这一"自由"。这一时期的中国人，不仅不再具有头脑的超越精神，而且不再具有胸膛的世俗气魄。这一时期最恰当的民族造型，只能从早已丧失超

---

[1] 卡莱尔《英雄和英雄崇拜》把思想家、科学家、艺术家视为英雄。
[2] "刑天"意为斩首。

越精神，与"归属需求"毫不相干的中国式佛教中找到：捧腹傻笑的大肚弥勒。

降至元明，随着第一次遭到异族全面征服，中华帝国史进入"胯部"时代。"胯部"代表性欲，相当于罗斯福的"免于匮乏的自由"之一部分，也相当于马斯洛的"生理需求"（食、色）之后一半。许多民族都在被异族征服之后皈依上帝，比如罗马帝国铁蹄之下的"外邦人"都皈依基督教，蒙古帝国铁蹄之下的中亚人都皈依伊斯兰教，西班牙帝国铁蹄之下的印第安人都皈依天主教，犹太人则在失去祖国之后固守犹太教。但是中国人在蒙古帝国的铁蹄之下，只是向更低级的基本需求进一步下坠：床第之欢。元代中国人不仅不可能重新具有宗教信仰，甚至连"上帝"的替代物"皇帝"也没了，只有"皇帝"的替代物"大汗"，还谈什么归属感？于是元明以后的中国人把"色"这一较为低级的基本需求视为"悠悠万事，唯此为大"。与"食"相比，"色"尽管多一点精神性，但也更具毒瘾性和腐蚀性。对此的唯一解释，就是中华民族的整个上半身已经彻底瘫痪。顺便一提，《告别五千年》发表之后，一个当代诗派打出了"下半身"的旗号。不知这些后生小子是受到拙文的启发而索性"循名责实"地把我的批判性理论付诸堕落性实践，还是被我的哲学预见不幸言中。这一历史时期因五大身段已被腰斩，因而无论在真实人物、神话人物还是佛教偶像中，都难以找到合适的民族造型，只能从春宫淫具中找一件有人之名、无人之实的象征物，妇女专用的性工具：角先生。

明亡以后，随着第二次遭到异族全面征服，中华帝国史进入"膝部"时代。"膝部"相当于罗斯福的"免于恐惧的自由"和马斯洛的"安全需求"，但是"免于恐惧的自由"只能属于自由人，作为奴隶，膝部越是被充分使用就越是恐惧，而非免除恐惧。除了"哀其不幸"，我无法做到"怒其不争"，只能"恕其不争"，因为先秦以后的儒家"冬烘头脑"，从未论证过"膝部"有权抗争。明代以后的中国人，充分发挥了膝部易弯的功能：首先是汉人在专制集权达到顶峰的本族帝王面前五体投地，继而汉人在异族征服者满人面前五体投地，最后是满汉全体向洋人五体投地。颇具象征意味的是，英国公使马嘎尔尼不肯向清帝下跪，中国人先把这一外交失败转化为自慰性解嘲，认为"洋鬼子膝部不会弯"，进而演变为蔑视洋人的一大理由。到了中华帝国史的最后阶段即二十世纪，中国人终于先后在满人、洋人面前站起来了，然而不久又跪了下去。呜呼，我的同胞，我真要放声一哭！既然"男儿膝下有黄金"，不能向妇女下跪[1]，为何却向同样生于天地间的另一个须眉男儿轻易下跪？"安全需求"固然是基本需求，但是把它视为可以不惜一切代价（包括头脑和胸膛）的至高需求，这种民族特性叫作奴性。所谓"贱骨头"，莫非就是膝下那块骨头？这一时期的民族造型，连找一件有人之名、无人之实的象征物都不可得，只能找一件中国历史下半时独有、中国妇女下半身最底部的国粹来代表：三寸金莲。

四

综上所述，无论是"五身段"或"五阶段"，还是"五大需求"或"五大自由"，当代中国人首先应该得到满足的是"头脑"，即"思想言论的自由"和"求知需求"、"审美需求"。其次应该得到满足的是"胸膛"，即"免于恐惧的自由"和"尊重需求"。以上两项对中国市民尤其是知识分子最为迫切，对非知识分子并非不需要，而是尚非最为迫切。再次是满足"腹部"和"胯部"，即"免于匮乏的自由"和"生理需求"，这对占人口最大比例的广大农民和城市失业人口最为迫切。但是民族根性中的缺乏超越性精神追求，导致中国人非常容易无止境地沉溺在食色大欲之中，让生理需求"单极独大"，导致基本需求的良性循环发生恶性停滞。勇于自省的国人，应该走出这一最具"中国特色"的传统困境。当生理需求在较低层次上得到满足之后，必须进而追求其他更高级的基本需求和基本自由；在同一层次上满足基本需求的一个循环之前，不能像停摆的自鸣钟那样永远指针向下，因为沉溺于低级需求而不追求高级需求的人叫作"低级趣味"，而

---

[1]　欧美绅士愿意在妇女面前单腿下跪。

更注重高级需求的人即便同样满足低级需求，却不叫作"低级趣味"。一架运转良好的自鸣钟，必然有一半时间指针位于腰部以上。只有这样，中华民族才能身心和谐地健康发展。

如上所述，《告别五千年》与罗斯福相同的是从高到低排序，假如像马斯洛那样从低到高排序，则是：

一、膝部

二、胯部

三、腹部

四、胸膛

五、头脑

我认为人有五大基本欲望：

个体生存欲第一（膝部）

男女情爱欲第二（胯部）

生产消费欲第三（腹部）

政治权力欲第四（胸膛）

求知审美欲第五（头脑）

中国人首先应该追求个体生存的平等和自由（膝部），其次应该追求男女情爱的平等和自由（胯部），再次应该追求经济领域的平等和自由（腹部），从次应该追求政治领域的平等和自由（胸膛），最后应该追求思想言论的平等和自由（头脑）。支持这一排序的是佛学。佛教戒律正是从下盘开始戒起。自下而上，首戒种姓歧视（膝部），因而主张众生平等；次戒色欲（胯部），因而主张剃度出家；再戒杀生（腹部），因而主张茹素苦行（前两项合为戒"贪"）；再戒"嗔"，即戒生气（胸膛），因而主张慈悲行善；最后戒"痴"，即戒无明（头脑），因而主张破除愚、智两方面的我执。修行至此，即成正果。佛学大要为：去贪、嗔、痴三毒，得戒、定、慧三学。

但我只是吸收佛学精华，并把佛学予以哲学化，并不主张宗教式的绝对禁欲主义和绝对素食主义，而是易为合乎人性的现代阐释。

以上对排序的说明，基本立足于民族性和时代性。倘若撇开民族性和时代性，从人性的普遍性出发，或者说当中华帝国已经完成了现代转型，中国已从非自由社会成功转型为自由社会，那么我的"五大需求说"，即为我的"五福五蠹转化说"：名、利、食、色、权。拙著《人类素描》曾说："此五者，适度是养生之'五福'，过度为伐性之'五蠹'。"原先的排列"名、利、食、色、权"，没有考虑先后顺序，而是按照汉语习惯考虑顺口，若依"五身段说"即"五阶段说"，则应依次排列为：利欲（膝部）、色欲（胯部）、食欲（腹部）、权欲（胸膛）、名欲（头脑）。考虑到"民以食为天"，不妨以腰线为满足五欲的轴心或坐标原点，先满足腹部：食欲（0）。然后一方面沿腰线向下，依次满足两项较低级的基本需求：色欲（-1）、利欲（-2）。另一方面沿腰线向上，依次满足两项较高级的基本需要：权欲（+1）、名欲（+2）。这就是每一个自由人必须终生努力的最高目标：只有五福俱全，才算功德圆满；只有不死不休地谨守中道，不使五福变成五蠹，方能终成正果。

我对《告别五千年》的补充，就是这些。现在我可以放心出门，即使被车撞死，也死而无憾了。

2002年1月27日

（本文刊于《书屋》2002年第6期，《书摘》2002年第6期转载。

收入张远山文集《文化的迷宫》。）

你愿意生活在哪个朝代

一个人如果后悔选错了职业或找错了配偶，还有重新选择的可能，但一个人如果后悔自己生错了时间和地点，却不可能重新选择。然而人有时会有痴念，明知不可能，依然喜欢做于事无补的假设性幻想。

不过中国人大都桑梓情深，另选出生地有伤乡情，要是一不小心步子迈得过大，另选的出生地跨出了祖国版图，则显得很没志气，甚至有"不爱国"之嫌。所以时下不少文化人舍空间而取时间：在幻想中改写自己的生辰八字，希望就此趋吉避凶，改变自己的命运。当然我的说法太俗气，他们的假设之问是：你愿意生活在哪个朝代？这似乎颇为无聊，连理想也谈不上。因为一种理想，起码理论上应该有可能实现。不过有可能实现的个人理想，人们也未必一定去努力实践。比如抱怨职业和配偶的人，未必一定另谋高就。因此个人理想即便没有可能实现，也未必不可以幻想。但是社会理想如果没有可能实现，就会带来灾难。不少国人对个人生活抱有幻想，固然是由于当代中国的社会生活缺乏吸引力，但也因为缺乏信仰的中国人一向眷恋现世，不愿把仅有的一生随便打发了，这比起对改变自身命运已完全绝望，仅仅寄望死后"往生极乐"，似乎更加积极一些。所以我觉得这一假设作为游戏，还是有点意思。

也有不少朋友问过我：你愿意生活在哪个朝代？我说无可无不可，因为我是个顽固的随便党，我的生活态度不会受时代变迁太大影响。以我赞赏的道家态度"安时处顺"来看，我对自己生在这个时代不想抱怨。非要我做必答题，我的回答是先秦，只要是秦始皇以前就行。我猜想，注重精神创造而不在乎超出基本需求的物质享乐的人，大都愿意去先秦。因为那是轴心时代，精神创造的天地很大，没有多少先贤的"范例"约束，也就可以无拘无束自由创造。

不少现代人舍不得放弃现代科技提供的诸多便利，其实如果生在前现代，就不会觉得没有电话、电视、电脑有何不便。非基本需求是"发明"

出来的，不知有电脑，就不会觉得没电脑有何不便。不打电话、不看电视的庄子，远比大部分现代人活得自由。

假如可能心想事成，最好是与庄子、公孙龙同时代。他们是我最喜欢的两个中国人，尽管两者是思想上的对手。不过我不打算做庄子或公孙龙的弟子，我愿意与他们做辩驳问难的朋友，而且我希望他俩谁也不要被对方说服，同时谁都不剥夺对方的发言权。这看起来很有一点"唯恐天下不乱"的意思，我愿意承认，我确实更喜欢"乱世"。我生活的时代确实有点"乱"，这是我比较喜欢当代中国的原因，我戏称为"躬逢其乱"。但我生活的时代还不够"乱"，这也是我不太喜欢当代中国的原因，所以我才会写这篇文章。总的来说，我不愿去任何一个大一统的朝代，愿意去先秦，正因为有诸子百家。但先秦之所以有诸子百家，恰恰是因为尚未大一统。喜欢诸子百家，就不得不喜欢"乱世"。因此除了先秦，我选择去三国或魏晋。

有道家倾向的人，也大都愿意去魏晋，可能是受了两部奇书《三国演义》和《世说新语》的蒙骗，以为生活在魏晋真有什么潇洒风度。魏晋固然比较个人主义，在中国历史上非常特别，但无非因为那是先秦以后第一个摆脱大一统的时代，它的原创力与先秦根本没法比，不过其原创力又远胜于大一统的任何朝代。

但是在"独尊儒术"的中国，真正的道家极少，大部分冒充道家的人，都是仕途失意的儒生，所以真想去魏晋的人决不会多。连真正的道家陶渊明也不愿生活在魏晋，他在《桃花源记》里表示想去别的朝代，换一种活法。不过陶渊明如果看到后来的历朝历代，很可能会庆幸自己躬逢其盛。

古今无数的中国文人，宣布自己特别想去魏晋，其实是一种不自知的精神自欺，他们借此标榜自己颇有魏晋风度，但如果真的生在魏晋，恐怕他们远比嵇康和阮籍拘谨，斤斤于得失而变得毫无风度。

南北割据时代我也不愿去，因为东晋和南宋一天到晚想着统一，尽管不是大一统，也被大一统的痴念笼罩着，并非真正的"乱世"。

有男子气的人，想建功立业的人，大概喜欢去恢宏雄壮的唐代。一千多年来中国持续积弱，"盛唐气象"很令国人怦然心动。唐诗是男性的，而宋词是女性的。许多缺乏男子气的当代文人都喜欢宋代，因为宋代是中国文明成熟到近乎糜烂的朝代，一切中国式物质享乐和精神享受都达到了顶峰。大部分中国式享受，亦即中国式堕落，唐代以前还比较粗糙，不像宋代那么有诱惑力，那么精致且极致到腐朽，沉溺进去立刻灭顶。

愿意"生活在别处"，是中国人祖传的精神皮癣，为此历代文人奇痒难忍地写下了无数的怀古诗。连文人们的"至圣先师"孔子，也愿意生活在更早的西周时代，常常浩叹"久矣，吾不复梦见周公"。更多的中国人则向往尧舜时代，仿佛那是美妙无比的伊甸园。相信"历史衰退论"的神经衰弱者，误以为黄金时代必定在过去，他们无不抱怨自己生活的时代是礼崩乐坏的末世，恨不得托生前朝，分享盛景。苏东坡的北宋如此令现代人羡慕，然而男子气十足的苏大胡子也在"遥想公瑾当年"。

从大一统的朝代来说，秦、隋太短，是朝不保夕的末世，估计愿去的人几乎没有，除非有特别理由，比如想做刺杀秦始皇的千古英雄。不是大一统的时代，比如魏晋六朝和五代十国，大概也在多数人的考虑之外。元和清是异族统治，想去的人也不会太多，除非也有特别理由。这样就剩下一个孤零零的明代，这大概是唯一一个大部分中国人不愿去的大朝代。自称"青藤门下牛马走"的齐白石，大概不仅自己不愿去明代，很可能也不愿意徐文长生在明代。明代是太监当政，遍布东厂、锦衣卫特务，文化完全失去活力，思想毫无创造，艺术一无是处，生活质量也比宋代大大退步，整个社会极为沉闷窒息，是最为乏味的一个朝代。在我眼里，明代几乎就是活地狱。

但我写到这里突然发现，身为汉人的我竟忘了司马迁的汉朝。汉朝大概仅比明代略好，总体来看也相当乏味。西汉比东汉略好，但也好不到哪里去。虽说西汉在中国历史上的地位不容忽视，但正因为它是最终确定中国文化发展方向的重要朝代，所以我不喜欢这个由市井无赖刘邦开创的朝代。无论如何，我不喜欢刘邦打败项羽。尽管项羽比刘邦更可能成为暴君，但他建立的朝代向哪个方向发展还在未定之天，由于他比刘邦更有贵族气，或许会比刘邦的汉朝好些。先秦的诸子百家等于开了个"文化超市"，秦始皇"选购"了法家的"装修材料"，刘邦原本可以"选购"其他"精神装备"，可惜他"选购"的东西与秦始皇差不多，只是简装而已。而汉武帝不过是在法家的实质之外，再弄个儒家的"外包装"罢了，何况还是董仲舒的阴阳儒家。刘秀的东汉比西汉更不如，是个盛行巫术迷信的朝代，使中国文化从先秦的思想文化高度大大地降低了。总之，两汉在我看来是导致中国向现在的方向发展并最终僵化的一个决定性朝代，许多坏的东西都由两汉确立，并注定了必然的结局。中国文化中的大部分好东西，都是大一统以外的朝代创造的：先秦、三国、五代、南宋。大一统仅仅有利于统治，却非常不利于文化发展，尤其不利于思想创造。

愿意生活在哪个朝代，只是借以表达个人理想的游戏，不宜过于当真地沉迷其中，更不能抱怨生不逢时和怀才不遇，否则就有逃避时代之嫌。所有的逃避时代者，注定是失败者。过去与未来，原本相反相成，幻想自己生于过去的某个时代，同时意味着希望未来中国能够朝着"复兴"那个时代的优秀文化的方向发展。因此原本不可能实现的个人幻想，就会转化为有可能实现的社会理想。正如文艺复兴时代的不少欧洲幻想家，希望复兴古希腊和古罗马的异教精神，恨不能做柏拉图的学生或奥勒留皇帝治下的罗马公民，甚至渴望在欧洲移植想象中的中国盛世，恨不能做孔子的弟子或康熙皇帝治下的天朝臣民。尽管这些痴念中，掺杂着以讹传讹的误会和郢书燕悦的想象，但这一集体性痴念竟然帮助他们挣脱了中世纪的神权桎梏，并且最终把蒙昧落后的欧洲社会改造成了新文明的理想国，其成就还远远超过了古希腊、古罗马和古中国。

跨入新千年的中国人，必须致力于"复兴"失落已久的先秦思想、魏晋风骨、盛唐气象和五四精神，对于中国传统原本没有的文明要素，诸如自由、科学、民主、法治理念，则需要继续大力输入。无所逃于天地之间的每个人，都有责任尽一己之微力，把自己的时代建设成令异时异地的人们无限向往的伟大时代。

2000 年 3 月 14 日

（本文刊于《东方》2001 年第 6 期，《领导文萃》2001 年第 10 期。

收入张远山文集《告别五千年》。）

"江湖"的词源

——兼论中国文化圣经《庄子》

当代大陆学者的著作，我若非翻两页就看不下去，就是画上许多否定性杠杠，以备一旦需要撰文批评，查找证据方便。然而陈平原先生所著《千古文人侠客梦》[1]，我不仅一口气读完，还画了不少肯定性杠杠。此书胜义颇多，如论侠客为何必佩剑，侠骨为何香如许，均予人启发。妙句也不少，如"'山林'少烟火味，而'江湖'多血腥气"，"'山林'主要属于隐士，'绿林'主要属于强盗，真正属于侠客的，只能是'江湖'"，"中国文人理想的人生境界可以如下公式表示：少年游侠—中年游宦—老年游仙"。可惜此书有一个不大不小的尴尬：言必称"江湖"，却未能找到"江湖"的真正词源。

一

此书第七章《笑傲江湖》开篇曰："谈武侠小说，无论如何绕不开'江湖'。……'江湖'属于'侠客'；或者反过来说，'侠客'只能生活在'江湖'之中。这种近乎常识的判断，其实大有深意。只是人们很少深入探究为什么'侠客'非与'江湖'连在一起不可。"随后陈平原对"江湖"一词进行了词源学探究。

陈平原如此解释："'江湖'原指长江与洞庭湖，也可泛指三江五湖。"这一浮泛释义的症结在于，他找到的最早出处是秦以后的《史记》："《史记·货殖列传》述范蠡'乃乘扁舟浮于江湖'。"

他似乎明白这并非"江湖"的词源，于是又自我否定："其中的'江湖'

---

[1] 陈平原《千古文人侠客梦：武侠小说类型研究》，新世界出版社2002年版。

即指五湖。故《国语·越语下》又称范蠡'遂乘轻舟，以浮于五湖，莫知其所终极'。"

由于没能找到"江湖"的真正词源，陈平原的以下解说就不得要领了："有感于范蠡的超然避世，后人再谈'江湖'，很可能就不再只是地理学意义上的三江五湖，高适诗'天地庄生马，江湖范蠡舟'，杜甫诗'欲寄江湖客，提携日月长'，杜牧诗'落魄江湖载酒行，楚腰纤细掌中轻'，其中的'江湖'，就隐然有与朝廷相对之意，即隐士与平民所处之'人世间'。'江湖'的这一文化意义，在范仲淹如下名句中表现得最为清楚：居庙堂之高，则忧其民；处江湖之远，则忧其君。"（136—137页）

从并非"江湖"词源的西汉《史记》（尽管所述的是春秋末年的范蠡），跳到八百年后唐代诗人高适、杜甫、杜牧带有"江湖"字眼的诗句，再跳到三百年后北宋范仲淹关于"江湖"的名言，时间跨度千载以上，却离"江湖"的词源越来越远。其实应该到《史记》以前去找，而不是到《史记》以后去找。所有元素型的文化观念，都必须到先秦典籍中找到源头才算数，应该成为知识界的常识。先秦之所以被称为"轴心时代"，就因为它提供了后轴心时代的一切文化元素。

由于找错了方向，陈平原只好把"江湖"的词源搁在一边，回到"笑傲江湖"本题："《史记》为游侠作传，没有使用'江湖'这个词……唐人重新把侠客置于江湖之中，这一点很了不起，基本上奠定了武侠小说的发展路向。……唐代豪侠小说中已出现'江湖'这个词，并把'江湖'作为侠客活动的背景。"（139页）由此一路向下，一直论到二十世纪的新派武侠小说，论到金庸小说《笑傲江湖》。由于未能找到"江湖"的词源，陈平原就给了读者一个错觉，似乎具有后世常义的"江湖"一词，迟至唐代豪侠小说才正式出现。

二

"江"、"湖"两字分开使用时单独成词，作为专名固然特指长江和洞庭湖，作为共名固然泛指三江五湖，然而"江湖"一词既不是"江"、"湖"两个专名分开解释后的简单相加，也与"三江"、"五湖"的共名无关。在中国文化中，"江湖"是一个意义特殊的专名，"江"、"湖"两字仅是这一专名的词素，不能分开释义。更重要的是，"江湖"这一专名的特殊意义，绝非从唐代豪侠小说到当代武侠小说对此词的事后追加，而是唐代以前的先秦时代早就有的：民间社会的江湖文化与专制朝廷的庙堂政治相对。因此并非先有"侠客"，后有"江湖"，而是先有意义特殊的"江湖"，后有纵横笑傲的"侠客"。这是因为，此词的真正词源出自始终不被儒家庙堂承认为正式经典的中国文化第一元典《庄子》。《十三经》和其他先秦典籍，"江湖"一词未曾一见。

《庄子》的"江湖"，为汉语史最早。而且并非偶然一见，全书七见，按顺序依次如下：

今子有五石之瓠，何不虑以为大樽而浮乎江湖，而忧其瓠落无所容？（《内篇·逍遥游》）

泉涸，鱼相与处于陆。与其相呴以湿，相濡以沫，不如相忘于江湖。（《内篇·大宗师》，重言又见《外篇·天运》）

鱼相忘乎江湖，人相忘乎道术。（《内篇·大宗师》）

夫以鸟养养鸟者，宜栖之深林，游之坛陆，浮之江湖。（《外篇·至乐》，重言之异文又见《外篇·达生》）

夫丰狐文豹，栖于山林，伏于岩穴，静也；夜行昼居，戒也；虽饥渴隐约，犹且胥疏于江湖之上而求食焉，定也；然且不免于网罗机辟之患。（《外篇·山木》）

以上五条，哪条是"江湖"的原始出处？容我偷懒抄一段拙著《寓言的密码》：

韩非与庄子针锋相对，不共戴天，尽管庄子死后数年韩非才出生。但是他们二人的巨大天才，造成了中国两千年历史中最大的两种力量：

庄子左右了江湖文化，韩非主宰了庙堂政治。与"庙堂"相对的"江湖"一词，正是源于《庄子》内篇第一《逍遥游》的这个大葫芦寓言。许多人视为"江湖"出处的"相濡以沫，不如相忘于江湖"，出自《庄子》内篇第六《大宗师》。虽然两个"江湖"语意相近，但是第一个更为符合后世通用的"江湖"。[1]

拙著之所以仅引《庄子》"内七篇"两条，因为"内七篇"为庄子亲撰，"外杂篇"均非庄子所撰，而是庄门弟子后学所撰。而且"外杂篇"五见"江湖"，仅有第一条直接论人（惠施），后四条（加重言二条）皆以物（鱼、鸟、狐、豹）喻人。所以我认为，《逍遥游》首见的"江湖"，时间最早，命义最正，是"江湖"一词的真正词源。江湖中国的通天教主庄子，无可争议地拥有"江湖"一词的知识产权。

三

陈平原说："'江湖'的这一文化意义，在范仲淹如下名句中表现得最为清楚：居庙堂之高，则忧其民；处江湖之远，则忧其君。"

这是误将伪经奉为真经。出自《岳阳楼记》的范仲淹语，固然是关于"庙堂"、"江湖"的最大名言，仍非"江湖"的词源。范仲淹的儒家立场，使他更不可能把"江湖"的文化意义解释清楚，而一定会对"江湖"的真正文化意义进行歪曲和篡改。

儒家庙堂推销的政治人格是忠君牧民的"君子"，道家江湖弘扬的文化人格是傲视王侯的"真人"。"江湖"的文化意义，与范仲淹的儒家思想难以兼容，所以范仲淹对"江湖"的解释不足为凭。范仲淹笔下的"江湖"，并非文化中国的真江湖，而是政治中国的伪江湖。政治中国的伪江湖立意

---

[1]　详见作品集第七卷《寓言的密码》。

要消灭的，才是文化中国的真江湖。"处江湖之远，则忧其君"，揭示的仅是因失意而暂处江湖的真儒家的卑琐政治人格，远未揭示安居江湖、乐处江湖、傲立江湖的真道家的伟岸文化人格。

"每饭不忘君恩"的儒家，即使因不被帝王接纳或失宠于帝王而暂处江湖，由于时刻想着钻营夤缘进入庙堂，因而绝非真道家，充其量是伪道家。真正的道家不可能"处江湖之远，则忧其君"，而是"天子不得臣，诸侯不得友"（《庄子·让王》），"独与天地精神往来，而不傲睨于万物"（《庄子·天下》）。

范仲淹的"处江湖之远，则忧其君"，是《庄子·让王》早就批判过的"身在江海之上，心居魏阙之下"的翻版。这种"身在曹营心在汉"的分裂人格，正是儒家型的卑琐政治人格，而非道家型的伟岸文化人格。儒家或冒充道家的伪道家，不可能明白"江湖"的真正文化意义。

"江湖"的确切文化意义，只有从未打算进入庙堂，而且永远拒绝庙堂招安的真道家，才有资格解释。因此最有资格解释"江湖"一词的不可能是别人，依然是"天子不得臣，诸侯不得友"的道家集大成者庄子。庄子不仅无可争议地拥有"江湖"一词的最早知识产权，并且无可争议地拥有"江湖"一词的最终解释权。"天子不得臣，诸侯不得友"，"独与天地精神往来，而不傲睨于万物"等，乃至整部《庄子》的宗旨，正是"江湖"一词的真正文化意义。正是在这一意义上，"江湖"成了对抗"庙堂"、"以武犯禁"（韩非语）的侠客的唯一舞台。

四

我非常奇怪陈平原为何在找不到"江湖"词源之时，不查一查工具书。带着这一疑惑，我翻开了《辞海》，结果大失所望。

《辞海》有"江湖"词条，释曰："①旧时指隐士的居处。《南史·隐逸传上》：'或遁迹江湖之上。'②泛指四方各地。如：走江湖。杜牧《遣怀》

诗：'落魄江湖载酒行。'"[1]

竟然提也没提《庄子》。我相信陈平原一定向《辞海》求助过，然而儒家之"海"空享大名，却容不得道家之"江湖"。我很不甘心，又想起新近刚买的"历十八年之久编纂的大型训诂纂集专书"《故训汇纂》[2]，此书号称列入"全国高等院校古籍整理研究工作委员会重点项目"，不料更为失望，居然没有"江湖"词条。可见从事饾饤型训诂的历代儒学家，眼睛只盯着政治"庙堂"钦定的儒学伪经，没把文化"江湖"的第一元典《庄子》放在眼里。难怪陈平原即使翻遍了儒学伪经和各种辞书，也找不到"江湖"的确切出处。

其实中国人日常习用而出处不详的元素型文化观念，大量出自《庄子》，数量可列第一。比如后世"江湖"人士奉为最高原则的"盗亦有道"，出自《庄子·胠箧》。《十三经》不过是以儒家标准取舍的政治性经典，以现代眼光来看基本上是糟粕，是妨碍中国政体完成现代转型的最大阻力；而《庄子》则是中国文化取之不尽、用之不竭的第一元典，是江湖中国无可争议的文化圣经。中国古典文化的全部优秀成果，无不与《庄子》息息相关。中国文化的全部辉煌，均由道家型的伟岸文化人格（真人畸人、能工巧匠）创造，正如中国政治的全部弊端，均拜儒家型的卑琐政治人格（腐儒清官、奸臣酷吏）所赐。

《庄子》对中国文化的影响程度，远远超过《新旧约全书》对欧洲文化的影响程度，因为欧洲文化还有另一源头——希腊，然而中国文化在《庄子》以外却没有第二源头。如果东汉时代由印度传入的佛教，可以被视为先秦以后中国文化的第二源头，那么必须充分注意的是：若无《庄子》，汉译佛经就会彻底失语，佛学的本土化更不可能完成。这是印度阿育王派出佛教高僧向天下四方传教，却仅在中国结出丰硕成果的唯一原因。正是因为有了在全球文化视野内独一无二的《庄子》，中国固有文化才独一无二地完成了对佛教的创造性吸纳和创造性转化，以至当佛教在印度本土衰落之

[1] 《辞海》缩印本第803页，上海辞书出版社1999年版。1979年版释义全同。
[2] 《故训汇纂》，商务印书馆2003年版。

后，作为佛教第二故乡的中国，反而成了佛教的大本营。当然，正如基督教对欧洲文化也不无消极影响（其消极影响虽被文艺复兴和宗教改革大力扬弃，至今仍未全部肃清），《庄子》对中国文化无所不在的广泛影响也并非全无害处（参见拙著《寓言的密码》专论《庄子》的上卷），然而这种消极影响无损于《庄子》的中国文化圣经地位。对中国文化的任何研究、解说、评价、批判，倘若不以熟读会通《庄子》为前提，注定不得要领。

拙文《颠倒众生的外国坏蛋》曾说："五千年的心灵经验告诉我，公开版本的正史往往没有隐秘版本的野史真实。我的中国经验告诉我，公开版本只是身体史，隐秘版本才是心灵史。"

《十三经》正是公开版本的政治伪经，而《庄子》才是隐秘版本的文化真经。由于尊奉儒学为官学的帝制两千年不倒，《庄子》就被长期压制达两千年之久。1911年辛亥革命终结了帝制，本来是《庄子》被正名为中国文化第一元典的历史性机会，然而不幸的是，"救亡压倒启蒙"（李泽厚语）的时代需要和"全盘西化"（胡适语）的文化浮躁，使中国人在"砸烂孔家店"的同时，也砸烂了被儒家官学压制的一切中国优秀文化。从五四运动到"文化大革命"，中国人在全盘否定和彻底抛弃以《十三经》为代表的庙堂政治伪经之后，竟然没有为被庙堂政治伪经压制了两千年的江湖文化真经《庄子》恢复名誉。

帝制废除前，《庄子》被儒家官学压制并彻底边缘化；帝制废除后，《庄子》又被西洋新学压制并更彻底地边缘化。其结果是，无视《庄子》为中国文化性命所系，否认《庄子》是中国文化至高无上的第一元典，不仅是尊奉儒学为官学的古代中国人的集体无意识，也是尊奉西学为圭臬的现代中国人的集体无意识。更不幸的是，庙堂政治的儒家幽灵并未真正退出历史舞台，依然徘徊在中国现实的上空，导致了百年以来中国政治的似新实旧和借尸还魂；而江湖文化的道家精魂不仅丧失了正本清源的历史性机会，而且被政治强力在民间社会中彻底剿灭，导致了百年以来中国文化的失魂落魄和手足无措。

2004年2月16日—24日

附记：拙文定稿后，忽一日想起忘了查《辞源》，立刻就查。有"江湖"词条，且首引《庄子》原文。释文如下：

㊀指江河湖海。《庄子·大宗师》："泉涸鱼相与处于陆，相呴以湿，相濡以沫，不如相忘于江湖。"《史记》一二九《货殖列传》："（范蠡）乃乘扁舟浮于江湖。"㊁泛指五湖四海各地。如俗谓流浪四方为"走江湖"。梁慧皎《高僧传》五《竺法汰》："与道安避难，行至新安，安分张徒众，命汰下京。临别，谓安曰：'法师仪轨西北，下座弘教东南，江湖道术，此焉相望矣。'"唐杜牧《樊川集》外集《遣怀》诗："落魄江湖载酒行，楚腰纤细掌中轻。"[1]

初版于1915年的《辞源》尽管未能解释清楚"江湖"的文化内涵，毕竟没有剥夺庄子的知识产权，然而初版于1936年的《辞海》却剥夺了庄子的知识产权。限于条件，我无法追检《辞源》初版，烦请有条件的有心人追索后赐教。初版于2003年的《故训汇纂》索性毁尸灭迹。由此可见，学术之进步并非必然，在非常时期还会一泻千里地退步。

《辞源》此条，不足以动摇拙文的立论。

2004年3月2日
（本文刊于《书屋》2004年第5期，《人大复印资料》转载。
收入张远山文集《文化的迷宫》。）

---

[1]《辞源》合订本第931页，商务印书馆1995年版。

"江湖"、"庙堂"的历史意蕴

　　六年前写过一篇《"江湖"的词源》，专讲"江湖"，涉及"庙堂"而未展开，今予补充。

　　"江湖"七见于《庄子》，未见于儒家十三经和其他先秦古籍，庄子的发明权无可置疑。"庙堂"既见于《庄子》，又见于另外先秦四书，尚须考辨先后。

　　《吕氏春秋》、《韩非子》、《楚辞》三书，各一见"庙堂"，成书时间都晚于魏牟版《庄子》初始本（参看拙著《庄子复原本》）。

　　《礼记》二见"庙堂"，均在《礼器》。《礼记》各篇，撰写时间不一。王锷根据《孟子·离娄》引用《礼器》"为高必因丘陵，为下必因川泽"，考定"《礼器》撰写时间在战国中期，《孟子》成书以前"[1]。孟子又略先于庄子，可知"庙堂"并非庄子发明。

　　四书仅见"庙堂"，却无对词"江湖"。《庄子》七见"江湖"，二见"庙堂"，用作对词。《"江湖"的词源》已引"江湖"之例，今举"庙堂"之例如下。

　　其一，魏牟版《庄子》初始本，成书于战国末年。其外篇《秋水》引用庄子拒楚聘相之言："吾闻楚有神龟，死已三千岁矣，王以巾笥而藏之于庙堂之上。"

　　其二，刘安版《庄子》大全本，成书于西汉初年。其新外篇《在宥》说："天下淆淆大乱，罪在撄人心。故贤者伏处大山嵁岩之下，而万乘之君忧慄乎庙堂之上。"

　　先于庄子的《礼记》有"庙堂"无"江湖"，说明"江湖"为庄子发明。后于庄子的《吕氏春秋》、《韩非子》、《楚辞》有"庙堂"无"江湖"，说明

---

[1] 王锷《〈礼记〉成书考》第193—194页，中华书局2007年版。

这组对词尚未通用。西汉初年的刘安版《庄子》大全本，沿袭魏牟版《庄子》初始本，这组对词仍为《庄子》独有。刘安所著《淮南子》均见"江湖"、"庙堂"，已使这组对词不再为《庄子》独有。此后司马迁《史记》、刘向《说苑》、班固《汉书》也都兼有"江湖"、"庙堂"，又使这组对词不再为道家独有，全民通用至今。尽管"江湖"的变文"山林"、"岩穴"也可与"庙堂"对举，但以对举"江湖"、"庙堂"最为常见。比如范仲淹的名言："居庙堂之高，则忧其民；处江湖之远，则忧其君。"

《"江湖"的词源》业已辨析"江湖"的历史意蕴，今再辨析"庙堂"的历史意蕴。

"庙"即"宗庙"，属于王权法统。"堂"即"朝堂"，属于相权政统。王权法统和相权政统，是古今中外一切政权共有的两大要素。《礼记》以前的古籍虽然未见"庙堂"，但是《尚书》、《周礼》、《易经》、《左传》都有"宗庙"、"社稷"。"宗庙"即"庙"，"社稷"即"堂"。《左传·成公十三年》："国之大事，在祀与戎。"国家大事有二，在"庙"举"祀"，属于王权法统；在"堂"议"戎"，属于相权政统。

春秋、战国以前的西周，奉行宗法伦理，实行世卿制度。天子、诸侯是"宗庙"的嫡系后裔，是王权法统的继承者。卿相、官守是"宗庙"的旁系后裔，是相权政统的参与者。二者是同姓的一家人，此即所谓"家天下"。其时进入"宗庙"、祭祀王权法统的，进入"朝堂"、参与相权政统的，是同一群人。

春秋、战国所在的东周，礼崩乐坏，宗法伦理动摇，世卿制度崩溃，尽管"家天下"的本质未变，但是江湖庶民力量勃兴，游士遍地，布衣卿相。其时进入"宗庙"、祭祀王权法统的，是一小群同姓旧人；进入"朝堂"、参与相权政统的，是一大群异姓新人。

因此，春秋、战国以前的西周，法统、政统合一，仅是同姓王室嫡庶之间的权力分配与分工合作，其时分言"宗庙"、"社稷"，无须担心二者分裂，因而没有产生合言二者的"庙堂"一词的时代需要。春秋、战国以后，法统、政统分裂，变成同姓王权法统与异姓相权政统之间的权力分割与利益制衡，其时需要一个合言"宗庙"、"社稷"的名相，弥合法统、政统的人群分裂和利益分歧。撰于战国中期的儒书《礼记·礼器》，率先记下了应运而生的"庙堂"。道家集大成者庄子，随即以其广阔全面的社会视野，弥补了庙堂君子视野狭隘的选择性失明，发明了"庙堂"的对词"江湖"。后人无论属于儒家还是道家，再也无法回避庄子首创的二分法。

春秋末年的儒家始祖孔子，是中国第一位游士，周游天下十四年，一方面"宪章文武，祖述尧舜"，拥戴王权法统的至高无上；另一方面又追慕西周开国权相周公，提升相权政统的制衡能力。后世儒家，倘若仅知孔子拥戴王权法统的保守一面，就是"小人儒"；倘若兼知孔子提升相权政统、制衡王权法统的进步一面，就是"君子儒"。所以儒家集大成者荀子，把孔学宗旨概括为"从道不从君"（《荀子·臣道》）。后世君子儒，也把儒学传承称为"道统"，主张"道统"（用于指导政统）高于"法统"。

春秋、战国以后的中国，政治建构和社会结构产生了根本变化，小国寡民的分封诸侯联邦，变成了广土众民的中央集权帝国。王权法统的一小群同姓继承者，无力统治广袤的帝国版图，相权政统不得不对一大群异姓参与者开放。这一历史大势再未改变，但有两大事件主导了具体走势。一是战国时代的法家，强调王权法统对相权政统的绝对控制，而建立第一帝国的秦始皇尊崇法家，废封建（同姓后裔），立郡县（异姓官守），其后"汉承秦制"，"百代皆行秦政制"（毛泽东）。二是奠定第二帝国的汉武帝"罢黜百家，独尊儒术"，相权政统的大门，仅对拥戴王权法统的儒家单独开放。秦汉以后中华帝国的庙堂政治基本格局，就是同姓王室的王权法统，与异姓儒家的相权政统，在王权至上的前提下相互合作，在相权升降的博弈中相互制衡。庙堂政治格局的总体趋势，是王权法统日益加强，相权政统日益削弱。比如唐代以前，朝堂设有宰相专座，与君主分庭抗礼；宋代以后，朝堂撤去宰相专座，不能再与君主分庭抗礼。从秦至唐，王权对相权持续进行横向分割，但是分割以后的相权总和，即儒家官僚集团的力量总和，仍对王权形成重大制衡。从宋至清，相权继横向分割之后，又被一再向下贬抑。明朝干脆不设"宰相"，只设"首辅"，政统首领降为法统君主的第一助手。自叹被君主"倡优蓄之"的司马迁，仅是西汉小臣。明朝以后的大臣，也被君主"倡优蓄之"，动辄拉下裤子"廷杖"。

简而言之，从秦至清的两千年中华帝国史，王权法统不断压倒相权政统，庙堂权力不断侵夺江湖权利，专制力量越来越强。而欧洲从中世纪进入现代社会的历史，却是王权法统日益削弱，相权政统日益加强，江湖权利不断制衡庙堂权力，民主力量越来越强。例如英国开创的君主立宪政体，国王代表王权法统，是血缘延续的国家元首，成为民族国家的精神象征；内阁代表相权政统，是全民普选的行政首脑，推进现代社会的政治文明；议会代表江湖民众的诉求渠道，整合江湖、庙堂的利益博弈；媒体沟通各方信息，成为第四权力。庙堂权力的分割制衡，江湖权利的自由竞争，最终抵达了妥协双赢。

2010年7月31日—8月4日

（本文未曾入集。刊于《南方都市报》2010年8月15日。）

被庙堂遮蔽的江湖中国
——为毕来德中国观作证

引言　造化必然，文化偶然

存在两个"文化中国"：众所周知的儒家主宰的庙堂中国，鲜为人知的道家主导的江湖中国。中华帝国的研究者，因而分为两种：属于大多数的轻信者，属于极少数的批判者。

轻信者对于唾手可得的现成史料，不加辨析，径直采信。轻信者从不自问：中华帝国可曾允诺言论自由？中华帝国能否容忍不利于君主专制的言论，任其公开刊布并传诸后世？

批判者对于卷帙浩繁的巨量史料，辨伪存真，抉隐发微。凭借对古今中外一切专制主义之共同本质的基本常识，批判者事先认定：中华帝国的历史真相，必被吞噬一切的专制庙堂遮蔽。批判者进而明白：只有深入辨析庙堂允许存在、有利于意识形态谎言的现成史料，才有可能彰显已被遮蔽的历史真相。

中华帝国时空内的无数民众，早已洞悉专制庙堂的意识形态谎言。其中的大多数人，为免诛杀而被迫沉默。其中的极少数人，曾经不怕诛杀地反对专制和揭露谎言。然而反对者和揭露者已被诛杀，反对之言和揭露之言已被剿灭。凭借空前强大的话语霸权，专制庙堂空前成功地完成了自我论证。

1911年中华帝国终结之后，揭露专制庙堂的意识形态谎言，才不再具有政治风险，然而仍有挑战集体"成心"的学术风险，以及"于史无征"的举证困难。因为不利于庙堂谎言的绝大部分证据，早已因剿灭而消失，因篡改而遮蔽。批判者必须投入大量精力，辨析巨量史料，从反复修补、日益精致的巨大谎言中，发现因先天弱智而残留的证据，搜寻因后天疏忽而导致的破绽。学术风险和举证困难，会让大多数研究者望而却步，乃至中途放弃，然而必有坚持到底者。

比如顾颉刚及其同道，在帝国终结后第一时间，就立刻开始了石破天惊的"古史辨"，很快取得了初步成果。不幸其后国难当头，战乱频仍，文化浩劫，"救亡压倒启蒙"，刚刚开始、远未深入的历史批判，被迫中止了将近一个世纪。

1978年开始的"拨乱反正"和"改革开放"，再次把揭露谎言、彰显真相提上了时间表。瑞士汉学家毕来德来到北京研究中华帝国，重点是前帝国的先秦元典，关注中心则是江湖中国的先秦元典《庄子》。法国汉学家弗朗索瓦·于连也来到北京、上海研究中华帝国，重点也是前帝国的先秦元典，关注中心则是庙堂中国的先秦元典《孟子》。与此同时，我也在上海研究中华帝国，研究重点和关注中心，均与毕来德相同。

2008年1月，毕来德的杰作《驳于连》，由郭宏安译成中文，在《中国图书评论》杂志上发表。毕来德与于连的分歧，源于研究重点和关注中心的不同。两种持之有故、言之成理的观点，再次证明存在两个中国。毕来德认为，于连像大多数中外学者一样，把庙堂中国视为唯一的中国，没能看见被庙堂中国遮蔽的那个江湖中国。

平心而论，于连对众所周知的庙堂中国的剖析颇有创见，不无启发性。然而毕来德对鲜为人知的江湖中国的抉发更有创见，更具突破性。因研究重点和关注中心的相同，毕来德与我的基本观点，达到了令人吃惊的高度一致，应验了两千年前超前批判庙堂中国的道家集大成者庄子的名言："相视而笑，莫逆于心。"本文扼要概述庙堂中国之伪道遮蔽江湖中国之真道的历史路径，为毕来德的中国观作证。

一　人间下帝，僭代上帝

前359年，时任魏相的公叔痤临终，向魏惠王举荐32岁的卫人商鞅（约前390—约前338）继任魏相，或者杀掉，以免异国用之，不利魏国。魏惠王笑其老而昏悖，两计均拒。商鞅于是离魏至秦，分别以道家"帝道"、儒家"王道"、法家"霸道"，先后三次游说秦孝公。秦孝公以道家"帝道"为虚幻，以儒家"王道"为迂远，闻法家"霸道"而大悦，拜鞅为相，实行变法，从而奠定秦国一统天下之根基，成为两千年中华帝国以"霸道"戕贼天下、强暴万民之缘起。不过中华帝国从未坦承"霸道"，而是僭称"王道"，终至僭称"帝道"。

　　商鞅概括了此前全部华夏古史的历史演进和观念秩序，所论道家"帝道"、儒家"王道"、法家"霸道"，首三字"帝"、"王"、"霸"，是依次递降的三级观念；末三字均作"道"，则是重大混淆。

　　"帝"之本义是皇天上帝，属于宇宙顶级名相。史前初民社会，"十日并出"（《庄子·齐物论》），人人可与皇天上"帝"沟通。尧舜时代进入阶级社会之后，"绝地天通"（《尚书·吕刑》），"羿射九日"（《淮南子·本经训》），从此"天无二日，民无二王"（《孟子·万章上》）。政教合一的天下共主夏商周三"王"，从此独霸祭"帝"特权，臣民乃至诸侯，不得僭越染指。

　　"王"之本义是贯通"天地人三才"，属于人类顶级名相。证见汉儒董仲舒《春秋繁露·王道通三》："古之造文者，三画而连其中谓之王。三画者，天地与人也；而连其中者，通其道也。取天地与人之中以为贯而参通之，非王者孰能当是？"夏商周建立华夏共同体之后，"王"被天下共主独霸，此即所谓"王天下"。天下诸侯作为夏商周三"王"之"臣"，不得僭称"王"。

　　"霸"原作"伯"，本义是排行之长，属于诸侯顶级名相。春秋五"霸"均以武力震慑胁从诸侯共同朝拜周王，由周王"致伯"，册封为"霸"（伯），从而"挟天子以令诸侯"。

　　华夏固有观念认为："霸"不能僭称"王"，"王"更不能僭称"帝"。然而随着华夏历史演进，皇天上"帝"逐渐弱化（欧洲则逐渐强化，从多神教向一神教历史演进），于是商代后期诸"王"死后受祭，遂被僭称为"帝"。证见《释名》："王，天子也。"又见《礼记·曲礼》："君天下，曰'天子'。……崩，曰'天王崩'。复，曰'天子复矣'。告丧，曰'天王登假'。措之庙，立之主，曰'帝'。"人不可僭称"帝"的华夏固有观念，即从死去之"王"开始被打破。

孔子（前551—前479）殁后，历史从春秋进入战国，随着子思、孟轲鼓吹的阴阳五行说兴起，游说诸侯的儒墨诸子，纷纷托古论"道"，竞相僭称上古酋长为"帝"，终成"五帝"谬说。姑且认为，炎"帝"、黄"帝"、"帝"喾、"帝"尧、"帝"舜均非虚构人物，但他们在世之时仅是部落酋长"后"，连"王"也不是，更不可能僭称"帝"。僭称五"后"为"帝"的儒墨诸子，倘若遭到反诘，可以如此狡辩：自己仅是因循商周两代称先"王"为"帝"之例上推，追认已死之"后"为"帝"，并未违背礼制。其实商周礼制，早已违背华夏固有观念。倘若儒墨诸子不遇反诘，则故意含混，不予挑明。"五帝"谬说盛行以后，战国中后期的人们误以为，五"后"在世之时，均已被称为"帝"。后世之人，更加习焉不察。人不可僭称"帝"的华夏固有观念，遂被进一步打破。

商周两代僭称先"王"为"帝"，奉为王室家族的祖先神，儒墨诸子僭称先"后"为"帝"，奉为华夏民族的祖先神，各有历史合理性，在人类历史上并非孤例。其他民族历史上，也有奉已死先王或民族祖先为"神"之例。然而此后的华夏历史演进，则在人类历史上纯属孤例，并且导致了中华帝国的诸多"独特性"。

"帝"两次降格于死人，仍未填平人、神之间难以逾越的巨大鸿沟。跨出最后一步之前的历史准备，是"王"两次降格于活人。第一次是楚、吴、越等非中原诸侯，在春秋末期僭称"王"。第二次是齐、魏、宋、秦、韩、赵、燕、中山等中原诸侯，在战国中期的三十年间（前353—前323）先后僭称"王"。《史记·鲁世家》曰："景公二十九年（前323），六国皆称王。"华夏共同体"王天下"格局的彻底打破，把天下共主独霸的人类顶级名相"王"，降格为分封诸侯共享的人类次级名相。于是天下共主僭称宇宙顶级名相"帝"，遂被提上了华夏历史演进的时间表，并有三次失败的预演。

前288年，秦昭王僭称"西帝"，齐湣王僭称"东帝"，月余即先后被迫撤销。前286年，齐湣王灭宋。列国担心引发多米诺效应危及自身，遂有策士向欲报齐仇的燕昭王献策：鼓动秦昭王僭称"西帝"，赵惠文王僭称

"中帝"，燕昭王也同时僭称"北帝"，然后联合伐齐。伐齐尽管成功，但三"王"僭称三"帝"再告流产。前257年，秦军携长平之战活埋四十余万赵军降卒之余威，进围赵都邯郸。眼看赵国将灭，列国担心引发多米诺效应危及自身，情急之下欲向秦昭王再进"帝"号促其撤兵，又因齐人鲁仲连"义不帝秦"而流产。

倘若不是活"王"不可僭号称"帝"的华夏固有观念深入人心，三次预演就不会失败。

倘若不是活"王"不可僭号称"帝"的华夏固有观念深入人心，各大诸侯更不可能甘冒灭国危险，而被一介布衣鲁仲连轻易劝阻。

倘若不是活"王"不可僭号称"帝"的华夏固有观念深入人心，就无法理解：为何此后三十年秦国逐一伐灭天下诸侯，再也未有"帝秦"之议？

前221年，彻底实行法家"霸道"的秦国，尽灭杂用儒家"王道"和法家"霸道"的天下诸侯。秦王嬴政下旨拟议尊号，媚上的法家丞相李斯，与媚上的众多儒家博士合议尊号，仍然不敢逾越活"王"不可僭号称"帝"的华夏固有观念，故进尊号"泰皇"。嬴政去"泰"加"帝"，自称"始皇帝"，悍然越过人、神之间的巨大鸿沟，开启了活"王"僭号称"帝"的中华帝国史，延续2132年。

二　庙堂伪道，僭代真道

商鞅对秦孝公所进三"道"，业已混淆另一组三级观念"道"、"术"、"方"。

"帝"与"道"位格相同，均为宇宙顶级名相。反对君主专制的道家，把宗教性的人格化之"帝"，转化为哲学性的非人格化之"道"，遂成中华唯一真道。

"王"仅是人类顶级名相，不能与宇宙顶级名相"道"匹配，因此"王道"属于伪道。主张温和君主专制的儒家，把"王"之"术"拔高一级，僭称为"道"，遂成商鞅所谓"王道"。

"霸"仅是诸侯顶级名相,更不能与宇宙顶级名相"道"匹配,因此"霸道"更是伪道。主张极端君主专制的法家,把"霸"之"方"拔高二级,僭称为"道",遂成商鞅所谓"霸道"。

秦孝公采纳商鞅所谓"霸道"35年之后,秦惠王"霸"而成功,僭号称"王"。秦孝公采纳商鞅所谓"霸道"138年之后,秦王嬴政"王"而成功,僭号称"帝"。至此,商鞅所论"帝"、"王"、"霸"三级观念,也已彻底混淆。

秦始皇以活人僭称"帝"之后,剩下的历史使命,就是草创帝国的专制意识形态:把法家"霸"之"方"拔高二级,僭称为"帝"之"道",即"天(上帝)人(下帝)合一"的伪"帝"伪"道"。其根本举措,就是采纳法家丞相李斯的献策"焚书坑儒"。"儒"含广义,包括法家之外的一切先秦诸子。倘若秦始皇不"焚书坑儒",那么活人不可僭称"帝","霸"之"方"不可僭称"帝"之"道"的华夏固有观念,必将严重阻碍伪"帝"僭称真"帝",必将严重阻碍法家"霸"之"方"僭称"帝"之"道"。

秦始皇版专制意识形态过于粗陋,未能挽救违背天道的秦帝国,仅仅14年就迅速崩溃。汉承秦制,继承法家"霸道",但是为了延长帝国寿命,汉初被迫"与民休息",暂行道家"帝道",遂有"文景之治"。这是两千年帝国史上,中华真道获得部分实行的唯一时代。

秦鉴不远的汉武帝认识到,自己的历史使命是把专制意识形态从赤裸裸的秦始皇版,改良为更具欺骗性的升级版:先把法家"霸"之"方"拔高一级,用儒家"王"之"术"包装,然而再悄悄拔高一级,僭称"帝"之"道",当然仍是"天(上帝)人(下帝)合一"的伪"帝"伪"道"。其根本举措,就是采纳鼓吹"天(上帝)人(下帝)感应"的儒生董仲舒之献策:"罢黜百家,独尊儒术。"因距先秦未远,"帝↘王↘霸"和"道↘术↘方"的观念秩序仍然深入人心,不可全面混淆,只能真假混杂地逐步混淆,因此从专制君主汉武帝到媚上儒臣董仲舒,均不敢把"儒术"直接拔高一级僭称"儒道",而是仍称"儒术"。普遍僭称"儒道"而不以为非,要到中华伪道成功僭代中华真道的唐宋之后。倘若汉武帝不"罢黜百家",活人不可僭称"帝","王"之"术"不可僭称"帝"之"道"的华夏固有观念,必将严重阻碍伪"帝"僭称真"帝"，必将严重阻碍儒家"王"之"术"僭称"帝"之"道"。

汉武帝改良的专制意识形态大为精致，成为两千年不变的祖传秘方：挂儒家"王道"（实为"术"）之羊头，只说不做；卖法家"霸道"（实为"方"）之狗肉，只做不说。汉宣帝不打自招："汉家自有制度，本以霸王道杂用之。"

汉承秦制，魏、晋、唐、宋、元、明、清皆承汉制，伪"帝"伪"道"僭代真"帝"真"道"两千年。两千年中，汉武帝版专制意识形态，又被历代儒生集团不断改良和升级，越来越精致，越来越具欺骗性，但永远换汤不换药，正如设计者董仲舒所预言："天不变，道亦不变。"修正、改良、升级专制意识形态，儒家始祖孔子称为"损益"，并且预言千古不变，"百世可知"。证见《论语·为政》："子曰：殷因于夏礼，所损益可知也；周因于殷礼，所损益可知也；其或继周者，虽百世可知也。"儒法一家两宗，王霸文武杂用，早被鼓吹"王霸"的儒家集大成者荀子充分论证。其两大弟子，正是秦始皇服膺的法家集大成者韩非，以及秦始皇的法家丞相李斯。因此1898年戊戌变法失败后慷慨赴死的谭嗣同所著《仁学》认为："二千年来之政，秦政也，皆大盗也。二千年来之学，荀学也，皆乡愿也。"贬斥专制君主是僭号的"大盗"，并非谭嗣同的发明，而是出自超前批判君主专制的道家元典《庄子》。证见《庄子·胠箧》："田成子一旦杀齐君而盗其国，所盗者岂独其国邪？并与其圣知之法而盗之。故田成子有乎盗贼之名，而身处尧舜之安，小国不敢非，大国不敢诛，十二世有齐国。则是不乃窃齐国并与其圣知之法，以守其盗贼之身乎？……圣人不死，大盗不止。虽重圣人而治天下，则是重利盗跖也。为之斗斛以量之，则并与斗斛而窃之；为之权衡以称之，则并与权衡而窃之；为之符玺而信之，则并与符玺而窃之；为之仁义以矫之，则并与仁义而窃之。何以知其然邪？彼窃钩者诛，窃国者为诸侯；诸侯之门而仁义存焉，则是非窃仁义圣知邪？"

由于皇帝不可能承认自己是僭代真帝的伪帝，也不可能承认以儒家"王道"为表、以法家"霸道"为里的专制意识形态是僭代真道的伪道，因此中华帝国两千年如一日的系统文化工程，就是无情剿灭、刻意篡改、竭力遮蔽真帝真道。毕来德称为："彻底重建前帝国文化。"

毕来德认为，"汉朝的皇帝和他们的股肱之臣"，成功地使"帝国在他们之后持续了两千多年"：

> 历史学家们解释这一非凡的成绩，一般强调他们所创立的中央机构及军事、行政和礼仪的各种制度。他们说得对，因为这些制度基本上一直持续到帝国的结束，即二十世纪初。但是，这一成绩的真正的奥秘，历史学家们没有看到，或者没有足够地明白，乃是皇帝们、他们的顾问们和替他们行事的官员们将文化当作手段，以至于重建了文化，使其全部成为新秩序的基础。
>
> 为了使人忘记帝国所由产生的、用以维持自己的暴力和专断，帝国必须显得符合事物本身的秩序。一切都要被支配于一个观念，即帝国的秩序符合宇宙的原理。所有的学术领域，所有的思想、语文及表达形式，必须一致地使人们相信，这一秩序本质上说是合乎自然的。
>
> 这是保证王权和在它下面的各个等级制度，保证统治与服从的最永恒性的、最有效的手段。
>
> 这一大重建产生了中国人自己从那时起所说的并且今天人们在国内与国外仍然在说的中国文化。前帝国的历史文化也得到了彻底的重建，变成了新思想体系的组成部分。……这种大综合是由帝国的政权产生的，而它的主要功能是掩盖这种政权的性质。

三 "重建文化"，三大工程

"重建前帝国文化"，包含三大系统工程。

一是剿灭古书的强攻工程，即"破"，彻底剿灭不符合专制意识形态又难以"重建"和"转化"的先秦诸子。

其最著者，道家姑举二例：老聃后学中言辞最为激烈、强力抨击专制君主"悉天下奉一身"的杨朱，曾是鼓吹儒家"王道"的大儒孟子的第一攻击目标，其书只能彻底剿灭，其人被丑化为"禽兽"（《孟子·尽心》）。因此后人盲信杨朱"自私自利"，"杨朱为我，一定不著（书）"（鲁迅）。庄子后学中言辞最为激烈、强力抨击专制君主的魏牟，曾是鼓吹法家"霸道"的大儒荀子的第一攻击目标，其书只能彻底剿灭，《汉书·艺文志》著录的《公子牟》四卷全部亡佚，其人也被丑化为"禽兽行"（《荀子·非十二子》）。因此后人极少知道魏牟，生平学说更为茫然。

非道家，也举二例：《惠子》彻底剿灭，《公孙龙子》剿灭大半。《汉书·艺文志》著录的《公孙龙子》十四篇，汉儒扬雄《法言·吾子》所言"公孙龙诡辞数万"，今传《公孙龙子》删残本仅剩五篇，不足三千字。

《汉书·艺文志》记录了大量剿灭之书的部分书目，然而绝非全部。

在中华帝国时空内，直言剿灭古书已属禁忌，只能婉称"亡佚"，更不可能指控专制庙堂是导致"亡佚"的元凶。民间为了避祸也主动销毁违禁古书。先秦古书汉后部分重出，既有违抗秦始皇焚书令的冒险私藏，也有孔壁藏书和出土简帛，均为"古文"。也有秦代士人原先背熟，入汉之后再用"今文"默写，甚至托古伪撰，遂有"今古文"两大系统。

儒家元典的"今古文"之争，日益演变为：究竟是坚守儒学原教旨主义，做孔子褒扬的"君子儒"，还是自我篡改乃至伪撰儒家元典以迎合专制意识形态，做孔子鄙视的"小人儒"？

历史给出了合乎逻辑的答案：以帝国暴力为后盾的"小人儒"，轻松战胜了"君子儒"。

二是伪撰古书的配套工程，即"破"而后"立"。

其他道家著作《关尹子》、《列子》、《子华子》等也全部剿灭，今本均属伪书。威胁庙堂伪道的先秦真书尚须剿灭，不符合庙堂伪道的伪撰古书，既不可能自取其祸地炮制出笼，更不可能获得庙堂容忍而公开刊布并传诸后世。

伪撰古书，通常由渴望晋身庙堂的"小人儒"自发完成，然后进献庙堂。其最著者，是东晋儒生张湛伪撰《列子》，进献庙堂，获得奖赏，官至光禄勋。这一公案直至"古史辨"时代方成铁案，此前少有人疑，鲜为人知。

三是篡改曲解的重建工程，即寓"立"于"破"的篡改，寓"破"于

"立"的曲解。

其最著者，是篡改曲解《老子》、《庄子》。这两部道家元典能够幸免于秦始皇、汉武帝的两次剿灭浩劫（儒、法以外的诸多先秦子书大多未能幸免），有两大原因：

一是影响巨大，引用者摘抄者无数，难以彻底剿灭；

二是不像杨朱、魏牟那样激烈直白，无须彻底剿灭。

不过《老子》、《庄子》注定难以幸免于第三次浩劫，因为日益高明的专制庙堂，在两次失败后终于找到了对付它们的最佳方法——篡改曲解。

四　竹林七贤，被迫分裂

两汉四百年，庙堂伪道能量耗尽，君主专制弊端尽显。秦汉士人无不喜爱老、庄，尤其酷爱庄子亲撰的"内七篇"。证见六朝沈约《宋书·谢灵运传论》："有晋中兴，玄风独振。为学穷于柱下，博物止乎七篇。"所以儒生撰文，频繁征引庄文伟词。佛徒译经，无不借用庄学名相。然而《庄子》仅是士林秘笈，并非庙堂显学。仅当历史进入秦汉以后首次打破大一统的魏晋时代，专制庙堂鼓吹的儒法"名教"，与江湖民众信仰的老庄"自然"，两者究竟孰为真道，又再次成为魏晋士人必须辨明的人生根本问题，社会根本问题，宇宙根本问题。

《世说新语》记载：

> 阮宣子有令闻。太尉王夷甫见而问曰："老庄与圣教同异？"
> 对曰："将无同？"
> 太尉善其言，辟之为掾。世谓"三语掾"。

这一晋身庙堂的儒生"必答题"，证明：老庄真道对信奉庙堂伪道的儒生，具有难以承受的巨大观念压力，不缓解这一集体焦虑，全体儒生就灵魂不得安宁，难以安身立命。

因此魏晋时代的儒生集团，必须再次"重建文化"：先予创造性"重建"，即篡改；再予创造性"转化"，即曲解；使《老子》、《庄子》从坚守江湖真道、贬斥庙堂伪道，转而成为遮蔽江湖真道、支持庙堂伪道的专制意识形态组成部分，一劳永逸地彻底消除老庄真道对儒生集团的巨大观念压力。

彰显真道与遮蔽真道的剧烈对抗和重大转折，就是"竹林七贤"因庙堂高压而分裂，其成员遭遇不同命运。

"竹林七贤"的四位中坚，是嵇康（224—263）、阮籍（210—263）及其追随者刘伶、阮咸。主张"越名教而任自然"，意为：超越儒法"名教"伪道，信仰老庄"自然"真道。

嵇康所著《养生论》、《答难养生论》，阮籍所著《达庄论》、《大人先生传》、《咏怀诗》，刘伶所著《酒德颂》，在绝对信仰并终生履践老庄真道的陶渊明之前，达到了庄学最高水平。他们啸聚"竹林"，取意于峻拒楚王聘相的庄子对魏相惠施的讽谕，"鹓雏非竹实不食"，视庙堂富贵为"腐鼠"（《庄子·秋水》）。

"竹林七贤"的两个叛徒，是贪恋庙堂富贵、依附专制庙堂的山涛、王戎。王戎家有好李，欲以牟利，又恐别人得其佳种而分其利，遂钻其核，然后出售，故被阮籍讥为"俗物"。山涛欲使嵇康同流合污，遂向司马氏举荐嵇康。嵇康撰写公开信《与山巨源绝交书》，宣称"非汤武，薄周孔"，讥刺司马氏即将成为"窃国大盗"，如同商汤、周武僭代夏商那样僭代曹魏，又僭窃周公、孔子倡导的"仁义"，因而被司马氏罗织罪名公开诛杀，年仅40岁。同年阮籍郁悒而卒，年仅54岁。而王戎活了72岁，山涛活了79岁。

最后一位特殊成员，是小阮籍17岁、小嵇康3岁的向秀（227—272）。

有鉴于信仰老庄真道、挑战庙堂伪道的嵇、阮贫困早夭，而背叛老庄真道、屈服庙堂伪道的山、王富贵长寿，向秀撰写祭文《思旧赋》，既对嵇、阮深表怀念，自述天人交战之心曲：

悼嵇生之永辞兮……寄余命于寸阴。

又对嵇、阮怀惭告罪，请求嵇、阮原谅他违心屈服：

> 将命适于远京兮，遂旋反而北徂。

向秀被迫屈服于庙堂的主要举措，就是违心地篡改曲解嵇、阮酷爱的《庄子》，佯装与嵇、阮划清界限。但是书未写完，嵇、阮死后9年，向秀也郁悒而卒，年仅46岁。倘若向秀预知"余命"未能稍延"寸阴"，必定后悔"旋反北徂，适于远京"的屈服于庙堂，更将后悔违心篡改曲解《庄子》。

向秀违心篡改曲解《庄子》未完即死，其书未及公开流布（或许正是天人交战，才不愿注完流布），遂被与山涛、王戎心术相同，才学低下又品行卑劣的郭象剽窃，毫不违心地进一步篡改曲解《庄子》。《世说新语》、《晋书》共同揭露了郭象剽窃向秀《庄子注》，斥其"为人行薄"。不过在郭象篡改曲解《庄子》之前，王弼已经完成了对《老子》的篡改曲解。

儒生王弼（226—249），小阮籍16岁，小嵇康2岁，大向秀1岁，大郭象26岁。早于嵇、阮之死而早夭，年仅24岁。王弼所著《老子注》，与嵇康、阮籍唱对台戏，主张"名教本于自然"，意为：庙堂"名教"伪道，植根于老庄"自然"真道。两者毫无冲突，仅有局部小异。而这局部小异证明，庙堂"名教"伪道高于老庄"自然"真道。其名言见于《世说新语》：

> 圣人（孔子）体无，无又不可以训，故言必及有。老庄未免于有，恒训其所不足。

然而老聃之反名教一目了然，王弼实为刻意曲解。为了掩盖曲解，王弼只能篡改《老子》原文。

王弼对《老子》的篡改曲解，大大缓解了儒生集团的观念压力，从而一举成名。然而更大的观念压力来自《庄子》，王弼的早夭，把篡改曲解《庄子》的历史使命留给了郭象。

儒生郭象（252—312），小阮籍42岁，小嵇康28岁，小王弼26岁，小向秀25岁。王弼死后三年，郭象出生。嵇、阮死时，郭象11岁。司马炎篡魏称"帝"之时，郭象13岁。向秀死时，郭象20岁。郭象所著《庄子注》，也与嵇康、阮籍唱对台戏，主张"名教即自然"，意为：庙堂"名教"伪道，正是老庄"自然"真道。两者不仅毫无冲突，而且毫无相异。其名言见于《逍遥游注》：

圣人虽在庙堂之上，然其心无异于山林之中。

然而庄子之反庙堂一目了然，郭象实为刻意曲解。为了掩盖曲解，郭象只能篡改《庄子》原文。

老聃反对君主专制并不彻底，王弼对《老子》的篡改曲解也不太彻底，仅仅从《老子》中创造性"重建"出初级荒谬的"名教本于自然"。庄子反对君主专制非常彻底，郭象对《庄子》的篡改曲解也非常彻底，居然从《庄子》中创造性"重建"出超级荒谬的"名教即自然"。因此郭象的《庄子注》，比王弼的《老子注》更为彻底地缓解了老庄真道对儒生集团的观念压力，从而一举成名，得到庙堂奖赏，官至黄门侍郎、太傅主簿，"任职当权，熏灼内外，由是素论去之。"(《晋书·郭象传》)北齐颜之推也予鄙视："郭子玄以倾动专势，宁后身外己之风也。"(《颜氏家训·勉学》)

《世说新语》、《晋书》揭露郭象剽窃向秀，魏晋士林和北齐颜之推鄙视郭象，足证魏晋六朝尚未"舆论一律"，老庄真道在朝野之中仍有极大影响。然而随着中华帝国不断演进，君主专制日益强化，微弱的抗议之声也将逐渐消失，起码不敢形诸文字，无法公开流布，遑论传诸后世。

五　魏儒王弼，篡改《老子》

老学是"君人南面之术"，颇得战国诸侯和汉初君主喜爱，于是死后随葬入墓。后人考古发掘，出土了战国中期的郭店楚简、西汉早期的马王堆帛书等多种《老子》初始版本。一经比对，儒生王弼及其追随者对《老子》的篡改曲解，业已无处遁形。

低级篡改与避君主名讳有关，意图不算险恶，后果却很严重。王弼版《老子》的著名首句："道可道，非常道。"原作："道可道，非恒道。"因汉文帝名刘恒，遂改"恒"为"常"。与之相同，战国篡姜齐的田恒（即"田成子"）改为"田常"，月亮女神姮娥则改为"嫦娥"，三例全都沿用至今，不以为非。

每个君主登基以后，为了避讳都要大规模挖改古籍。因秦始皇名嬴政，遂改正月为"端月"，汉后恢复。战国诸邦均有相邦，因汉高祖名刘邦，遂改"邦"为"国"，改"相邦"为"相国"，沿用至今。直到清初以后，为皇子取名尽量选用僻字，才无须在登基后再为避君主名讳而费事。然而清代另有诸多必避之讳，仍须大规模挖改古籍。清修《四库全书》，是惨不忍睹的又一浩劫。避讳闹剧延续两千年，中华古籍早已面目全非，而且积非成是，以讹为正。两千年"成心"，难以撼动。恢复原貌，必被哂笑。"邦"原指诸侯封疆，"国"原指诸侯都邑，专名专用，不可混淆。但是倘若今日有人把《国语》、《战国策》改称为《邦语》、《战邦策》，谁能接受？

高级篡改与专制意识形态的冲突有关。王弼篡改曲解《老子》的更多证据，拙著《老子奥义》将深入展开，本文仅举二例。

例一，王弼版《老子》第十四章："执古之道以御今之有。"马王堆帛书甲、乙本均作："执今之道以御今之有。""道"是古今不变的宇宙至高存在，遍在永在的宇宙普遍规律。"执古之道"是鼓吹伪道的儒家之主张，而非弘扬真道、反对儒家的道家之主张。"执今之道"也不意味着道有古今之别，而是仅仅说明古今真道完全一样，无须像儒家那样复古倒退。这正是韩非创造性"重建"老学，反对"法先王"、主张"法后王"的原因。

老聃此义，可用发挥老学的《庄子·天运》证之：

夫水行莫如用舟，而陆行莫如用车。以舟之可行于水也，而求推之于陆，则没世不行寻常。古今非水陆欤？周鲁非舟车欤？今祈行周于鲁，是犹推舟于陆也，劳而无功，身必有殃。

此节原为批判儒家，也是对王弼篡改本《老子》"执古之道以御今之有"

不可移易的批判，足证王弼改"今"为"古"。《庄子》外杂篇对其称颂的"古之博大真人"老聃，从未有过如此针锋相对的批判。

例二，王弼版《老子》第十七章：

> 太上，下知有之。其次，亲而誉之。其次，畏之。其次，侮之。信不足焉，有不信焉。悠兮其贵言，功成事遂，百姓皆谓我自然。

元代吴澄《道德真经注》等版本保留首句原文之真："太上，不知有之。"

以形近之字"下"，取代原文"不"，是篡改者的高明之处，因此坚执"成心"的辩护派否认有人故意篡改，而用形近无意而讹、钞刻字坏缺笔来辩解。指控篡改的最后利器，就是寻求原文原意的逻辑融贯性。

唯有"不知有之"，方能"百姓皆谓我自然"，方才符合"无为而治"的老聃"自然"真道。倘若"下知有之"，则成"百姓皆谓君主让我自然"，则是符合"有为而治"的专制"名教"伪道。倘若王弼不篡改老聃原文，不曲解老聃原意，就无法论证"名教本于自然"，就不可能"使人们相信，帝国秩序本质上说合乎自然"（毕来德）。

六 晋儒郭象，篡改《庄子》

道家集大成者庄子（前369—前286），小商鞅21岁，亲睹战国诸侯僭号称"王"的全程，亲见秦、齐二"王"僭号称"帝"的失败预演，坚守活"王"不可僭号称"帝"的华夏固有观念，凭借见微知著的先知般洞察力，预见到了活"王"僭号称"帝"已是未来中国历史演进之必然，于是在秦始皇僭号称"帝"之前半个多世纪，就已写下不朽的"内七篇"，超前批判君主专制违背天道，超前批判假君假宰僭代"真君真宰"（《齐物论》），超前批判庙堂伪道僭代江湖真道，从而成为两千年专制意识形态必须竭尽全力应对的最大挑战。应对挑战的最大功臣，则是"天降大任"的西晋儒生郭象。

郭象先删去严重威胁专制意识形态的外杂篇十九篇，把《史记》记录的《庄子》"十余万言"、《汉书》记录的《庄子》五十二篇，删残为不足七万言的今本郭象版《庄子》三十三篇。再对删残的三十三篇进行迎合专制意识形态的篡改，再予迎合专制意识形态的曲解。因此今传郭象版《庄子》没有一篇全真原文，郭注义理完全违背庄学真义。郭象篡改曲解的大量例证，详见拙著《庄子奥义》和《庄子复原本》，本文仅举篡改之例和曲解之例各一。

篡改之例，郭象版《逍遥游》：

> 小知不及大知，小年不及大年。奚以知其然耶？朝菌不知晦朔，蟪蛄不知春秋，此小年也。楚之南有冥灵者，以五百岁为春，五百岁为秋；上古有大椿者，以八千岁为春，八千岁为秋。此大年也。而彭祖乃今以久特闻，众人匹之，不亦悲乎？汤之问棘也是矣。

此段末句"汤之问棘也是矣"，在郭象版中难以索解。今人闻一多据唐僧神清《北山录》及宋僧慧宝注文，考定其下尚有二十一字：

> 汤问棘曰：上下四方有极乎？棘曰：无极之外，复无极也。

此节佚文至关重要，由于庄子原文"无极之外，复无极也"，与郭象注文"物各有极"直接冲突，遂被郭象删去。郭象只有删去此节，才能谬解整部《庄子》都在褒扬大知，贬斥小知。然而整部《庄子》褒扬的都是不待外物、独待天道的至知，贬斥的都是倚待庙堂、鼓吹伪道的大知。郭象篡改之后的曲解，仍然破绽百出，比如仍与《逍遥游》原文"众人匹之（众人效法大知大年），不亦悲乎"不可兼容，更与《庄子·在宥》"彼其物无测，而人皆以为有极"直接抵牾。然而盲从郭象的研究者，反诬《庄子》义理混乱，自相矛盾。

曲解之例：庄子亲撰的"内七篇"末篇《应帝王》，郭象谬注篇名曰：

"应为帝王。"郭象追随者进而谬解《应帝王》篇名为"谁应该做帝王",或"如何应对帝王"。

"帝王"二字,仅在秦"王"嬴政僭号称"帝"之后,方为可以连读的合词,上文已述:"帝"、"道"均为宇宙顶级名相,道家把人格化之"帝"转化为非人格化之"道",因此篇名之"帝",义同"道"。庄子之前的所有先秦文献,从未有过一次"帝王"连写,因此《应帝王》之"帝王"是汉语史上首次连写,但是不可连读,并非合词。作为道家集大成者,庄子坚守人"王"不可僭号称"帝"的华夏固有观念,不可能以"帝王"为合词。庄子又深知这一华夏固有观念深入人心,也不必担心误解。《应帝王》篇名,读作"应帝之王",意为:顺应天帝(即天道)的"王德之人"(《庄子·天地》)。也就是顺应天道的至人,有德无位的"素王"(《庄子·天道》)。

郭象及其追随者迎合专制意识形态的误读和曲解,完全违背先秦固有观念,也完全违背《应帝王》篇旨和庄学整体宗旨,使反对君主专制的庄子,极其荒谬地成了"帝王术"的创始人。然而庄学绝非"君人南面之术",而是"逍遥江湖之道"。

郭象对《庄子》的篡改曲解,是对中华真道的最大遮蔽,负面影响极其深广。不过一方面古代民众不像儒生那样服膺郭象谬解,而是撇开郭注直读庄子白文,仍能部分领悟庄学真道;另一方面酷爱《庄子》的古代士人,在《庄子》真本于唐宋时代失传之前频繁引用,留下了与郭象版《庄子》不同的大量异文,还有郭象版《庄子》没有的不少佚文。古今学者投入无穷心血,搜寻异文、佚文,近乎罗掘俱尽。拙著《庄子奥义》充分吸收了前人成果,梳理校勘了庄子亲撰的"内七篇",总计补脱文103字,删衍文82字,订讹文82字,移正错简3处118字,更正文字误倒16处。厘正通假字、异体字198字,篇内重复不计。纠正重大错误标点10处,小误不计其数(详见《庄子奥义》)。

"脱文"、"衍文"、"讹文",仅是价值中立、不寓褒贬的学术语言。其实大部分脱衍讹误并非钞刻过程的无意之失,而是郭象及其追随者为了迎合专制意识形态而创造性"重建"庄学的有意篡改。治庄儒生奉为庄学至高权威的郭象义理,实为反庄学的伪庄学。倘若郭象不篡改庄子原文,不曲解庄子原意，就无法论证"名教即自然"，就不可能"使人们相信，帝国的秩序符合宇宙的原理"（毕来德）。

七　庙堂伪道，四大版本

中华帝国的专制意识形态，经历了草创、改良、深化、确立的四大历史阶段，共计四大伪道版本：

秦始皇凭借"焚书坑儒"，草创了纯粹法家的1.0版；

汉武帝凭借"罢黜百家"，改良为伴儒实法的2.0版；

魏晋玄学凭借"篡改曲解"，深化为"儒道合流"的3.0版；

宋明理学凭借"消化吸收"，确立为儒、释、道"三教合一"的4.0版。

1.0版因其粗陋早已被抛弃，3.0版因其隐秘千古未明，于是仅剩2.0版与4.0版之争，此即所谓"汉学"、"宋学"之争。

作为3.0版的魏晋玄学，实为确立专制意识形态的关键一环。王弼《老子注》和郭象《庄子注》伪造了"儒道互补"、"儒道合流"的假象，极其成功地完成了对老庄真道的创造性"重建"和"转化"，使之成为与专制意识形态毫无冲突的组成部分。因此王弼、郭象日益博得庙堂儒生的普遍推崇，乃至江湖民众的轻信盲从，终成老庄之学的至高权威。然而与庙堂伪道"互补"乃至"合流"的并非真道家，而是已被篡改曲解的伪道家。不幸的是，即便故意篡改铁证如山，坚执"成心"、盲从"权威"的辩护派，仍把故意篡改称为"文本改善"。比如今人刘笑敢《老子古今》（中国社会科学出版社2006年版），详尽比对《老子》历代版本之异同，把不合初始版本的历代篡改，一概称为"文本改善"。

辩护派拒绝思考："文本改善"出于什么目的？

辩护派拒绝回答："文本改善"究竟有利于谁？

本文无暇展开，但是必须提及，汉代传入中国，原与专制意识形态异质而且对立的印度佛教思想，也在魏晋六朝初步完成了创造性"重建"和"转化"，至援道入儒、援佛入儒、"三教合一"的宋明理学大功告成。

作为4.0版的宋明理学，实为专制意识形态的终极版，把"天子不得臣，诸侯不得友"的真道家，以及"沙门不敬王者"的真佛家，全都消化吸收，充分收编御用，彻底改造为对专制庙堂完全无害的伪道家和伪佛家。从此"假作真时真亦假"，再也无人知晓真道家、真佛家，仅知伪道家、伪佛家，而又不知其伪。后人不得不相信庙堂谎言，而又不知谎言是谎言。此后的儒生集团，仅仅是为庙堂伪道终极版，不断增补抵御真道的种种补丁，把关于真道的任何信息视为超级病毒，格杀勿论。庙堂中国之伪道，终于空前成功地剿灭、篡改、遮蔽、僭代了江湖中国之真道，从此"物论齐一"，天下太平，再也没有理论创新，走上了日薄西山的衰退之路，直至帝国终结。

明太祖朱元璋，因为《孟子》曾有与虎谋皮的种种迂阔之论，不识好歹地龙颜大怒，命人删去"民为君本"、"君视民为草芥，则民视君为寇仇"等八十五章。朱元璋死后，经过儒生集团向庙堂力争，阐明那些迂阔之论有利于君主专制长治久安，是专制意识形态欺骗民众所必需，于是《孟子》得以恢复原貌。倘若采信面目全非的朱元璋版《孟子》，怎么可能明白《孟子》真义？

王弼篡改《老子》然后曲解，郭象篡改《庄子》然后曲解，在1911年帝制终结之前，不可能有任何人向庙堂力争恢复原貌，因为唯有篡改才有利于君主专制长治久安，唯有曲解才是专制意识形态所必需，唯有篡改曲解才能缓解老庄真道对儒生集团的巨大观念压力。倘若采信面目全非的王弼版《老子》和郭象版《庄子》，怎么可能明白老、庄真义？怎么可能彰显被庙堂伪道遮蔽两千年的中华真道？

尽管江湖中国之真道，被庙堂中国之伪道遮蔽两千年，然而"青山遮不住，毕竟东流去"。由于真道遍在永在于宇宙，真德遍在永在于人心，因此江湖中国之真道不可能被庙堂中国之伪道真正剿灭，而仅仅是转入地下，成了江湖民众"谨守不失"的隐秘信仰。在两千年庙堂伪道的专制高压下，中华民族凭借对老庄真道的隐秘信仰和对天赋真德的隐秘坚守，仍然创造了"符合宇宙原理"的璀璨古典文化。这就是"东方神秘主义"的谜底，也是"李约瑟难题"的谜底，乃至一切中国之谜的谜底。

结语　完美犯罪，今始起诉

世上有没有完美犯罪，不仅完美到犯罪难以指控，而且完美到犯罪不被怀疑？

倘若犯罪是形而下的烧杀抢掠，那么有理智、有头脑的人们，必定无须举例，就会相信必有这样的完美犯罪。

倘若犯罪是形而上的篡改历史，那么有理智、有头脑的人们，必定要求举证，才能相信确有这样的完美犯罪。

中华帝国的集体性文化犯罪，延续两千年，同案犯众多，其中的少数人积极主动，其中的多数人消极胁从，涉及诸多探索真道的先秦经典的全部销毁、局部篡改、主旨曲解。犯罪集团两千年如一日地销毁犯罪证据，制造种种假证，妄想阻挠犯罪指控，逃避历史审判。

两千年后的人们，即使怀疑这一空前成功的文化犯罪，也很难找到犯罪证据。从卷帙浩繁的历史谎言中收集证据，是一项浩大工程。为此我把揭露庙堂中国之伪道、彰显江湖中国之真道的系列著作，称为"庄子工程"。《庄子奥义》是"庄子工程"的第一部专著，也是两千年来对这一文化犯罪的第一部起诉书。书中仅仅列出了我收集二十五年的部分证据，更多证据将用后续著作不断补充。我必须承认，犯罪近乎完美，起诉远不完美。但我同时坚信，谎言终将揭露，真相必会大白。

拙著《庄子奥义》说："凭借轴心时代的不朽《庄子》对客观真理的开放心态和至高敬意，后轴心时代的古典中国在上有专制庙堂、下无逻辑利器的双重不利条件下，依然在近代以前抵达了文明与文化的双重高峰，创造了全球文化视野内独一无二的中华奇迹。被专制庙堂钦定为意识形态的儒家官学，是支撑庙堂中国的专制制度僵化为奇迹般超稳定结构的主要原因，因此《十三经》成了庙堂中国的政治圣经。这是中国之谜的一半谜底，业已为诸多国人了解，也已被迷惑于'东方神秘主义'的异邦人士部分了解。与儒家意识形态彻底对立的庄子哲学，是支撑江湖中国之文化形态发展出奇迹般中华特质的主要原因，因此《庄子》成了江湖中国的文化圣经。这是中国之谜的另一半谜底，远未为国人了解，更未被迷惑于'东方神秘主义'的异邦人士充分了解。"能够在《庄子奥义》出版后的第一时间幸运获悉，有位异邦人士毕来德，与我不约而同地达成共识，令我深感"吾道不孤"。

毕来德在批评于连误读中国之时，追溯到了伏尔泰对中国的误读。

伏尔泰仅仅知道，欧洲君主的顶级名相是"恺撒"（Caesar），而不可能僭称"上帝"（God）。因此欧洲乃至其他大陆的任何帝国，无不"上帝的归上帝，恺撒的归恺撒"。伏尔泰曾以特有的戏谑说过："如果上帝不存在，那就造一个。"然而伏尔泰不知道，中华帝国消灭皇天上帝之后，在两千年中伪造了很多活着的皇宫下帝。伏尔泰更不知道，自从秦始皇僭号称"帝"之后，在他无限向往的神奇中国，不仅恺撒的归皇帝，而且上帝的也归皇帝。

伏尔泰痛恨法国乃至欧洲的宗教战争，并且由于误读而盛赞中华帝国的"宗教宽容"。伏尔泰不知道，"三教合一"的中华帝国，不存在"宗教宽容"。争夺"皇帝"之号的改朝换代之战，正是争夺僭号称"帝"之权的"宗教战争"。伏尔泰更不知道，违背天道地把"上帝教"创造性重建为"皇帝教"的隐秘思想战争，延续了两千年之久，惨烈程度不亚于任何民族的宗教战争。

两百多年前的伏尔泰误读中国，两百多年后的于连接受伏尔泰以降的现成主流观点，均不足深怪，因为大部分中国学者同样误读中国，同样接受现成主流观点。坚执"成心"、盲从"权威"的中国学者，同样情有可原，因为揭露庙堂谎言、指控完美犯罪的历史审判，才刚刚开始。

2008年2月24日—3月7日

（本文刊于《中国图书评论》2008年第5期。入选吴剑文编张远山文选《思想真的有用吗》，北京出版社2021年版。）

进入古典中国的五部经典

1840年的鸦片战争，把中国强行带入了近代。此前的中国，遂成古典中国。

此后的一个半世纪里，中国人先以消灭古典文化糟粕的方式"救亡图存"，继而以消灭古典文化精华的方式"变法图强"，尽管走了不少弯路，毕竟基本达到了目标，中国已不再有"亡国"之虞，然而为了"救亡图存"和"变法图强"，付出了惨重代价。时至今日，多数中国人已经失去了中国文化，成了文化难民。其突出表征是，古典中国正在逐渐成为考古学的论文主题，博物馆的珍稀展品，乃至古玩铺的摆设清玩，收藏家的投资目标。很多人对中国传世经典不屑一顾，却对外国浅薄读物趋之若鹜。

不愿沦为文化难民的年轻人很想读一点中国书，然而中国书无限之多，何从入手呢？那些最著名的中国书，比如"四书五经"，几乎全是糟粕，稍具一点现代眼光者，必定兴味索然，掷书长叹。不识门径的年轻人，不得不询之师长，然而很多师长也是文化难民，对古典中国知之甚少。少数师长虽非文化难民，但也同样苦恼于不得其门而入。

曾有不少读者要我开一个进入古典中国的基本书目，但我自认缺乏资格，因而久讷于言。近来又有读者多次问及，我意识到自己固然不具资格，毕竟盲人摸象地摸索了二十五年，略知一点皮毛，稍识大概轮廓，何妨谈些心得，供年轻人参考？

把我读过的中国书删之又删，简而又简，最后剩下五部经典，似可视为进入古典中国的方便法门：《红楼梦》，《水浒传》，《三国演义》，《史记》，《庄子》。这一书单必定贻笑大方，谁没听说过这五部经典？何须郑重推荐？然而听说过不等于通读过，通读过也未必明其读法。若是买椟还珠，弃取失当，就会入宝山而空回，对古典中国依然隔膜。若是目迷五色，郢书燕悦，就会自以为了解古典中国，却走不出当代中国的困境。当代中国之困境，实为古典中国之困境的变体。

《红楼梦》是后轴心时代的中国家庭生活的百科全书，它先引领我进入琐碎凡庸的日常生活。崇拜女性的贾二爷，争夺的是高于人权的家庭主宰权。谁夺得家庭主宰权，谁就是大观园里的大爷。中国的家庭生活阴郁而且压抑，健全的人性因之而扭曲，天赋的创造力随之而窒息。被压抑的生命能量不可能消失，必定积聚恶变为破坏力。乖戾的破坏力不可能为门槛所限，必定要夺门而出。《红楼梦》遍及一切方面，而且通俗浅显，是古典中国的最佳入门书。读完入门书应该出门，随着贾宝玉的出家，我从压抑的"家庭"转向恣纵的"江湖"。

　　《水浒传》是后轴心时代的中国江湖生存的百科全书，它又引领我从室内走向室外。仇视女人的武松等梁山好汉，争夺的是高于家庭主宰权的江湖主宰权。谁夺得江湖主宰权，谁就是江湖之上的老大，女人更不在话下，被灭门的扈三娘，乖乖地成了矮脚虎王英的妻子。中国的江湖生存野蛮而且血腥，欺诈无处不在，横霸司空见惯，于是良民被逼成刁民，乃至被逼上梁山，人相杀进而相食。生存是一部无休无止的恐怖大片，民族的神经逐渐粗钝而终至麻木。家庭温馨乃至儿女情长，在浩荡江湖荡然无存，一个个家庭相继破碎，家破然后人亡，人亡然后国灭，最后连作为第一家庭的皇帝父子也成了异族征服者的俘虏。《水浒传》的阳性凶残，使《红楼梦》的阴性幽美黯然失色。险恶的江湖生存，似乎使压抑的家庭生活变得较易忍受了。然而郁闷的回溯之旅才刚刚开始，随着"宋江们"被朝廷招安，我从辽阔的"江湖"转入幽深的"庙堂"。

　　《三国演义》是后轴心时代的中国庙堂权术的百科全书，它又引领我从室外重返室内。魏、蜀、吴三国，争夺的是高于江湖主宰权的庙堂主宰权。谁夺得庙堂主宰权，谁就是普天之下的共主，金陵十二钗和梁山一百零八将，也是囊中之物。在夺得庙堂主宰权之前，魏、蜀、吴就是三伙打家劫舍的梁山好汉，事实上在各自割据称帝后，每一伙依然被另外两伙视为贼匪，因为不杀到大一统就不可能尘埃落定。中国的庙堂权术邪恶而且酷烈，其炼狱图景与儒家冬烘许诺的秩序井然的理想世界截然相反，江湖侠义乃至兄弟情义，在庙堂里毫无踪影。置身庙堂权力核心的每个人都被恐惧感裹挟，因为彼此深知对手没有底线，缺乏超越性的儒家伦理在权力折冲时毫无约束力。为了抵御恐惧感，获得安全感，优秀的中国头脑不可能用于探索自然奥秘和增进国民福利，而是投入你死我活的权力搏杀，每个人都急欲成为唯一居于食物链顶端的最强者。即使已经成功跃居食物链顶端，恐惧感依然无时不在，为了确保有生之年自身不受威胁，乃至一命呜呼后子孙不受威胁，每个人都不择手段，无所不用其极。《三国演义》的阴阳怪气，使《水浒传》的阳性凶残相形见绌。严酷的庙堂倾轧，似乎使凶险的江湖肉搏变得豪爽可爱了。文学三部曲至此告一段落，不过郁闷的回溯之旅远未结束，随着天下一统三国归晋，我又从虚构的"文学"转入纪实的"历史"。

《史记》是古典中国的无所不包的百科全书，它又引领我离开共时态，进入历时态。文学三部曲仅仅描述了后轴心时代的古典中国，《史记》却记录了轴心时代与后轴心时代两个迥然不同的古典中国。《史记》的时间优势，使囿于后轴心时代的文学三部曲瞠乎其后。这里不仅可以看见后轴心时代的家庭生活、江湖生存、庙堂权术的最初形态，而且能够窥见后轴心时代的古典中国如何形成，如何定型，甚至不难预见后轴心时代的古典中国为何僵化，为何停滞。但其真正价值在于，《史记》全息性地还原了一个轴心时代的古典中国：波澜壮阔，豪情万丈，阴阳互动，刚柔相济。此前沮丧不已的我激动得情难自已，顿感生于斯土，死不恨矣。郁闷的回溯之旅至此告终，挥之不去的沮丧涣然冰释。随着《史记》的索引，我终于从郁闷的"后轴心时代"跨入神奇的"轴心时代"。

《庄子》是轴心时代的伟大中国的集大成之作，它引领我穿越文学的茂密树林，涉过历史的湍急河流，抵达哲学的恢弘宇宙。这里没有家庭压抑、江湖凶险和庙堂倾轧，只有对天地万物的纯粹审美和对究极妙道的至高体悟。其"天子不得臣，诸侯不得友"的伟岸人格和充盈豪气，令我沛然神往。其恍兮惚兮的曼妙表达和汪洋恣肆的丰沛想象，让我望洋兴叹。其"间世"学说超越"入世"、"出世"的简单两分法，被我视为空前绝后的哲学奇观。在整个回溯之旅中让我耿耿于怀的中国之谜，至此终于豁然开朗：历经两千多年庙堂中国的无尽斫伤和致命戕害，为何后轴心时代的江湖中国依然永葆绵绵不绝的顽强生机？因为轴心时代的《庄子》为中国注入了一脉挥霍不尽的磅礴元气，因此后轴心时代的中国永远能够置之死地而起死回生，历尽劫波而一阳来复。

就这样，五部经典引领我由浅入深地逆流而上，走完了自今及古的回溯之旅。如此惊心动魄的时间旅行，仅历一次似乎意犹未尽。于是我又由深入浅地顺流而下，自古及今地走回今天。重游故地，感受依然新鲜。

首读《庄子》，就能一举接上轴心时代的磅礴元气，完成中国人的精神灌顶。次读《史记》，就能理顺秦始皇之前和秦始皇之后的两个中国，既血肉相关又形质相异的逻辑关系，知其源流，明其得失。再读《三国演义》，就能破译后轴心时代的庙堂专制的文化基因，找到"天下大势，分久必合，合久必分"的历史渊源。再读《水浒传》，就能明白庙堂中国极大地弱化了江湖中国的创造力，而丧失了江湖支撑的庙堂必将溃败于异族。最后重读《红楼梦》，就能洞观在庙堂因腐败而控制力渐弱，江湖被挤压而创造力枯竭之后，古典中国的完成形态必定由糜烂臻于贫乏，经衰败直至终结。

要而言之，《庄子》展示了轴心时代的哲学"天籁"，尽管其中不无"人籁"。《史记》展示了后轴心时代的历史"衰退"，尽管其中不无"突进"。《三国演义》展示了后轴心时代的庙堂"狡智"，尽管其中不无"精彩"。《水浒传》展示了后轴心时代的江湖"挣扎"，尽管其中不无"豪迈"。《红楼梦》展示了后轴心时代的家庭"内耗"，尽管其中不无"凄美"。

五部经典分属文史哲，无疑颇多相异之处。唯有《庄子》完成于轴心时代，唯有《庄子》不是百科全书，也唯有《庄子》超越历史，超越时间，超越空间。唯有《史记》跨越两大时期，汗牛充栋的中国史书，再也未曾有过如此卓越的品质，再也未曾有过如此厚重的分量。《三国演义》取材于《三国志》，历史成分多于文学想象，人物、情节大多依附于正史。《水浒传》取材于《宣和遗事》，文学想象多于历史成分，人物、情节大多独立于正史。《红楼梦》取材于作者身世，文学想象压倒了历史背景，人物、情节完全独立于正史。文学三部曲的历史依附性一部比一部淡，因而艺术价值一部比一部高，对古典中国之本质及其困境的揭示也一部比一部深刻。《红楼梦》对古典中国之本质及其困境的揭示甚至高于《史记》，仅仅稍逊于

《庄子》，再次证明了"艺术真实高于生活真实"这一真理。

分属文史哲的五部经典，竟然都有引人入胜的美妙故事，因此既便于初学，又适合反复阅读，俱臻"深者得其深，浅者得其浅"的至高之境。文史经典都讲故事并不奇异，哲学经典也大讲故事才是意外之喜。故事的重心则无一雷同：《红楼梦》偏重于女人与女人的家庭争宠，《水浒传》偏重于男人与男人的江湖争霸，《三国演义》偏重于帝王将相的庙堂争雄，《史记》兼而有之，《庄子》超然独笑：

有国于蜗之左角者，曰触氏。有国于蜗之右角者，曰蛮氏。时相与争地而战，伏尸数万，逐北。旬有五日，而后反。（《庄子·则阳》）

清人入关后，大儒顾炎武说："有亡国，有亡天下。亡国与亡天下奚辨？曰：易姓改号，谓之亡国。仁义充塞而至于率兽食人，人将相食，谓之亡天下。"顾炎武恪守儒门宗风，而且表达很不精确，必须用现代语言重新表述：主权丧失，是为"亡国"；文化消亡，是为"亡天下"。

1644年清人南下入关以后，"国"虽亡但"天下"未亡；1840年列强东行叩关以来，"国"未亡而"天下"几亡。因此在二十一世纪的今天，中国的焦虑主题已不再是"亡国"，而是日益迫切的"亡天下"。

不愿沦为文化难民的中国人，最低限度不能不读这五部经典。阅读这五部经典，就其小者而言，必能舒愤懑，除苦恼，解大惑，增怡悦；就其大者而言，或能挽狂澜于既倒，振末世之雄风。

2005年2月25日—3月3日

（本文刊于《书屋》2005年第3期，《考试》2014年第10期。收入张远山文集《老庄之道》。入选杜渐坤、陈寿英编《2005中国年度随笔》，漓江出版社2006年版。入选吴剑文编张远山文选《思想真的有用吗》，北京出版社2021年版。）

中华复兴的目标和进路

——兼论中西文明的不同瓶颈及其突破

近年国学持续升温，尤其儒学更热，有人据此认为，这是中国的文艺复兴。既然借用西方历史比况中国现实，就有必要了解西方文艺复兴的来龙去脉，明其为何复兴，复兴什么，如何复兴，以便认准目标，选对进路，避免背道而驰，误入歧途。

一　中西渐行渐远，导致千年时差

远古的石器文化、陶器文化，中古的渔猎文明、游牧文明，姑且不论。仅就最近三千年而言，中西文明都是三阶段：早期文明转型为农业文明的轴心时代，农业文明发展期的中世纪，农业文明转型为工业文明的近现代。只是中西并不完全同步，略有时差。

轴心时代的中西时差较小，基本都在公元前一千年间，西方主要是希腊罗马时代，中国主要是春秋战国时代。其他方面差异也较小，各有所长，难分优劣。大致而言，形而上层面的意识形态，都是诸子百家争鸣，导致哲学宗教突破；形而下层面的国家形态，都是松散小国林立，导致兼并攻战频仍。

中世纪的中西时差较大，西方仅有一千余年，中国长达两千余年，所以走进中世纪的时间，中西大致相当，走出中世纪的时间，中国却晚千年。导致千年时差的根本原因是：西方的官方宗教战胜了民间哲学，确立了信仰"上帝"、"神权高于王权"的基督教意识形态。中国的官方哲学战胜了民间宗教，确立了尊崇"皇帝"、"皇权高于神权"的儒学意识形态。走进中世纪之时的中西意识形态根本差异，导致其后中西国家形态的巨大差异，进而随着时间积累、传统延续、思维定式、文化积习、历史惯性的综合作用，中西其他方面原本细微的诸多差异，也逐渐强化放大。

中世纪初始阶段的国家形态，中西略同，都是某一强国征服兼并周边弱国，抵达地理允许的某种极限，建立版图广袤的君主帝国。西方是罗马帝国，中国是秦帝国。

中世纪过程阶段的国家形态，中西渐异。

罗马帝国确立了信仰"上帝"、"神权高于王权"的基督教意识形态，但是没有废除领地世袭的贵族制度，政权不对平民开放，由于世袭贵族逐代腐败而素质递降，统治集团无法保持精英素质，因而君主政治建构较不完备，战争时期征服的广袤版图，和平时期难以维持统治，不得不分裂为西罗马帝国和东罗马帝国。版图尽管一分为二，仍然超出统治能力，因此又进一步分裂为版图更小的欧洲各国，后继帝国再也无力重建，神圣罗马帝国徒有其名。中世纪欧洲，意识形态是信仰"上帝"而一教独尊，异于轴心时代的信仰"众神"而众教并立，国家形态却是版图狭小而分崩离析，仍然同于轴心时代的小国林立而攻战频仍，所以意识形态与国家形态互不适应，遂有大弊：和平时期，国内市场狭小，国际市场又有关税壁垒，经济规模和财富积累难以提升，一国的技术发明难以迅速推广普及全欧，农业生产力停滞，小国之间以邻为壑，救灾能力较低。战争时期，缺乏战略纵深，国防能力较弱，遭到外国入侵极易灭亡。农业文明发展缓慢，文明程度和国家实力不及轴心时代。

秦帝国确立了尊崇"皇帝"、"皇权高于神权"的法家专制政体，吸取了周朝世袭贵族逐代腐败而素质递降的历史教训，废除了领地世袭的贵族制度，改为皇帝直接任命郡县长官的官僚制度，政权遂对平民开放，法家官僚集团从全民之中优选，但是法家理论无法成为统一全民思想的意识形态，因而君主政治建构也不完备，战争时期征服的广袤版图，和平时期也难以维持统治，迅即崩溃。战后重建的汉帝国，又吸取了秦帝国迅速崩溃的历史教训，继承法家专制政体，予以儒家形式包装，转换成外儒内法、王霸杂用的儒学意识形态，儒家官僚集团从全民之中优选，通过吐故纳新保持精英素质，减缓了统治集团逐代腐败而素质递降的速度，完善了君主政治建构，因而战争时期征服的广袤版图，和平时期也能长期统治。其后中华帝国的朝代周期得以延长，虽然世袭君主一如既往地逐代腐败，然而官僚集团吐故纳新而减缓腐败，直到权力必然导致腐败的两者合力，不可避免地抵达周期性崩溃的临界点。但是短期战乱以后，总能再次按照儒学意识形态重建后继帝国，进入下一周期。中世纪中国，意识形态是尊崇"皇帝"而一家独尊，异于轴心时代的信仰"天道"而百家争鸣，国家形态是版图广袤而长期和平，同样异于轴心时代的小国林立而攻战频仍，所以意识形态与国家形态相互适应，遂有大利：和平时期，国内市场广大，相当于欧洲面积总和的广袤版图之内没有关税壁垒，经济规模和财富积累容易提升，一地的技术发明能够迅速推广普及全境，农业生产力提高，各地之间互通有无，救灾能力较高。战争时期，具有战略纵深，国防能力较强，遭到外国入侵不易灭亡。农业文明发展充分，文明程度和国家实力超过轴心时代。诸多单项成就领先全球，至今仍难超越。

中世纪终结阶段的国家形态，中西大异。

中世纪的西方，由于意识形态与国家形态互不适应，走的是下坡路。十字军东征（1096—1291）让西方看到了与阿拉伯文明的差距，马可·波罗（1254—1324）的中国游记又让西方看到了与中华文明的差距。因此，中世纪的下坡路使西方因祸得福，在较短的一千余年以后，启动了文艺复兴和宗教改革。文艺复兴旨在复兴被中世纪基督教意识形态压制千年的希腊罗马文化，导致思想解放；宗教改革旨在消解中世纪基督教意识形态的绝对权威，导致政教分离。数百年间先后兴起了遍及欧洲的文艺复兴、宗教改革、启蒙运动，各国又充分发挥民族特长，于是意大利文艺革命，英国工业革命，德国哲学革命，法国社会革命，美国政治革命，取长补短而继长增高，率先把中世纪的农业文明转型为近现代的工业文明，主动走出了中世纪。适应工业文明的近现代西方民主政治建构，不仅超越了中世纪西方不够完备的君主政治建构，而且超越了中世纪中国较为完备的君主政治建构，成为迄今为止最为完备的政治建构，遂从落后于中国，迅速变成领先于中国。

中世纪的中国，由于意识形态与国家形态相互适应，走的是上坡路。两千年间仅有落后于中国的暂时挑战者，没有领先于中国的最后终结者，所有成功挑战者全都成了最终归化者。因此，中世纪的上坡路使中国因福得祸，在漫长的两千余年以后，迟迟没有意识到人类文明已经转型，工业时代已经来临，思想仍然禁锢于罢黜百家的儒学意识形态，政教仍然合一于皇权专制的国家形态，缺乏主动走出中世纪的内在动力。若无近现代西方的严峻挑战和外力推动，中华帝国极有可能像秦始皇幻想的那样传之万世。后继帝国的重建者，虽非秦始皇的血统后裔，却无一例外都是秦始皇的法统后裔。秦始皇的法统后裔们，在西方走出中世纪以前自居天下无敌，还算基本属实，然而在西方走出中世纪以后仍然盲信天下无敌，已经违背事实。率先走出中世纪的西方，遂成中华帝国的最大挑战者和最后终结者。中华帝国原本较为完备的君主政治建构，越来越不适应新时代，不得不在西方挑战之下被迫走出中世纪，但因传统积弊深重，思维定式固化，文化积习难改，历史惯性强大，鸦片战争至今的一百多年时进时退，一步三回头，遂从领先于西方，迅速变成落后于西方。

二　古代两大遗产，必须区别对待

彗星撞地球的中西冲突，实为时差千年的古今冲突。古中国一如庞大的恐龙，新西方一如凶猛的虎狼。虎狼时代的来临，注定了恐龙时代的终结。由于长期天下无敌，中华帝国已从食肉恐龙退化为食草恐龙，周期性轮回也走到了终点。然而西方以外的许多中世纪式国家，都在西方血腥扩张的殖民时代，或解体，或沦亡，或殖民化，成了武装到牙齿的食肉虎狼之猎物。中华帝国仅是君主政体终结，广袤版图却未解体，古老恐龙重获新生，创造了凤凰再生的奇迹。因为中华帝国的两大遗产，仅有属于意识形态的君主政体是不良遗产，而属于国家形态的广袤版图却是良性遗产。广袤版图不仅帮助中世纪中国抵达了农业文明顶峰，而且帮助近现代中国免于亡国灭种，又帮助当代中国快速经济复苏。

若有扩张可能，古今一切国家无不谋求广袤版图。中世纪欧洲谋求广袤版图而不得，乃因政治建构不够完备。近现代欧洲仍然谋求广袤版图而不得，并非政治建构不够完备，而是欧洲走出中世纪受惠于政治独立的民族国家，欲求广袤版图同样受限于政治独立的民族国家。拿破仑战争和两次世界大战，是近现代欧洲谋求罗马帝国式广袤版图的三次尝试，全都受限于民族国家的政治独立而最终失败，唯一的受益者是美国。先为欧洲殖民地而后独立的美国，既有民主政体，又有广袤版图，遂成现代世界的狮子王。现代欧洲谋求内部政治统一的广袤版图而不得，海外殖民地又无法并入版图，一度征服的羊群又在后殖民时代纷纷独立，只能退而求其次，放弃政治统一而转向市场统一，建立了超越国家形态、地域大于罗马帝国的欧洲联盟，共同拥有取消关税壁垒的欧洲统一市场。凭借两大优势，即适应工业文明的民主政治建构，适应商业文明的内部统一市场，美国及其欧洲盟友遂成后殖民时代全球统一市场的领头羊，有时是披着狼皮的羊，有时是披着羊皮的狼。

虽然广袤版图帮助中国在战争时期免于亡国，在和平时期经济复苏，然而免于亡国和经济复苏仅是民族国家的低端目标，国家强盛和经济领先才是民族国家的高端目标，推进文明则是永无止境的人类共同目标。今日中国欲达民族国家的高端目标，并对推进人类文明有所贡献，必须同时具备与西方两大优势相匹配的竞争力，所以除了自古固有的一大优势广袤版图，尚需完成亡羊补牢的文明转型和相应政治转型。

西方走出中世纪，完成文明转型和相应政治转型的历史转折，就是相辅相成的文艺复兴和宗教改革。中国欲走出中世纪，欲完成文明转型和相应政治转型，也不可能例外。只不过西方中世纪意识形态的核心是"神权高于王权"的官方基督教，所以西方唯有通过宗教改革，才能完成文明转型和相应政治转型。而中国中世纪意识形态的核心是"皇权高于神权"的官方儒学，所以中国唯有通过哲学改革，才能完成文明转型和相应政治转型。

西方文艺复兴，是复兴被中世纪基督教意识形态压制千年的希腊罗马文化，而非复兴中世纪基督教意识形态；西方宗教改革，是消解中世纪基督教意识形态的绝对权威，而非重建其绝对权威。中国文艺复兴，同样必须复兴被中世纪儒学意识形态压制两千年的诸子百家文化，而非复兴中世纪儒学意识形态；中国哲学改革，同样必须消解中世纪儒学意识形态的绝对权威，而非重建其绝对权威。

先秦儒家仅是百家争鸣的自由思想之一，并非不可批判的意识形态。秦汉以后的中华帝国把儒学确立为不可批判的意识形态，既因先秦儒家之长，亦因先秦儒家之短。先秦儒家之长，即从全民之中优选民族精英，虽然成为意识形态以后的儒学弱化了长处，仍然导致科举制度彻底取代贵族制度，儒家官僚集团有效有力地支撑中世纪中国抵达了农业文明顶峰。先秦儒家之短，即与法家一样拥戴"皇权高于神权"，由于成为意识形态以后的儒学强化了短处，鼓吹"天不变道亦不变"的"三纲五常"，因而中国迟迟走不出中世纪。中世纪儒学意识形态仅在中世纪略有其长，到了近现代却是中国延长中世纪、造成中西千年时差的主要病灶，也是中国走出中世纪、消除中西千年时差的根本障碍。

中世纪儒学意识形态，不仅罢黜了先秦百家，也弱化了先秦儒家之长。中国文艺复兴虽然不应复兴中世纪儒学意识形态，但也不能仅仅复兴先秦百家之长，同样必须复兴被弱化的先秦儒家之长，同时超越被强化的先秦儒家之短。复兴先秦百家之长，决不意味着不能批判先秦百家之短，因为任何思想都不是绝对真理。希腊以后一千年的西方思想家，先秦以后两千年的中国思想家，并非无法超越轴心时代的思想家，所以文艺复兴绝非复古，而是意在阐明：轴心时代从野蛮进至文明，源于自由思想未被意识形态禁锢；中世纪从文明退回野蛮，源于自由思想均被意识形态扼杀。因此西方文艺复兴不仅复兴希腊罗马之长，而且批判希腊罗马之短。西方现代民主，正是得益于批判柏拉图之短。西方现代科学，正是得益于批判亚里士多德之短。由于西方文艺复兴并非简单复古而是解放思想，所以产生了超越希腊罗马思想的大量新思想，创造了超越希腊罗马文明的西方现代文明。

轴心时代的自由思想，是符合道德金律的文明动力。中世纪的意识形态，则是违背道德金律的文明阻力。轴心时代的原始儒学和原始基督教，都曾阐明道德金律，亦即孔子所言"己所不欲，勿施于人"，耶稣所言"你要别人如何待你，就要如何待人"，然而中世纪儒学意识形态却畸变为"己之所欲，强施于人"，中世纪基督教意识形态却畸变为"我要别人如何待我，别人就要如何待我"。西方宗教改革高扬耶稣的道德金律，因而走出了中世纪。中国也唯有通过与西方宗教改革相当的中国哲学改革，高扬孔子的道德金律，才能走出中世纪。

自由思想与意识形态的区别在于：自由思想追求真理而不自居绝对真理，不自封一家独尊，不强制其他自由思想与己一律，宽容不追求真理者。意识形态扼杀真理而自居绝对真理，自封一家独尊，强制其他自由思想与己一律，既不宽容挑战者，又不宽容盲从者，所以中世纪西方既烧死布鲁诺，又以"事奉魔鬼"的荒谬罪名烧死女巫，中世纪中国既诛杀嵇康，又以"失节事大"的荒谬教条逼死寡妇。

不消解违背道德金律的中世纪儒学意识形态，中华民族就不能解放思想，中国文明转型和相应政治转型就难以成功，中西之间的千年时差就无法消除，今日中国凭借中世纪良性遗产抵达的低端目标，就会被中世纪不良遗产再次葬送。即使幸免葬送，也无望抵达高端目标，更无望重新领先西方。只能在西方主导的全球统一市场中，仅仅提供劳动力，不能拥有话语权，仅仅出口电视机，不能输出新思想。

三　时差仅是表象，中西各有瓶颈

随着历史车轮的循环旋转，中国领先或西方领先的暂时表象已经变换多次。中西时差的暂时表象，植根于神权、王权、人权的不同博弈，即各自的文明瓶颈及其能否突破。试取中西两位相似的标志性自由思想家和两位相似的标志性意识形态家，作为时差表象和瓶颈本质的分析样本。

两位相似的标志性自由思想家，是时差长达一千八百年的韩非（前280—前233）和马基雅维利（1469—1527）。一切政治家，都是某一自由思想家的信徒。先有提供各种历史路径的自由思想家，后有选择某种历史路径的政治家。韩非与马基雅维利都是自由思想家，共同课题是对神权、王权的既定关系做出调整。

韩非出现于中国中世纪开始以前。面对先秦"神权高于王权"的既定关系，《韩非子》提供的崭新历史路径是放纵王权，升为皇权，即"皇权高于神权"，于是选择这一历史路径的秦始皇（前259—前210），僭代"上帝"，僭称"皇帝"，宣布"朕即天下"，中国从此走入中世纪。

马基雅维利出现于西方中世纪结束以后。面对中世纪"神权高于王权"的既定关系，晚于韩非一千八百年的马基雅维利，仍然不敢提出韩非式的"王权高于神权"，其《君主论》提供的崭新历史路径，也不是放纵王权，仅是解放王权，即"王权独立于神权"，于是选择这一历史路径的路易十四（1638—1715）们，挣脱"上帝"桎梏，宣布"朕即国家"，西方从此走出中世纪。

两位相似的标志性意识形态家，是时差不足百年的朱熹（1130—1200）和托马斯·阿奎那（1225—1274）。政治家打天下，需要自由思想家提供具有多样性的历史路径。不同政治家选择不同历史路径，败者为寇，成者为王。成者为王的政治家治天下，需要不自由的意识形态家提供仅有唯一性的神圣辩护。朱熹与阿奎那都不是自由思想家，都是不自由的意识形态家，共同课题是使神权、王权的既定关系神圣化、永恒化，即意识形态化，二人遂成中西中世纪意识形态的终极表述者。

朱熹出现于中国中世纪的中点。他对"皇权高于神权"的既定关系予以神圣化、永恒化的辩护极其成功，因此中国的中世纪儒学意识形态造极于朱熹，却没有终结于朱熹，其《四书集注》为中国的中世纪成功延命，成了明清科举考试的标准答案。明清六百年，正是中国中世纪延长千年的主要时段。

阿奎那出现于西方中世纪的终点。他对"神权高于王权"的既定关系予以神圣化、永恒化的辩护极其失败，因此西方的中世纪基督教意识形态造极于阿奎那，也终结于阿奎那，其《神学大全》没能为西方的中世纪成功延命，所以紧随其后的就是"中世纪最后一位，新时代最初一位诗人"但丁（1265—1321）。但丁的《神曲》虽然借用了中世纪的神学形式，却表现了新时代的反神学内容。随后薄伽丘（1313—1375）的《十日谈》，又更为猛烈地抨击了中世纪的基督教意识形态。于是引出文艺复兴三巨人，达·芬奇（1452—1519），米开朗琪罗（1475—1564），拉斐尔（1483—1520），以及姗姗来迟的马基雅维利。上举诸人，无一例外都是意大利人，正如马可·波罗（1254—1324）、哥伦布（1451—1506）也是意大利人。此后才是闻风响应的法国人拉伯雷（1493—1553），西班牙人塞万提斯（1547—1616），英国人莎士比亚（1564—1616）。文艺复兴之所以发轫于意大利，乃因意大利是罗马帝国发祥地，罗马教廷所在地，中世纪基督教意识形态的重灾区。

从意大利推向全欧洲的文艺复兴，借用中世纪的神学形式，复兴轴心时代的自由精魂，消解了中世纪基督教意识形态的神圣性、永恒性，为部分突破西方文明瓶颈的宗教改革创造了条件。于是日耳曼人马丁·路德（1483—1546）在1517年启动宗教改革，公布了挑战罗马教廷的《九十五条》，正面冲击中世纪基督教意识形态，终结了阿奎那为西方中世纪延命的幻想。从日耳曼推向全欧洲的宗教改革，又为自由思想扫清了意识形态障碍，于是既超越中世纪又超越轴心时代的思想家接踵而至：培根（1561—1626），霍布斯（1588—1679），笛卡尔（1596—1650），斯宾诺莎（1632—1677），洛克（1632—1704），伏尔泰（1694—1778），休谟（1711—1776），卢梭（1712—1778），康德（1724—1804），黑格尔（1770—1831），叔本华（1788—1860），马克思（1818—1883），尼采（1844—1900），巨人辈出，不胜枚举。宗教改革之所以发轫于日耳曼，乃因日耳曼过去是罗马帝国鞭长莫及的边陲，后来是罗马教廷影响微弱的边陲。

西方走出中世纪的一大步，分为两个半步。文艺复兴是其前半步，把王权、人权从神权桎梏下解放出来。宗教改革是其后半步，一方面继续消解中世纪基督教意识形态的神圣性、永恒性，另一方面并不消灭基督教，而是回归原始基督教，尤其强调其"原罪论"，既能有效制约罗马教廷之放纵教权，又能重新制约刚被解放的王权、人权，因为放纵王权之恶，不亚于放纵教权之恶，放纵人权之恶，不亚于禁锢人权之恶。假如仅有文艺复兴对教权的合理反抗和对王权、人权的合理解放，却没有宗教改革以后的新基督教对教权、王权、人权的合理制约，西方走出中世纪的野蛮以后，就未必走向更文明，也可能走向更野蛮。总之，相辅相成的文艺复兴与宗教改革，合力消解了中世纪基督教意识形态的神圣性、永恒性，部分突破了西方文明瓶颈，产生了政教分离的法治社会，创建了法律治身、宗教治心的民主政体，不仅超越了试图"改革"的中世纪，而且超越了试图"复兴"的轴心时代。形而上层面的突破瓶颈，导致了无数形而下层面的创造发明，诸多单项成就领先全球，至今仍难超越。

四　消除中西时差，必须突破瓶颈

近现代西方，部分突破文明瓶颈"神权高于王权"，变成"王权独立于神权"，但是仍以基督教"原罪论"为制动闸，拒绝像中世纪中国那样绝对尊君，刚被解放的王权野马，又被套上了民主的笼头，配上了议会的马鞍，最终是全体民众骑上王权之马，坐上议会之鞍，摆脱野蛮走向文明。

中世纪中国，君主政体奠定于崇尚法家的秦始皇，意识形态奠定于对法家予以儒家包装的汉武帝。外儒内法、王霸杂用的儒学意识形态，一方面与法家一样绝对尊君，并用"天不变道亦不变"的"三纲五常"，使僭代"上帝"的"皇帝"神圣化、永恒化；另一方面却错误撤去了法家"性恶论"的制动闸（功能与基督教"原罪论"相当），错误换上了儒家"性善论"的发动机，于是皇权野马受到三重放纵，上无神权制约，下无人权制约，内无"性恶论"制约，因而劝诫皇帝"性善"的儒学说教基本失效，最终导致法家皇帝骑上民众之马，坐上儒家之鞍，却又没有刹车，不得不一次又一次冲向深渊。

由此可见，西方文明瓶颈"上帝"及其意识形态"神权高于王权"，与中国文明瓶颈"皇帝"及其意识形态"皇权高于神权"，虽然都是人为建构的意识形态，而且各有利弊，但是并不等价，既有共有之同，也有本质之异。

共有之同，就是中世纪的中西意识形态对待人权的态度相同，无不禁锢人权。因此西方需要文艺复兴解放久被禁锢的人权，随后需要宗教改革，用基督教"原罪论"把欲望纳入堤岸。中国同样需要文艺复兴解放久被禁锢的人权，随后同样需要哲学改革，用法家"性恶论"把欲望纳入堤岸。

本质之异，就是中世纪的中西意识形态对待王权的态度相反：基督教意识形态禁锢王权，使之不敢僭代"上帝"；儒学意识形态放纵皇权，导致"皇帝"僭代"上帝"。因此西方需要文艺复兴解放久被禁锢的王权，随后需要宗教改革，用人权和基督教"原罪论"把刚被解放的王权再次关入笼子——再次比首次容易得多。中国不需要文艺复兴解放业已过度放纵的皇权，仅仅需要哲学改革，用人权和法家"性恶论"把长期放纵过度的皇权首次关入笼子——首次比再次困难得多。

正是中西中世纪意识形态的本质之异，导致西方率先突破文明瓶颈，率先走出中世纪。那么中国能否也像西方一样突破文明瓶颈，尽快走出中世纪？检讨既往历史，似乎颇为悲观，但是未来中国若能借鉴西方经验，吸取既往教训，认准目标，选对进路，就没必要悲观。

鸦片战争至今的中华群贤，无不致力于突破文明瓶颈，消除中西时差，并且喜用西方历史比况中国现实。有人认为中国需要文艺复兴，有人认为中国需要启蒙运动，但是没人认为中国需要宗教改革，因为宗教并非中国的意识形态核心。然而西方文艺复兴、宗教改革、启蒙运动，具有前后相续的逻辑相关和历史必然，居于中间的宗教改革，既是此前文艺复兴的圆满完成，又是此后启蒙运动的根本动力，所以是部分突破西方文明瓶颈的关键一环。中国文艺复兴和启蒙运动之所以一再启动却一再夭折，甚至欲进反退，表面原因是内忧外患不断，天灾人祸并至，根本原因是目标不明，进路有误，亦即没有与西方宗教改革相当的中国哲学改革，因而被迫终结帝制已达百年，儒学意识形态或其变体仍然阴魂不散，一切可能突破文明瓶颈的自由思想，均被不可批判的意识形态严厉扼杀。

清末被迫改革而病急乱投医，盲目废除了原属儒家之长而不该废除的科举制度，进入民国以后，不知其误而未恢复，导致此后的中国政坛，失去了全民之中优选出来的精英，充斥着全民之中劣选出来的流氓。然而西方走出中世纪的关键性制度转型，正是意识到只有贵族制度却没有科举制度，乃是中世纪西方落后于中国的重要原因，因此英国率先效法中国科举制度，建立了文官考试制度，从而率先完成了农业文明向工业文明的文明转型，率先完成了君主专制政体向君主立宪政体的政治转型，建立了人类有史以来版图最大的大英帝国，不仅军事征服的版图超过了罗马帝国，而且文官统治的时间也超过了罗马帝国。可见原为儒家之长的科举制度理应继承，应该废除的仅是作为科举考试内容的中世纪儒学意识形态。当代中国的公务员考试制度，实为科举制度的现代重建，必将有助于中国政坛减少乱象，回归理性。良性效应暂未显现的原因，乃是考试内容仍然囿于意识形态，尚未突破文明瓶颈。

今日中国的"新儒家"，尚未出现马丁·路德式人物，毫无儒学改革意识，不仅拒绝反省先秦儒家之短，而且拒绝消解中世纪儒学的意识形态色彩，反而否定五四运动的合理批判，妄想重建五四运动以来略有消解的儒学意识形态权威，导致哲学改革难以启动，政治转型难以成功，千年时差难以消除，文明瓶颈难以突破。

五四运动"打倒孔家店"，把目标对准中世纪儒学意识形态，并非错误。其误在于把中世纪儒学意识形态的罪恶，与先秦儒家之短混为一谈。西方中世纪基督教意识形态的罪恶，并非原始基督教的罪恶，所以宗教改革并未消灭基督教，仅是消解中世纪基督教的意识形态色彩，恢复耶稣的道德金律，于是宗教改革以后的新基督教，成了西方走出中世纪、进入近现代的重要动力。中国的哲学改革，同样不必消灭儒学，只要消解中世纪儒学的意识形态色彩，超越先秦儒家之短，恢复孔子的道德金律，哲学改革以后的新道家、新儒家、新法家、新墨家、新名家，就能成为中国走出中世纪、进入近现代的共同动力。日本、韩国、新加坡等深受儒家思想影响的区域，全都没有"打倒孔家店"，仅是恢复百家争鸣，不再一家独尊，就成功走出了中世纪，顺利进入了近现代。

结语　人类文明赛跑，永远不会终结

中西文明的各自瓶颈，既是政治瓶颈，也是文化瓶颈。

西方文艺复兴和宗教改革，使西方率先突破政治瓶颈，在政治领域完成去意识形态化，于是从落后于中国变成领先于中国。但是西方至今没有完全突破文化瓶颈，文化领域远未完成去意识形态化，所以近现代西方在突破政治瓶颈，把君主专制政体转型为民主立宪政体，取得文明领先以后，就以基督教的名义开始了全球范围的血腥殖民，违背道德金律地对非基督教民族进行强制性传教，以基督之爱的名义，传播了反基督的仇恨，以文明领先的名义，制造了大量的文化罪恶，充分显露了文化意识形态即文化沙文主义的食肉虎狼特质。所以近现代西方席卷全球和挫败中国，并不全是文明对野蛮的胜利，而是既有先进战胜落后的文明一面，也有文化意识形态的野蛮一面。"落后就要挨打"，与"有枪即可杀人"等价，仅是野蛮的丛林法则，而非文明的道德金律。圆明园焚毁，固然是中世纪中国的耻辱；焚毁圆明园，无疑是近现代西方的罪恶。

中华文明的伟大复兴和中华民族的重新崛起，首先必须突破西方早已突破的政治瓶颈，在政治领域完成去意识形态化，从而消除时差，赶上西方，回到人类文明前列。此后更应致力于突破文化瓶颈，在文化领域完成去意识形态化，遵循道德金律，经由和平竞争，争取重新领先西方，再创人类文明辉煌。

人类文化史至今仅有数十万年，人类文明史至今仅有四五千年，与宇宙大年、地质大年、物种大年相比，均属极其短暂的小年。未来的漫长人类文明史，尚有无限广阔的美好前景。中西民族和其他民族的文明赛跑，永远不会终结。全球一切民族，均应遵循轴心时代即已认知的道德金律，不断汰清中世纪意识形态的深重遗毒，努力突破文明瓶颈，共同推进人类文明。

2010年8月18日—23日初稿，8月27日—9月16日定稿
（本文刊于《书屋》2010年第10期。收入张远山文集《老庄之道》。入选吴剑文编张远山文选《思想真的有用吗》，北京出版社2021年版。）

文化论

平面化的美丽新世界

所有能够讲述的故事都过于简单：古典欧洲从雅典开始，现代世界从佛罗伦萨开始。

佛罗伦萨旧译"翡冷翠"，但是这块"冷翡翠"始终温润如玉。由于出产众多超级天才，这座城市大概比"不朽的城市"罗马更加不会受到世界冷落。人们不会忘记，佛罗伦萨是"中世纪最后一个，新时代第一个"诗人但丁的故乡。当然也无法忽视另外两个颠覆性极强的佛罗伦萨天才：宗教道德的讽刺者薄伽丘，政治道德的反叛者马基雅维利。不过本文要讲的，不是这三位佛罗伦萨思想天才，而是另外三位佛罗伦萨艺术巨匠。

古希腊没有杰出画家，只有伟大的雕刻家，比如米隆和菲迪亚斯。达·芬奇以前，绘画没有真正的立体感，无法与雕刻抗衡。达·芬奇用前无古人的明暗透视法和无与伦比的空气远近法，创造了在平面上表现立体的奇迹，达·芬奇同时也把立体的世界平面化了。这也许是一个不幸的预兆。达·芬奇的劲敌米开朗琪罗，既是立体的雕刻家，又是平面的画家。但米氏傲视达氏的并非其杰出画作西斯廷教堂天顶画《创世纪》，而是他的大理石雕像《大卫》。就个人趣味而言，我倾向于投米氏的票。然而能够决定两者胜负的不是我这局外人的偏爱，而是第三者拉斐尔。这个半路杀出加入战团的"程咬金"，改变了两者原本旗鼓相当的力量均势。拉斐尔以一百多幅近乎完美的圣母像，使人类文明史的天平一劳永逸地向达·芬奇的平面发生了倾斜。于是佛罗伦萨的文艺复兴三巨人，二比一，一块"三明治"，平面战胜了立体，虚拟战胜了真实：平面的绘画可以有虚拟的立体，立体的雕刻却不可能有虚拟的平面。此后，创世般挺立于苍穹之下、大地之上的圆雕，再也没有真正复兴过。雕塑家罗丹，不过是雕刻家米开朗琪罗的一个微弱回声。

从拉斐尔到安格尔，绘画就这样陶醉于平面中的虚拟立体。直到摄影术出现，咔嚓一声，以更逼真的虚拟立体，摄影战胜了绘画。谁能在平面中更逼真地虚拟立体，谁就获胜。于是有了罗赛蒂的拉斐尔前派，实为回到达·芬奇之前乔尔乔内、波提切利的扁平，进一步有了色块平涂的塞尚、高更和梵高，进一步有了平面构成的蒙德里安，进一步有了埃舍尔的版画，平面世界对立体世界最机智的嘲讽。总之，无限地趋向平面。最极端的是毕加索，他把立体彻底解构成平面，使立体彻底臣服于平面，却又反讽地自称"立体派"。

顺便一提，按照德国人莱辛在《拉奥孔》(这部平面书籍的书名取自同名的希腊立体雕刻)中的著名两分法，所有的艺术都可归入广义的画与广义的诗，即空间艺术和时间艺术的范畴。所以请允许我在粗略勾勒了古今绘画和空间艺术的演变之后，再简要概览一下古今文学和时间艺术的演变大势。

在文学领域，古希腊也没有平面的小说，只有立体的戏剧，最著名的有三大悲剧家和喜剧家阿里斯托芬。戏剧曾经是文学的最高形式，因此莎士比亚被认为"仅次于上帝"(大仲马)。在空间艺术中，古典世界是立体的雕刻战胜平面的绘画；在时间艺术中，古典世界同样是立体的戏剧战胜平面的小说。然而众所周知，戏剧正在现代世界无可挽救地衰落下去，因为小说印在平面的纸上，而戏剧演出则在立体的舞台上。现代世界的总趋势，正是平面战胜立体。

话分两头、各表一枝之后，可以万川汇海、九九归一了。

从静止的摄影术到活动的摄影术——电影，是顺理成章之事。电影把真实的立体世界予以平面化：一个逼真的虚拟立体世界，被悬挂在一块平面幕布上。由于平面的电影幕布代替了立体的戏剧舞台，因此画与诗、空间艺术与时间艺术被一网打尽，全都予以平面化。古典艺术是单纯的，乐司耳、画司眼等，五官各自独立。现代艺术则是综合的，有声有色，五官科一条龙服务。

电影从杂乱无章的立体世界中，选取了被认为有意味的部分，或者径直把立体的舞台剧搬上平面的银幕。通过平面化，一出优秀的古典剧目可以让更多的人欣赏，这无疑是好事。但是平民化如果一定要与平面化构成一枚硬币的两面，是否真是好事，我就不敢说了。从擅演莎剧的劳伦斯·奥利弗开始，只有最优秀的舞台剧演员才被恩准从影，获得选秀的舞台艺术家无不受宠若惊，因为按照现代逻辑，从影就是从良。然而"择优"而"从良"，其实是降格，所以从影的舞台艺术家，几乎无一例外地声称怀念舞台。从未登台演出的影星，大都不被视为艺术家，这说明古典法则还阴魂不散。

随后有了电视，这是使文明世界彻底平面化的最关键一步。与电影还知所取舍不同，电视则拿到篮里都是菜，把整个杂乱无章的粗糙世界一股脑儿推到每个人眼前，占领了每个人的客厅乃至卧室。电视把老聃两千年前吹嘘的智者美梦"不出户，知天下"，廉价地推销给每一个现代弱智者。于是出现了把全部业余时间用于看电视的大量现代弱智者，或者仿照"书呆子"的谑称，名之曰"电视呆子"。电视的深入每家每户，终于使世界的平面化，历史的平面化，乃至人类的平面化，几乎大功告成。

但是且慢，电视展示的粗陋世界容易使人厌倦，电视上的超级美女尽管被称为"大众情人"，其实是望梅止渴的心理骗术，电视观众无缘一亲芳泽，无福分享半片指甲。电视上的超级豪华，让电视观众开了眼界，长了见识。前传媒时代就办不到，谁也不知道富豪享受的是什么，为此逛过大观园的刘姥姥有资格向乡民夸耀。但是好奇心得到满足之后，电视观众立刻虚火上升，内分泌严重失调。

于是在电视之后，最后的平面化奇迹——电脑，来为走火入魔的现代文明救驾。电脑创造的虚拟空间，邀请每一个穷汉和笨伯入席。任何一个余钱无多的穷汉，都可以在电脑虚拟的三维立体空间中，驾驶最豪华的凯迪拉克轿车，享受世界首富比尔·盖茨的心理快感。任何一个毫无魅力的笨伯，都可以在电脑虚拟的三维立体空间中，与超级美女"玛丽莲·梦露"调情做爱，享受美国总统肯尼迪的艳福。有人辟谣说肯尼迪并无此事，那么你就可能比肯尼迪更加幸运。总之，电脑虚拟空间使你在立体的真实世界中无法满足的一切愿望，都得到虚拟的，也就是平面的，然而绝对逼真的，也就是直逼立体的虚假满足，足以平息你对自身不幸命运和普遍不公正的一切愤怒。现代人相信，真实是不可能抵达的物自体，真理是不可能抵达的虚拟物。因此虚拟就是一切，逼真就是一切。逼真就是逼近真实，逼真就是逼近真理，逼近真理足以代替真理，逼近真实足以代替真实。

　　综上所述，从古希腊经文艺复兴到电脑时代，人类文明完成了一个三级跳，从三维的真实立体世界，经由平面与立体、真实与虚幻的大搏斗，终于高奏凯歌地迈向二维的虚拟平面世界。

　　在古典世界中，信奉"读万卷书，行万里路"的人们，像徐霞客和马可·波罗一样劳动尊腿去旅行，亲眼看看立体的世界。行路是立体的，读书是平面的。古人行路难，但他们把立体置于平面之上。古人认为，外面的立体世界很精彩，里面的平面世界很无奈。现代人行路易，但他们不行万里路，近则汽车，远则飞机。汽车上的现代人，通过后视镜把城市看作一个近乎虚幻的平面。飞机上的现代人，透过云层把大地也看作一个近乎虚幻的平面。现代人更不读书，他们看照片看电影看电视上网络，进入电脑虚拟空间。现代人觉得，照片、影视中的风光远比实地看到的风景美妙得多，自己辛辛苦苦跑去，也许刮风下雨云山雾罩，还不如看风光摄影集，买风景明信片，在影视中饱览"江山如此多娇"，更不必说进入电脑虚拟空间。现代人认为，外面的立体世界很无奈，里面的平面世界更精彩。现代人相信，平面化世界，就是美丽新世界。

　　美丽新世界正在日新月异地飞速发展，阳光底下无新事的立体世界中，每天都在创造着平面化奇迹。也许这一切都要归因于现代世界的首位巨人达·芬奇，据说现代文明的一切，都被他在平面化的纸上预言过，甚至画出了设计草图。或许正是为此，每年年初都要发布重大预言的现代巫师或科学弥赛亚比尔·盖茨，在其价值四千万美元的智能化豪宅中，毕恭毕敬地供奉着一份高价购入的达·芬奇手稿。当数年前一个佛罗伦萨疯子用铁锤砸碎了米开朗琪罗的大卫像的脚趾时，我终于意识到，被大卫击败的巨人哥利亚，将会以平面化的形象在现代世界，更准确地说是在电脑虚拟空间中复活，任何不信耶稣复活的人，都将不得不信。更富于讽刺意味的是，在比尔·盖茨占尽春色的电脑软件中，一种著名的电脑病毒被命名为"米开朗琪罗"。这一命名再次证实，圆雕巨匠米开朗琪罗，是平面化世界不欢迎的黑客。而此时此刻，陈列在世界艺术圣殿卢浮宫的达·芬奇平面杰作《蒙娜丽莎》，由于蛋清颜料逐渐开裂，嘴角正在日益上翘，神秘的微笑越笑越欢，似乎随时都会爆发出恶作剧般的狂笑。

1998年5月19日

（本文刊于《八面来风》1999年第3期，《书屋》2000年第6期，《金隆》2003年第7期。收入张远山文集《告别五千年》。）

集体主义的游戏：寻找替代

流行歌曲唱道："孤独的人是可耻的。"这让我想起每个中国人小时候都玩过的捉迷藏游戏：被选定的人面朝一堵指定的墙，大声数到十，等其他人躲好了，他就开始找。被找到的那个人就替代他的角色，继续游戏。奇怪的是，被选定的人可以像"警察捉小偷"游戏中的警察一样去捉人，但谁都愿意做捉人的警察，却没人愿意在捉迷藏游戏中做捉人者。似乎前一游戏中的优势在于"捉"者，后一游戏中的优势在于"躲"者。

优劣从捉人者选出的过程也能看出：全体游戏者围成一圈，喊一二三，每人同时出一只手掌，或手心或手背，少数者豁免，多数者再选……最后剩下两个人，由他们以"石头、剪子、布"自相残杀，输者就是最后的被选定者。可以看出，筛选过程是一个微型的优胜劣汰过程，最后的被选定者其实就是被集体遗弃的放逐者。"警察"虽是少数，但他从不孤立，因为他是集体秩序的维护者，而"小偷"是集体秩序的破坏者。与之相反，在捉迷藏游戏中，捉人者是被集体遗弃的人，而躲藏者们却组成了一个集体。躲藏者虽然在游戏过程中各自为战，但角色相同的他们属于一个无形团体。于是，你刚才还属于整个游戏者集体，突然之间"整个集体"消失得无影无踪，只有你被放逐于空旷无人的"街头"，成了一个"可耻的孤独者"。

从孤独者的表现来看，被放逐显然是极端痛苦的，甚至是不堪忍受的，因此他不得不奔走呼告，寻找另一个人做自己的替代者，使某个先前的幸运者，变成不幸者。正如民间迷信中，吊死鬼或落水鬼必须找到一个替代者，才能重新投生。这正是整个游戏的严酷性所在：被放逐者回归集体的欢乐，必须以新的被厄运选中者承受逐出集体的痛苦为代价。孤独的被放逐者好不容易找到一个同类，然而被放逐者不是通过与同类结成同盟来免除自己的孤独，而是把他视为异类，双方立刻进行了身份交换。一个人获得回归集体的幸运，同时意味着另一个人承受被集体放逐的厄运。也就是说，被放逐者在孤独中所做的全部努力，不是与孤独对抗，更不是热爱孤独，而是厌恶自己的命运，厌恶自己的身份。他的所有努力都是为了摆脱原先的自己，寻找自己的替代者，然后成为一个他者，加入那个无比强大的无形团体。在这个被光荣命名的团体之内，他只是一个微不足道的无名者，一个空无。哪怕那个无形团体是"放逐"的始作俑者，哪怕被放逐者的全部厄运都是那个无形团体一手造成的，被放逐者还是无条件地渴望成为那个团体的一员。由于被放逐者对放逐他的无形团体的无限向往和不懈努力，他最终将一定能够成为新的受豁免者，只要整个游戏不过早结束。这一虚妄的希望，使他永远不会对游戏规则提出质疑和非难。这种童年游戏的规则，将使参与者长大后，终其一生永不反抗使他痛苦的任何团体，他只会渴望归化，融入所有威胁要抛弃和放逐他并使他无限痛苦的团体。甚至一个团体越使他痛苦，他越是强烈地渴望成为那个团体的成员。他只想远离痛苦，却永远不会致力于消灭痛苦之源。

而那个被找到的不幸者，将不得不成为新的被放逐者，去品尝他的孤独、痛苦和耻辱。对他来说，被从隐藏处找到，就是被厄运选中，而找到他的那个人成了命运的化身。由于被找到、替代以及身份交换是所有游戏者一致同意的神圣规则，因此新的不幸者丝毫不会抱怨置他于不幸的这个具体的苦难传递者。他唯一的抱怨是针对命运的，但他否认这一命运是由集体造成的。这部分是由于，他曾是集体的一员，他参与制定或至少默认了这一规则。因此，他此后唯一要做的，不是反抗命运和反抗集体，而是终其"一生"（在游戏与现实的双重意义上）去寻找新的替代者，并以寻找替代者为唯一的游戏意义和人生意义。

很显然，这个游戏出于这样一种潜意识：被集体遗弃是最可怕的惩罚和最不幸的命运；无论集体是善是恶，无论集体对个人是利是害，作为个人，必须无条件地依附于集体。一旦被集体放逐，必须不遗余力、不惜代价地寻求回归集体之路。这个集体，相当于霍布斯所说的利维坦——巨大的海中怪兽，个人不仅无力反抗它，甚至不能蔑视它。因此，不仅在集体之中个人意志毫无价值，即便被放逐于集体之外，个人意志依然毫无价值。因为无论在集体内外，所有人都视集体意志为自己的意志，都视集体意志为最高意志。"集体至尊，个人至卑"，是这个经典游戏的文本密码，也是这个游戏传递给所有参与者的关于中国文化的绝对命令。在集体至上的文化中，个性是最有害无益的东西。因为个性（在游戏中就是你的手掌与受豁免者相反）正是被放逐的根本原因。尤其令人惶惑的是，何为好个性，何为坏个性，从来没有明确的界说和恒定的标准：当豁免者出手背时，出手心就是不好的个性；当豁免者出手心时，出手背就是不好的个性。除了数量的多寡和利益的向背，个性之好坏没有任何客观标准。在集体主义文化中，不变的个性是最坏的个性，比如拗相公王安石和小性儿林黛玉就是坏个性的典型；而毫无个性的随机应变，见风使舵的趋炎附势却是最好的性格，比如五代不倒翁冯道和滥好人薛宝钗都是好性格的典型。因此盲从不再是人格上的缺点，反而是好性格的标志。盲目从众最受现代思想家诟病的，是它不加批判地仅仅倾向于多数。这种集体主义游戏的唯一目的，正是培养放弃客观标准的从众心理。而当大多数人都是盲从者时，他们决不同意把从众心理称为"盲从"，他们一致同意给它一个响亮的荣誉称号：集体主义精神。

也许有人会说，我把儿童游戏太当真了。我相信，玩过捉迷藏游戏的中国人，大多不会同意我的解说。但同意与否并不重要，生活中有太多的事实说明了游戏的真实性。我认为一个民族的传统儿童游戏中，一定记录着该民族文化的遗传密码。而每个玩过这种游戏的人，在这种游戏规则的长期熏陶下，都会默认这种游戏规则的合法性、神圣性和不可批判性，最后无条件地接受整个民族的集体无意识。这一捉迷藏游戏及其游戏规则的各种变体，在整个社会生活中无所不在。概括地说，大致形成了如下四条文化信念。

信念之一：孤独就是原罪。在集体主义氛围下，与众不同者要么放弃与众不同，与世沉浮；要么虽然不放弃与众不同，但由于知道众怒难犯，所以不仅不敢标榜与众不同，反而必须用"我真孤独啊"之类的哀叹，替代本该有的"我多么与众不同啊"这样的自豪。于是集体就会因为孤独使他受罪，容忍他的与众不同，因为与众不同已经成了对他的最大惩罚。

因此集体主义文化中有大量这样的人：事实上与世沉浮，与时消息（这样就不会被集体放逐），然而口头上却常常抱怨孤独（这样就能凌驾于集体之上并左右集体的意志）。然而抱怨孤独的人，骨子里还是集体主义者。抱怨孤独的人，朝思暮想的就是集体能够重新接纳他，让他在集体中占据一个显要位置。如果集体不能接纳他是由于他与众不同，那么他甚至愿意放弃与众不同，装傻、韬晦、难得糊涂就会成为他们的生存策略。这种恼恨自己与众不同的焦虑，在集体主义文化中，几乎成了出类拔萃者挥之不去的原罪感。但集体主义阵营却看出他是被集体放逐的不情愿的孤独者，所以有批评家说：孤独者抱怨的，其实只是孤立。"孤独"与"孤立"，仅仅一字之差，用"立"替代了"独"之后，一个巧妙的语言游戏就完成了。这一游戏虽然包含了"独""立"二字，却在根本上是反对独立意识的。"孤立"论者认为，你的与众不同，说明你属于少数，所以你活该遭厄运。"孤立"论者遵循的是以数量压倒对手的集体主义游戏规则。"孤立"论者无须对"孤独"者的思想进行任何有说服力的批判，就奏凯而归。

在个人主义文化中，结婚是原罪；而在集体主义文化中，不结婚才是原罪。因为独身意味着他（或她）拒绝融入集体。至于想结婚却无力嫁娶的男女，则无疑是集体主义文化中的失败者。只有首先加入家庭这一微型集体，然后才能走上"修齐治平"的集体主义康庄大道。集体主义文化视"天下"为一个"莫非王土，莫非王臣"的大集体，所有人都是住在集体宿舍受教育、读圣贤书的学生。故圣人"为天下立心"，立的是集体之心；圣人"为万世开太平"，开的是集体的太平。而集体主义者的根本信念正是：只要万众一心，必定天下太平。所谓"非我族类，其心必异"的反推论，在此同样成立：其心若异，必非同类。孤独者之心，必异于圣人之心，必异于集体之心。因此，集体主义者打击乃至消灭孤独者的最有效武器就是：孤立他。纪德说："孤立是一种精神上的广场恐怖症。"只有极少数"前不见古人，后不见来者"的精神博大者，才有能力抵御这种巨大的恐怖；然而即便能够抵御，却也未必喜欢这种恐怖，难怪陈子昂紧接着要"念天地之悠悠，独怆然而涕下"了。

信念之二：渴望替代自我。为未来生活做准备，替代了人们的现在进行时的生活，结果他们一天也没有真实地生活过，而是生活在为想象中的未来做准备之中。集体主义文化中人，永远都在为将来的生活做准备。而将来之所以值得准备，是因为他将要融入集体，在集体中牢牢地扎下根，获得免遭放逐的恩准。

这其中最大也是最初的错误，是以为童年是成年生活的准备期。殊不知童年不是成年的准备，受教育也并非为未来生活做准备。童年生活是真正生活的一部分，学习更是贯穿一生的最重要生活。把童年当作成年准备期的父母和教师，刻意扭曲了儿童们的天性，剥夺了儿童们应有的欢乐。然而一个失去童年欢乐的人，不可能有真正幸福和身心健康的成年生活。把受教育当作未来生活之准备的父母师长，对孩子的教育不可能成功；孩子如果最终成功，是因为反叛了他们，成了一个终生的自我教育者。所有把受教育当作未来生活准备的教育者，都认为自己早已结束了受教育期，因此他本人已经是个拒绝学习的思想僵化者，是受教育者拒绝学习的活榜样。因此在集体主义文化中，大部分受教育者都成了厌恶学习者，视学习为不得已的苦役，并且在囚徒等释放般地终于熬到"毕业"之后，终生排斥与自己不同的任何思想，尤其反对一切与多数人思想不同的"孤立"者的危险思想。由于童年欢乐被剥夺，儿童们渴望长大成人，但是"为未来做准备"的过程一旦启动再也难以中止，于是成年人渴望尽早退休安度晚年，老年人渴望尽快结束生命得到解脱，甚至整个此生都在为"来世"做准备。

信念之三：渴望替代他人。在集体主义文化中，许多人厌弃自己的人生角色或社会分工，许多人都想替代另一个他羡慕的角色，他甚至不喜欢所有属于自己的东西。正如父母给两个孩子分苹果，每个孩子都觉得自己的苹果小了，闹着要换，而不在乎换来的苹果是否真的更大。这与庄子寓言中的猴子对"朝三暮四"不满意，却对"朝四暮三"欢欣雀跃没什么两样。然而人毕竟不是猴子，等他换了一个新角色，他立刻又会不满意。总之，无论他自己是什么角色，他都厌恶这个角色，谚语称为"做一行，怨一行"，因为他的角色不是按照自己的意志自由选择的，而是被集体意志强行派定的；此后的角色虽然有可能是自己主动换来的，但换来的角色依然是集体主义的经典剧本先天设定的，而非自己创造的。集体主义文化中，任何人都不是独创性的剧作家，而只是被派定角色的木偶剧演员。集体主义文化太类似于舞台，但是所有人都认为自己不在舞台上，而永远在后台，每个人都始终处于准备上台的状态。"上台"是个不断前瞻的无限过程：科员想做科长，科长想做处长，处长想做局长，局长想做部长……所以很多人都认为自己只是人生的B角，他们急于上场，替代那个令人羡慕的A角。但他（或她）不知道，他心目中的A角也渴望替代另一个人，或许正是渴望替代他，这是一条无止境的自弃链环。而这正好说明，集体主义文化根本上是其全体成员不平等的文化。渴望在不平等的社会阶梯中占据较高位置，是渴望替代的最大动力。

古代社会，人们普遍认为帝王是真正的幸福者，所以不惜一切代价取而代之。"彼可取而代也"（项羽谓秦始皇），正是集体主义文化的最强音。或许有人误以为皇帝的心目中该是没有A角了，其实明君羡慕尧舜，暴君羡慕桀纣，所有天子都羡慕上帝。大概只有上帝是无所羡慕的，但在民间笑话中，上帝同样羡慕可以肆无忌惮为所欲为的魔鬼。现代社会，人们普遍认为富翁是真正的幸福者，于是不惜代价、不择手段取而代之，然而百万富翁羡慕千万富翁，千万富翁羡慕亿万富翁，如是等等。由此可见，一切可替代的预设位置都无法摆脱不幸，都无法获得真正自由。因为生活并非剧场，不可能有一个预设的最佳包厢。某些人由于出身或其他非自身的原因，无须努力就天生获得一个令人羡慕的特殊位置或贵族包厢，其实非常可怜。他们中的杰出者，无不渴望放弃这种"包厢"，踏上自由的孤独之旅。

信念之四：儿女替代自己。印度电影《流浪者》有一句著名台词："强盗的儿子是强盗，法官的儿子是法官。""文革"时期的类似名言则是："老子英雄儿好汉，老子狗熊儿混蛋。"明白这种血统论之荒谬的人很多，但是几乎所有人都希望自己的儿女走自己走过的生活道路，或至少具有与自己相同的生活信念。有个记者去农村采访失学儿童，问一个放牛娃："你放牛是为了什么？"孩子说："挣钱。""挣钱为了什么？""娶媳妇。""娶媳妇为了什么？""生娃。""生了娃让他干什么？""放牛。"记者感慨地评论说，由于失学，孩子没有树立起远大的抱负，没有文化使中国农民长期不能挣脱不幸的代际轮回。记者坚信，教育能够改变一切，所以他呼吁人们援建"希望工程"。然而一个大都市的优秀高中生读了这篇报道后，也这样问自己：我读书是为了什么？挣钱。挣钱为了什么？结婚。结婚为了什么？生孩子。生了孩子让他干什么？读书。他的最后结论是：虽然放牛娃失学，我读书，但我也无法摆脱可怕的代际轮回。那种为未来做准备的痛苦的科举式"读书"，没有让他看到任何希望，于是他绝望地自杀了。

很少有人敢于承认，自己与那两个孩子的差别只在五十步与百步之间。固然，让儿女走与自己完全相同的生活道路，乃至继承自己职业的人越来越少，但是很多人在"渴望替代他人"的驱力下，仍然希望儿女继续去完成自己的未竟之业，弥补自己的人生缺憾。比如说，自己想当局长没有成功，他就希望儿子能够代替自己成功。或者自己穷了一辈子，他就希望儿子能够成为大款。虽然在具体的生活道路或职业上，他未必强求儿女替代自己，因为强求也可能是一厢情愿，但他仍然希望儿女接受自己的生活信念，因为我就是这样过来的，甚至我们的祖先都是"从来如此"的。他们很少像鲁迅笔下的"狂人"那样问一句："从来如此，便对么？"

我觉得当代中国的教育制度再一次走上了老路，又变得越来越像科举考试了。三年前，在报道上海某所闻名全国的重点中学的学生如何刻苦学习的电视专题片中，我无限震惊地看到了黑板报上写着一行大字："吃得苦中苦，方为人上人。"我立刻著文提出抗议，但是编辑没有刊用，看来编辑认为这一古老训条再次成了天经地义。更可能的是，他自己也在用这句古训教训儿子，因为生在集体主义文化之中，他不大可能具有别的思想。不少人批判"文革"的理由，正是因为"文革"剥夺了他们的升学机会，剥夺了他们成为"人上人"的机会。然而"人上人"正是集体主义文化独有的观念，或至少是最核心的观念。在鼓励个性的非集体主义文化中，反抗平庸和挣脱命运的安排才会受到最高礼赞。在个人主义文化中，如果爱孩子，就是让他走自己的路，哪怕是危险的路，哪怕是与父母相反的路。因为只有他自己想走的路，才有他的人生意义和存在价值。在集体主义文化中，如果爱孩子，就是让他走父母走过的路。因为儿女只是父母的替身，我的选择必须是你的选择。更因为父母认定替孩子选定的生活道路是安全的路，为了安全，为了苟活，可以舍弃一切意义和一切价值。当然，在这条传统老路上，有升官发财，有吃喝嫖赌，可以做"人上人"，这就是集体主义文化视野中的人生意义，这就是集体主义传统认定的"前途"。而当所有人都热衷于此时，也就天下太平，这正是集体主义文化的理性预期。

当然，这种佛陀早就揭示过的代际轮回是普遍的，并非中国集体主义文化独有。中国集体主义文化独有的，是对它的无条件信从，是认为它不容置疑，是认为"天不变道亦不变"（董仲舒）。集体主义文化从来不鼓励反抗这种轮回，从来不努力改变人生的这种悲剧性，而是把悲剧化解在苟且偷生的多子多福和升官发财的世俗闹剧之中。每一代人都在重蹈前一代人的不幸命运，生的替代，死的替代，生命就这样一代代过去。逝者如斯夫不舍昼夜，长江后浪推前浪，不同的内容永远是同样的形式，生命的悲苦无过于此。

萨特曾以二战时一个法国青年面临参军卫国还是奉养老母的两难抉择为例，认为这是一个纯粹存在主义或者个人主义的问题，任何人都无法代替这个青年做出选择，但这个青年必须为自己的选择承担全部责任，接受全部后果。在集体主义文化中，这种问题绝对是非个人的问题，无论做出什么样的选择，只要这个选择具备集体主义的理由，那么个人就完全没有责任。人性是普遍的，困境是相似的，然而态度截然不同，人生意义和生命价值也就判然两样。再以自由为例，在个人主义文化中，自由就是摆脱集体和传统（传统是死者统治生者的更大集体）的重负，"走自己的路，让别人说去"——马克思引用过的但丁名言。在集体主义文化中，自由就是"为所欲为"，但是只有集体中的"人上人"才能为所欲为。这种"为所欲为"，可以是在集体中按照集体主义游戏规则坏事做绝，但决不可能是"走自己的路"。因为一旦他想走自己的路，那么他就会立刻失去"人上人"的地位，也失去"为所欲为"的特权。集体主义文化中人，最恐惧的就是"别人会怎么说"。

在非集体主义文化中，反抗命运是所有思想家的永恒主题，反抗命运是所有追寻人生意义者的最高律令。在西方有史以来最激烈的社会批判者之一马克思的笔下，这种思想体现得格外迷人："在共产主义社会里，任何人都没有特定的活动范围，每个人都可以在任何部门内发展，社会调节着整个生产，因而使我有可能随我自己的心愿今天干这事，明天干那事，上午打猎，下午捕鱼，傍晚从事畜牧，晚饭后从事批判，但并不因此使我成为一个猎人、渔夫、牧人或批判者。……我们所称为共产主义的，是那种消灭现在状况的现实的运动。"（《德意志意识形态》）可以发现，与集体主义的最高理想"大同之世"相比，马克思以及几乎所有个人主义思想家的最高理想是"大不同之世"。这是探讨中西社会理想的人不可不注意的根本性差别。无论马克思描述的共产主义社会是否有可能到来，也无论即便有可能但离人类还有多远，谁也不能否认马克思描述的幻景是大多数人的真正向往。由于任何人都可以做任何事，他以前"虽不能至，心向往之"的任何角色，他现在都可以随心所欲地扮演，所以他无须厌弃自己的角色，也无须羡慕他人的角色。然而在"消灭现在状况的现实的运动"尚未成功之前，渴望替代或被迫替代依然是人生的基本内容。

在"消灭现在状况的现实的运动"尚未成功之前，人们即使不能担任所有角色，至少应该心平气和、全力以赴地去做自己愿意做也能够胜任的一个创造性角色，并享受做一个真实的、有个性的、无可替代的孤独者的尊严。任何人都不必羡慕不属于自己的、在集体中的荣耀。一个人的真正价值，不会因为与集体中的他人比较而存在，却会因为与集体中的他人比较而丧失。那些因比较而有价值的集体中的"人上人"或至尊者，而今安在哉？人的真正价值，就是他的独特性；所谓独特，就是创造。而对创造的一切别出心裁的扼杀，都是永远落套的。介于少数创造者与少数扼杀者之间的最大多数模仿者、渴望替代者，都被历史遗忘了。一部人类史，只记录着极少数创造者和极少数扼杀者的名字。创造者是精神英雄，扼杀者是文化败类。扼杀者被历史记录，仅是作为罪状记录在案，并非作为光荣榜昭告后世。历史真正铭记的，正是那些从事创造的孤独者和孤立者。孤独者和孤立者渴望创造，而非渴望模仿，哪怕创造没有成功，也是伟大的失败者，是失败的英雄。因此任何渴望谱写人生的辉煌诗篇的人，都不必为了集体的空洞意志而放弃自己的独立意志，不必做一个他人（父母、教师、领导、妻子、丈夫、儿女）希望你做，而你根本不想做的人。只有当你想做集体主义文化要求你做的人时，你才会有集体主义的最大苦恼：做人难。当你一旦按照自己的想法去生活时，这一伪命题就将不复存在。归根结蒂，集体这个巨大的海中怪兽其实并不可怕，尤其是如果你无所奢求于集体时，你就不必徘徊在怪兽的周围，随时准备充当它的午餐。一个真正的人，应该无所畏惧地在广阔的生活大海中畅游，在无垠的精神领域中作灵魂逍遥游。就像笛福笔下的鲁滨逊那样，每一个孤独者，都应该找到属于你自己的岛屿；每一个孤独者都应该坚信，你的真正前途在他人的视野之外。

1997年4月22日初稿，10月14日—20日定稿

（本文刊于《书屋》1999年第3期。收入张远山文集《永远的风花雪月，永远的附庸风雅》。入选周实、王平选编《天火：〈书屋〉佳作精选》，岳麓书社2000年版。入选林贤治编《人文随笔》，中国工人出版社2002年版。入选祝勇编《我们对于饥饿的态度》，中国文联出版社2003年版。入选吴剑文编张远山文选《思想真的有用吗》，北京出版社2021年版。）

被愚弄的兔子和被弄愚的乌龟

龟兔赛跑是最著名的伊索寓言之一，故事是这样的：上午，乌龟与兔子赛跑。兔子想，乌龟哪里是我的对手（或对脚）呢？于是他一边得意地听着其他小动物对乌龟的嘲笑，一边撒腿飞跑起来。跑到中途，兔子回头一看，乌龟早已被远远甩到后面看不见的地方了，于是就在跑道边的树荫下睡起觉来。等到兔子的屁股被正午的阳光烧烫并惊醒时，坚持不懈的乌龟早已跑过终点，回家喝庆功酒去了。就这样，因为骄傲，飞毛腿兔子在赛跑中输给了爬行的乌龟。

这是一个有教益的寓言，本意是鼓励乌龟，并非奚落兔子。然而寓言是一把双刃剑，这一寓言从诞生之日起就开始异化，成了一个在重版翻版改版盗版过程中走向反面的圈套。绳圈在故事前面晃动，直到把故事缢死。

第一个改编者，是史诗《伊利亚特》的作者，盲目的希腊诗人荷马。他笔下的希腊第一条好汉阿喀琉斯，在追击特洛伊第一条好汉赫克托耳时，绕着特洛伊城墙跑了整整三圈，也没追上赫克托耳。最后赫克托耳觉得在家乡父老面前一味逃跑太过丢人，于是转身站住，与阿喀琉斯决一死战，这才不幸被阿喀琉斯杀死。赫克托耳死得像个英雄，而阿喀琉斯虽然是胜利者，却遭到了众人和众神的嘲笑。因为以希腊世界最快的飞毛腿著称的他，竟在赛跑中输给了并非田径名将的赫克托耳。不仅如此，阿喀琉斯为了阻止赫克托耳逃进特洛伊城，自始至终跑在靠近城墙的内圈，而把赫克托耳逼在外圈。这相当于阿喀琉斯始终跑在田径场一号跑道，赫克托耳始终跑在八号跑道，而且八号跑道与一号跑道有一支投枪的距离。但是即便赫克托耳每圈多跑二里地，阿喀琉斯这只兔子，最终还是没能追上赫克托耳这只乌龟。

第二个翻版者，是希腊哲学家芝诺。上届比赛结束后，乌龟没有邀请曾经嘲笑自己的松鼠、狐狸等动物参加庆功酒会。狐狸怀恨在心，自愿充当著名飞毛腿、半人半神的英雄阿喀琉斯的比赛经纪人，安排了一场阿喀琉斯对奥运会长跑冠军乌龟的挑战赛。故事的结局是上面两个故事的综合，十分落套：乌龟卫冕成功，阿喀琉斯再次落败。落败的原因十分蹊跷。阿喀琉斯不知是因为有恃无恐，还是因为担心抢跑被取消比赛资格，反正起跑时慢了一步。乌龟爬完第一步，阿喀琉斯才刚刚起跑。这也罢了，问题在于阿喀琉斯并非甩开长腿"而今迈步从头越"，追赶"领先一步"的乌龟，而是转着古怪的哲学念头：欲到达乌龟所在位置，我必须先到达乌龟第一步的中点。等阿喀琉斯到达乌龟第一步的中点，乌龟已经爬完第二步。可是阿喀琉斯在跑第二步之前，再次转起哲学怪念头：欲到达乌龟现在所在位置，我必须先到达乌龟第一步的后半步加第二步即总共一步半的中点……如此等等。就这样，阿喀琉斯这只哲学兔子，再次输给了老实得像火腿，却对哲学毫无兴趣的乌龟。

第三个改版者，是战国时代的中国思想家庄子。故事是这样的：以狐狸为首的兔子的智囊团，在安排兔子与乌龟的下一场比赛前，决定"师夷之长技"，派兔子去乌龟国首都邯郸自费留学，充分掌握乌龟的先进爬行技术。聪明的兔子很快学成归国，当然兔子的"海龟"方式，是用海龟的方式爬回去的。比赛再次开始，兔子在整个比赛过程中，扭扭捏捏地学着龟步，全盘照搬地模仿乌龟的呼吸吐纳技术：乌龟步亦步，乌龟趋亦趋。由于学得到家，兔子的步态简直可以乱真，不明真相的观众，误以为是两只乌龟在赛跑。因此双方并驾齐驱，同时撞线。大赛仲裁委员会通过逐格分析比赛录像，发现最后一刹那，乌龟以迅雷不及掩兔耳之势，猛地向前伸出龟头。由于兔子没有乌龟那样伸缩自如的长脖子，惜败。

第四个篡改者，是比庄子稍后的中国思想家韩非。由于篡改得面目全非，这一故事颇具中国特色。故事是这样的：宋国有个农夫，根据足够的历史经验（宋人为殷商后裔），相信当局不希望兔子在赛跑中获胜，于是主动提出一项合理化建议：既然兔子天分比乌龟高出太多，那么让兔子享受与乌龟同样的比赛待遇，就对乌龟不公平。也就是说，为了"费厄泼赖"，兔子的跑道上应该设置障碍。大赛组委会充分发扬民主精神，从善如流地采纳了农夫的卓越建议，同时责成献策者在兔子的跑道上设置树桩（这是现代障碍赛跑的起源），顺便用树桩上部的木材，为从胜利爬向胜利的乌龟盖海滨别墅。不过跑道上设置障碍一事，赛前并未通知兔子。兔子以为，自己的跑道与乌龟的跑道一样，是一条金光大道。组委会认为，兔子既然如此聪明，应该通过自己的坎坷经历，感悟"大道多歧"，以便有足够的切身体会，感叹"如今这世道"。兔子被告知的是："你的能力比乌龟强得多，组织上希望你埋头苦干，拿出成绩来，让那些认为你骄傲的乌龟没话说。总之，前途是光明的，道路是曲折的。"兔子感激涕零，表示决不辜负组织上的信任，于是上了跑道一阵"埋头"猛跑，结果不难预料：兔子一头撞在树桩上，成了农夫等待已久的奖品。由于乌龟早已知道，兔子迟早总会撞上树桩。即便碰巧跳过了第一个树桩，也跳不过第二个、第三个……用农夫的说法就是，"过得了初一，过不了十五"。西方谚语说，每个人都有他的滑铁卢；中国谚语说，每只兔子都有他的树桩。所以这回轮到乌龟在半道上偷懒睡觉了，反正等着他的不是树桩，而是锦标。乌龟明白，他的睡觉决不会受到诸如骄傲之类的批评，因为他根本没有骄傲的资本，所以骄傲永远跟他挨不上。乌龟明白，只要他在领奖时谦逊地说上几句"感谢领导的培养"之类套话，就前途无量。

第五个盗版者，是二十世纪的中国作家村子。故事是这样的：经过优生学改良后变得谦虚的现代兔子（因为骄傲就得不到高额奖金），在比赛中轻而易举战胜乌龟夺得了金牌。获胜的良种兔在新闻发布会上说："兔别千年，非复旧观。我认为把骄傲从赛前改在赛后较为合理，而把睡觉从赛跑途中改为赛跑之后则更加聪明，所以我现在要回家睡觉了。"不料故事的结局还是老套，兔子睡完一觉大梦初醒，看到床头放着组委会改判比赛结果的通知：组委会赛后刚刚获悉，世界田径联合会在比赛前夕，参照举重选手称体重、拳击对手量臂长的规则，补充修订了田径比赛的最新规则。如果赛跑选手的一方比另一方腿长，将判腿较短的一方获胜。因此本次比赛的冠军仍是乌龟，兔子再次屈居亚军。

第六个套上绳圈的人，是寓言爱好者张恨水。说句题外话，这位敝本家像在下一样不风雅，恨水而远山，显然从未见过真山水，他编的故事自然大高而不妙：屡战屡败的兔子终于认识到，自己失败的真正原因，是与乌龟太不同了。想要获胜或不再失败的唯一办法，就是去医院截肢，让自己的腿脚与乌龟一样长短，并且给自己也装上一块抵御恐惧的厚厚铠甲。兔子只有彻底改造自己，与所有的乌龟一模一样，才有可能避免厄运。只要有"一点"不同，就难以幸"免"。其实仓颉早就预言过了，他造的"兔"字，与"免"字仅有"一点"不同。悟透这"一点"的兔子，毅然决然向整容医院飞奔而去……

噢不不，算了吧，我不想再胡编乱抄下去了，这也太落套了！我不是想为这一寓言最后抽紧绳圈的人，我像所有人一样被寓言的圈套迷惑，却差一点忘了描述这一圈套的初衷。尽管这与我毫无干系，因为我对任何比赛都没兴趣，但我现在愿意放弃一个午觉，描述这一连环套，并且希望通过我的转述，有人能找到解开套子、解放套中人的科学方法。

及时打住显然是明智的，这也好比在半路上躲进祖传的树荫打个盹。我还是不太愿意放弃午觉，反正我又不参加比赛。我在午睡前想了想，就让乌龟永远获胜吧！既然比赛规则是乌龟制定的，那么连上帝都无法阻止龟兔赛跑不断出现重版翻版改版盗版，何况连上帝也是乌龟的上帝。我知道不必为兔子抱不平，哪怕我是兔年出生并因此不得不属兔也无须如此，哪怕我可以自由选择属相比如说属狐狸，我也犯不着兔死狐悲。因为只有让愚蠢的乌龟长寿，让聪明的兔子短命，世界才显得合理。

众所周知，兔子是坚定的无神论者，为此神的使者老鹰才会从天上俯冲下来追捕兔子。而兔子的朋友狐狸，则是永远的怀疑主义者。我疑心，只要世上同时并存着巨人和侏儒，那么羞辱兔子的谣言和诽谤就永远不会绝迹。因为巨人永远是少数，而永远抱怨自己炮制的上帝对自己不公的大多数人，总是愿意看到极少数天之骄子受屈受辱受难。因此所有的龟兔赛跑永远是老套，其结局永远是兔子莫名其妙输掉。比赛主办者尽管未必是乌龟，但至少是自愿整容或被迫截肢的兔子，这些伪兔子是媚俗者。媚俗的比赛主办者，想要赢得大多数人的喝彩，挤出大多数人的眼泪，掏空大多数人的钱袋，榨干大多数人的血汗，骗取大多数人的选票，必须经常对大多数人进行精神贿赂，因此才安排了兔子与乌龟的不公平比赛，并且从一开始就决定：无论用什么手段，最后必须让兔子输掉。这很落套，是吗？的确如此，而且令人沮丧。失败的悲剧英雄兔子，在这种永远落套的故事里，只能落入该死的圈套。

其实兔子并非最倒霉的，因为再倒霉的兔子，依然是兔子。真正不幸并将永远不幸的，是落入圈套的乌龟。当侏儒站在最高领奖台上，以站在较低台阶上的巨人为自己的陪衬者时，侏儒恰恰是最不幸的，达到了不幸的顶峰。因为侏儒误以为自己与巨人同样高了，误以为一切众生真的平等了。受愚弄的兔子没有变愚蠢，因兔子受愚弄而获利的乌龟，却被弄得更愚蠢了。简而言之，兔子被愚弄了，而乌龟被弄愚了。很显然，乌龟是龟兔赛跑的最大受害者，而任何受害者都永远在寻找自己的替代者。因此当乌龟死后，他的龟儿子龟孙子们，将一如既往地，用祖先荣耀一时的龟甲，来卜算自己那永远落套的命运。

1996年9月22日

（本文刊于《书屋》1999年第1期，《杂文选刊》2005年7月上半月刊。收入张远山文集《永远的风花雪月，永远的附庸风雅》。入选吴剑文编张远山文选《思想真的有用吗》，北京出版社2021年版。）

永远的风花雪月，永远的附庸风雅

一

愤怒的诗歌属于革命，深刻的诗歌属于哲学，那是另一回事，我今天不想谈论。我要描述的诗歌，是吟咏风花雪月的诗歌；我要赞颂的行为，是对风花雪月的附庸风雅。因为人类并不需要天天革命，人类更不需要夜夜哲学，但是人类日日夜夜，永远需要风花雪月，永远渴望附庸风雅。

贡献了美妙的风花雪月的大自然，是人类的家园。因为眷恋人类的美好家园，人类中的天才，不遗余力地吟咏着风花雪月。缺乏天才的人们，同样因为眷恋人类的美好家园，而不遗余力地对风花雪月进行附庸风雅。有了风花雪月，人类的生活才真正美好起来；有了附庸风雅，人类的情操才真正升华起来。

人类天生迷醉风花雪月，人类天生喜欢附庸风雅，正如人类天生追求幸福生活。吟咏风花雪月和竭力附庸风雅，是幸福生活不可或缺的一部分。然而幸福在人间是罕见的，因为不幸的人们总是在内心渴望风花雪月和附庸风雅的同时，不遗余力地抨击着风花雪月和附庸风雅。抨击风花雪月和附庸风雅最有力的，是并非同盟军的对立两派：革命家和哲学家。

革命家的抨击不外乎如此：当许多人还在水深火热之中苦苦挣扎时，吟咏风花雪月或迷醉于附庸风雅是可耻而且堕落的。

哲学家的抨击不外乎如此：当一个人还没有达到博大精深的境界时，吟咏风花雪月或迷醉于附庸风雅是可笑而且浅薄的。

革命家站在物质生活最贫困的大多数人的立场上抨击风花雪月和附庸风雅，哲学家站在精神境界最超拔的极少数人的立场上抨击风花雪月和附庸风雅。革命家与哲学家由于立场不同，对风花雪月和附庸风雅的抨击重点也正好相反：革命家是因为憎恨贵族的风花雪月而反对平民迷恋附庸风雅，哲学家是因为憎恨平民的附庸风雅而反对贵族吟咏风花雪月。风花雪月在革命家眼里是高雅的麻木，附庸风雅在哲学家眼里是粗鄙的麻木。永远的风花雪月，永远的附庸风雅，永远受到革命家和哲学家的双重夹击，永远处在高雅与粗鄙之间。

革命家与哲学家几乎是正确的。试想，那些风呀月呀的诗句，能填饱肚子吗？那些花呀雪呀的词章，有哲学意义吗？

二

革命家认为，风花雪月是贵族趣味，因此要把风花雪月彻底砸烂。然而，当少数人独霸风花雪月时，风花雪月确实是贵族趣味；当所有人都有权利享受风花雪月时，风花雪月在理论上已经成为平民趣味。

尽管革命家憎恨风花雪月，却无法阻止被他的革命所解放了的人民羡慕"贵族"的风花雪月。人民一旦填饱肚子，会迫不及待地向往风花雪月，但他们虽然已经有权利渴望风花雪月，却还没有能力抵达风花雪月。他们唯一能做的，就是对风花雪月进行附庸风雅。革命的强权也许能够阻止人民做一切事，却不可能阻止人民对风花雪月一往情深地附庸风雅。

附庸风雅是平民趣味，正如野菜曾是平民食品；风花雪月是贵族趣味，正如大米曾是贵族食品。嘲笑附庸风雅的贵族，也嘲笑野菜，因为他们知道，贫乏的精神来源于贫乏的物质。奇怪的是，憎恨风花雪月的革命家，却不憎恨大米。革命家为什么不像憎恨风花雪月那样憎恨大米呢？革命家为什么不能像羡慕大米那样羡慕风花雪月呢？难道他们不明白，丰富的精神来源于丰富的物质吗？

真正的革命家应该懂得，既然革命成功以后，大米成了平民食物，那么革命成功以后，风花雪月也成了平民趣味。让贵族与平民一起吃野菜是革命的失败，让贵族吃野菜而让平民吃大米是革命的反动；只有让平民与贵族一起吃大米，才是革命的成功。革命的目的是消灭贵族而不是消灭大米。只要还有人在吃野菜，无论吃野菜的是多数人还是少数人，革命就没有真正成功。同样，革命的目的是消灭贵族而不是消灭风花雪月，只有让平民与贵族一起风花雪月，革命才算真正成功。革命应该在把吃大米的权利还给人民的同时，也把享受风花雪月的权利还给人民。

然而，即便革命家愿意把享受风花雪月的权利还给人民，革命家却做不到把欣赏风花雪月的能力一夜之间灌输给人民。仅有享受风花雪月的权利却没有欣赏风花雪月的能力的人民，只能先附庸风雅。不幸的是，革命的史实确实如此：它没有把享受风花雪月的权利还给人民，因而也没有把培养人民的风花雪月能力的机会给予哲学，于是人民不得不偷偷摸摸地对风花雪月进行附庸风雅，并且比小生产每时每刻产生着资本主义还要每时每刻地产生着对风花雪月的附庸风雅。革命曾经成功地杜绝过小生产，却从未有效地根除过对幸福生活的向往；革命曾经成功地砸烂过风花雪月，却从未有效地根除过对风花雪月的附庸风雅。

任何灵魂深处爆发的革命，都不可能把风花雪月的命革掉，这是颠扑不破的历史铁律。于是在横扫一切牛鬼蛇神也横扫一切风花雪月的革命年代，过于僵硬的革命姿态显露出可笑的一面：由于风花雪月没有获得堂堂正正的权利，于是偷偷摸摸的附庸风雅曾被称为"道德败坏"，曾被称为"修正主义"，曾被称为"小资情调"。

由于夺取大米的唯物主义革命是疾风暴雨式的，而融入风花雪月的唯心主义文化是温文尔雅式的，因此革命本质上与风花雪月穿不上一条裤子。所以仅靠革命以及革命的手段自身，不可能使被革命解放了的人民不附庸风雅，从而一夜之间真正地风花雪月起来。革命可以创造大米丰收的奇迹，却不能创造风花雪月的丰收奇迹。因此革命在初步成功以后，急切地需要哲学的帮助。

三

然而正如革命家在憎恨贵族之外，还憎恨风花雪月一样；哲学家在憎恨附庸风雅之外，还憎恨革命，当然革命家也憎恨哲学。因此过去的哲学家从未给予革命以真正的帮助，这是革命很少最后成功的重要原因。只要哲学家永远对革命袖手旁观，只要哲学家永远像革命家一样憎恨附庸风雅，那么对风花雪月的附庸风雅，就是永远的平民趣味。而没有能力欣赏风花雪月的人民，同样没有能力保住革命的物质成果，他们很快将再一次失去大米，重新沦落到吃野菜的悲惨境地。于是需要下一次革命，而下一次革命如果不出意外的话，将会像所有以往的旧式革命一样憎恨风花雪月，使革命在半吊子成功之后，再一次走上失败的老路。这是迄今为止人类革命兴衰史的基本规律。

哲学家以为附庸风雅是低级趣味，因此要把附庸风雅彻底肃清。当多数人只能附庸风雅时，附庸风雅确实是低级趣味，当所有人都有能力欣赏风花雪月时，附庸风雅就自然地升华为风花雪月。

革命家拒绝风花雪月，是因为追求粗鄙的彻底性。当"大老粗"也足以成为傲视一切的豪迈之时，这种追求就达到了粗鄙的全盛时代。而哲学家处在与革命相反的另一极端，哲学家拒绝风花雪月，是因为追求高雅的彻底性。

哲学家认为风花雪月容易诱发人类的粗鄙欲望和低级趣味，这是站在人类精神极致的立场上来说的。然而没有人是纯粹的精神，更没有人能达到精神的极致。纯粹的精神或精神的极致，只是疯狂。而只有风花雪月和对风花雪月的附庸风雅，才能阻止人类走向疯狂。人类的大部分优美诗歌和伟大艺术都是吟咏风花雪月的。人类文化中所有优美的情操，差不多都是由那些伟大诗人和杰出艺术家通过对风花雪月的吟咏而得到提炼与升华的。风花雪月是人类一切优美情操的自然对应物。嘲笑风花雪月的人，暴露的仅仅是自己骨子里的粗鄙和野蛮，不管他是革命家还是哲学家。

无论如何，哲学必须放弃所谓的终极追求返回民生日用，从精神极致返回平凡庸常。如果哲学不能帮助大众学会欣赏风花雪月，那么人们只能附庸风雅，甚至连附庸风雅也难以维持，最后沦落到兽性的粗野。如果哲学不能调和大众的人欲与哲学的天理之间的冲突，那么无论多么精致高深的哲学就只是一堆狗屎。人欲的丑恶，某种程度上正是被哲学拷问与道德律令的极端性逼出来的。哲学家必须认识到，至善幻象是一种特殊形式的恶，而且不因为它的形式特殊就成为较低程度的恶。相反，以至善面目出现的恶，往往是最高的恶，是最具毁灭性的恶。至善并非真善，因为至善永不存在。追求所谓极致形式的清洁精神，是一种那喀索斯式的精神手淫，这比肉体淫欲要邪恶得多。即便没有爱，两厢情愿的肉体关系也是自然而健康的；而如果有爱，那么两性的肉体关系就是优美的。与之相比，禁欲的精神手淫者倒是不自然的，变态的。而且毫无疑问，禁欲者比纵欲者更可能成为事实上的肉体手淫者。

革命拯救物质贫困者，哲学拯救精神贫困者。革命解放物质贫困者，是为了让他们尽快摆脱物质贫困，获得享受风花雪月的权利。哲学解放精神贫困者，是为了让他们尽快摆脱精神贫困，摆脱初级阶段的附庸风雅，获得欣赏甚至创造风花雪月的能力。

让人人有权利享受风花雪月，是革命的真正目的。让人人有能力欣赏风花雪月，则是哲学的真正目的。风花雪月是革命与哲学的共同目标。革命与哲学，应该在风花雪月的旗帜下携起手来。

四

我相信无须为风花雪月正名，虽然长期的革命姿态使风花雪月颇为声名狼藉。但人们之所以对风花雪月存有深刻的偏见和极度的戒惧，是因为他们误以为一切风花雪月都是附庸风雅，而他们又对附庸风雅如此恐惧。因此我认为只要对附庸风雅的合法性和正当性作出有力的辩护，风花雪月就顺理成章地得以恢复名誉。而为附庸风雅辩护，正是我撰写本文的基本目的。正如每个人在受到批评和攻击时难免会为自己做一点辩护那样，我愿意坦然承认，我正是一个永远的附庸风雅者。

我们首先必须承认，吟咏风花雪月与追求快乐幸福一样，是人类的天赋权利。然后我们才能认识到，每一个对风花雪月具有高度感悟力、鉴赏力乃至创造力的人，都是从附庸风雅开始起步的；正如追求快乐幸福的人很可能暂时还不是快乐者和幸福者，但一个人只有首先追求快乐幸福，然后才有可能抵达快乐幸福。同样，一个人只有首先向往风花雪月，即首先笨拙甚至可笑地附庸风雅，然后才有可能抵达风花雪月的妙境。因此，附庸风雅是通向风花雪月的唯一通途。

只要人间的愚行、丑行、秽行、罪行、恶行、暴行存在一天，附庸风雅就可以在阳光下理直气壮地存在下去。附庸风雅即便不是最有益的善，至少是最无害的恶，简直算不得恶，仅是尚未成形的善，不够精致的善。一个附庸风雅的人，至少没有殚精竭虑去为非作歹，至少没有肆无忌惮地践踏公理，仅仅附庸风雅的行为本身，就足以说明他对优美与高尚充满向往，并正在竭尽全力、勉为其难地努力加以模仿，虽不能见贤思齐，然而心向往之。每个附庸风雅者，无疑都是向善者。

世上永不存在能够越过附庸风雅阶段直接抵达风花雪月境界的天才。即便一个人一辈子都只能停留在附庸风雅的初浅阶段，那也是值得赞许的，因为他终其一生都向往优美与高尚，并且从未放弃这一向往；而只有向往优美和高尚的人，才会成为附庸风雅者。正如人间没有至善，人间也没有标准形态的风雅。因此每一个优雅而高尚的人，都是或至少曾经是附庸风雅者。除了缺乏自知的愚人和十足的恶棍，谁会忍心去嘲笑或蔑视一个善良的附庸风雅者呢？

我相信，抨击风花雪月和附庸风雅的革命者，骨子里是反革命者；抨击风花雪月和附庸风雅的哲学家，骨子里是伪哲学家。如果未来的所有革命仍将一如既往地彻底砸烂风花雪月和附庸风雅，那么我将一意孤行地永远反对一切革命；如果未来的哲学仍将一如既往地无情抨击风花雪月和附庸风雅，那么我将一意孤行地永远反对一切哲学。但我将义无反顾地倾注无限热情加以礼赞的，是永远的风花雪月；我将义无反顾地倾注无限热情加以礼赞的，是永远的附庸风雅。

1996年9月22日—23日

（本文刊于《书屋》1997年第3期，署名"张子昂"，经读者投票获1997年度第一届《书屋》奖。收入张远山文集《永远的风花雪月，永远的附庸风雅》。入选吴剑文编张远山文选《思想真的有用吗》，北京出版社2021年版。）

乏味的英雄和有趣的坏蛋

幸运的是，世上好人比坏蛋多，但不幸的是，坏蛋往往比好人有趣。坏蛋之有趣，可从日常生活中的这一例子看出：一个中国人，当他最有趣的时候，通常会被其女友、妻子或子女称为"坏蛋"。如果他不是偶尔有趣，而是常常有趣得像个"活宝"（这是一个爱恨交加的评语，没有一个英雄和领导愿意被称为"活宝"），那么几乎所有人都会认为他是"坏蛋"。这是为什么？

我不知道其他民族是否有这种现象，但我相信把有趣者称为"坏蛋"，确实暗寓着中国人长期以来的传统价值观：有趣是不好的，至少不被主流文化鼓励，一个有趣的人在中国必定终生交不了好运。除非其有趣不仅是活宝级，而且达到了国宝级，那么他就有可能成为帝王的宫廷小丑。也就是说，除了至高无上的帝王，没有人敢公开喜欢有趣。士大夫们暗地里可以喜欢有趣和卖弄有趣，但公开的言论却一律是抨击有趣。另一方面，除了得到帝王特许的宫廷小丑，只有帝王才有权不分场合地公开展示自己的有趣，肆无忌惮地嬉笑怒骂。普通人即便是国宝级的活宝，在公开场合也一律只能"团结、紧张、严肃"，丝毫不敢"活泼"。而一切奉命的"活泼"，从忠字舞到革命相声，除了肉麻，毫无有趣可言。

主流思想的长期独霸天下，最终会固化为民族性或集体无意识。举例来说，许多中国人对"美妻丑夫"这一极为正常的现象忿忿不平，称为"鲜花插在牛粪上"。实际上，"美妻丑夫"只要是双方自愿的，那就极有可能出于一个最简单也最合理的原因：丑夫是有趣的人。如此简单的理由，却为众多国人不解，因为他们大多极为乏味，不知有趣为何物。他们对"美妻丑夫"只有一个解释：那丑夫一定是个坏蛋。由于自身乏味且自居好人，他们就把一切有趣者视为坏蛋。中国人是道德感最强的民族，他们当然要反对坏蛋，所以他们也要反对有趣，尽管他们也忍不住偷偷地喜欢有趣，甚至偷偷地喜欢坏蛋。

我幼年时，任何一部电影放映后，学生们总会模仿坏蛋。那不是因为"性本恶"的缘故，而是因为孩子都喜欢有趣，不喜欢乏味。尽管中国孩子的道德观念都特别强，看电影时总忘不了问"谁是好人谁是坏人"，但如果坏蛋有趣而好人乏味，他们就会超越道德喜欢坏蛋，进而模仿坏蛋。记得电影《放学以后》里，一个坏蛋教唆孩子们别好好读书，教了他们一首儿歌："糖儿甜，糖儿香，吃吃玩玩喜洋洋；读书苦，读书忙，读书有个啥用场?"编导以此教育孩子们"好好学习，天天向上"，不要上坏蛋的当。结果事与愿违，所有的孩子都记住了这首儿歌，连我这个"好学生"也记住了这首颇为"有趣"的儿歌。现在再看这首儿歌，自然毫无有趣之处，由此可见当年是个多么乏味的时代。那么如今的中国电影和中国文学是否不再乏味了呢? 答案似乎并不乐观。

据说中国电影现在市场化了，其实仅仅是放映上的相对市场化，创作上远未市场化。即便是放映上的相对市场化，也已使严肃有余、有趣不足的国产电影遭遇了普遍败绩，富有"教育意义"的国产电影，根本无法与好莱坞娱乐片抗衡。原因之一就是中国的银幕"英雄"乃至文学"英雄"，与过去一样一本正经，乏味得很。而好莱坞的英雄却十分有趣，尽管坏蛋还是比好人有趣，但英雄却比坏蛋更有趣。外国电影里的坏蛋即使比平庸的好人有趣，但由于贪欲、自私等精神上的不自由，总比英雄乏味得多。外国电影里的好人（通常充当英雄的助手或上司）总是循规蹈矩，因而古板乏味。由于循规蹈矩者必然缺乏思想上的独创性，所以好人总是斗不过颇具独创性的坏蛋，并且还会好心办坏事地给英雄添乱，阻挠英雄顺利地打败坏蛋。外国电影里的英雄却往往不守纪律，不循规蹈矩，由于不循规蹈矩必然思想活跃，机灵有趣，关键时刻就能独创性地大显神威，于是善最终战胜了恶。

然而中国电影里的坏蛋、好人和英雄是这样的：坏蛋比好人有趣，好人比英雄有趣。英雄最乏味，坏蛋最有趣。也许这并非编导的初衷，却是客观事实。中国编导决不敢让英雄有趣，英雄总是所有角色中最古板最守纪律的，永远服从领导，永远照章办事，永远立场坚定，永远斗志昂扬，永远不苟言笑，永远大义灭亲，永远不通人情，永远没有人性弱点。略微有趣一点的总是好人，也就是与英雄意见不一的助手（而领导总是强作风趣以显得有魅力或有领导艺术，比如让他开一些与民同乐、显示平易近人作风的乏味玩笑），可惜助手的有趣总是给英雄添乱，幸亏警惕性奇高加本领过硬的古板英雄及时赶来救驾（当然一定是在领导的"英明决策"之下），助手才没吃太大苦头，善终于战胜了恶，但乏味也同时战胜了有趣，因为乏味的英雄战胜了（在一个总体乏味的故事中相对而言）有趣的坏蛋。

由于中国编导也要设法使电影对观众有一定吸引力，既然不能让英雄有趣，怎么办呢？编导就为次要角色添加点有趣，但由于自身乏味且鄙视有趣，所以在次要角色身上勉强添加的有趣十分做作，完全吃力不讨好，常常令人倒足胃口。

添加有趣的方法之一，与好莱坞一样：让好人添乱。但好莱坞电影中的好人是用古板给有趣的英雄添乱，中国电影中的好人却是用有趣来给古板的英雄添乱。两者在有趣与乏味的价值取向上正相反对，方法也就必然相反。

添加有趣的方法之二：丑化坏蛋。由于一切丑化都是喜剧性的，在缺乏真正有趣的故事里，丑化就成了有趣的代用品。颇为反讽的是，坏蛋只是因为被丑化，才产生了小丑式的有趣。并且恰恰是坏蛋被丑化的地方，成了坏蛋有趣的地方。比如坏蛋的好色、贪吃、爱钱、各种怪癖、黑话、结巴、气急败坏、流里流气等，编导都加以重彩浓墨的丑化，但观众却从中看出了普遍的人性弱点。某种意义上说，坏蛋被人性弱点毁掉本身，使坏蛋成了"悲剧人物"，观众对之产生了深层的同情（或许并不自觉）。

对坏蛋的丑化适足以使之有趣，对英雄的美化则适足以使之乏味。比如英雄的不好色、不贪吃、不爱钱、毫无怪癖等种种不近人情，都与观众自身的天然好恶产生了极大的心理距离，没人愿意做这种不食人间烟火的英雄。另外，由于刻画坏蛋的坏可以无所顾忌，编导被禁锢的想象力得到了解放，他们的有限才能终于有了用武之地。而刻画英雄时由于唯恐犯忌，缚手缚脚，创作上毫无自由可言，编导的竞技状态必然低下。因此，过于拔高英雄反而贬低了英雄，对英雄的美化恰恰抽去了英雄的人格魅力，使英雄变成了人见人厌的狗不理包子。况且中国编导及其上级领导，自身都极为乏味，他们把英雄固有的有趣强行剥离，转移到了另一个陪衬者身上。由于是陪衬，就导致了：一、有趣本身的弱化，有趣在整个故事中不得不退居次席；二、有趣的意义被逆转，有趣不再是英雄战胜坏蛋的内在积极素质，而是给英雄添乱的外在消极因素。结果，好莱坞英雄总是一再违抗古板上司的命令指挥，同时又排除了乏味助手的好心帮倒忙，最终以新奇方法战胜了坏蛋；而中国英雄总是坚决贯彻古板领导的"英明决策"，同时又排除了有趣助手的好心帮倒忙，最终极为落套地战胜了坏蛋。

简而言之，好莱坞电影比赛的是谁最有趣：好人是最乏味的笨蛋，英雄是最有趣的捣蛋，古板的好人用乏味来添乱，结果最乏味的笨蛋先被次有趣的坏蛋打败，次有趣的坏蛋又被最有趣的捣蛋打败。最后，好人受到了教育，从此开始热爱有趣。但在中国电影中换了个个儿，比赛的是谁最乏味：好人是最有趣的捣蛋，英雄是最乏味的笨蛋，捣蛋的好人用有趣来添乱；结果最有趣的捣蛋先被次有趣的坏蛋打败，次有趣的坏蛋又被最乏味的笨蛋打败。最后，好人受到了教育，从此开始崇拜乏味。

顺便一提，中国导演添加有趣的另一方法是让角色莫名其妙地长时间傻笑，有人说这是"戏不够，笑来凑"，实际上是"趣不够，笑来凑"，因为情节主干都是有限的，所谓有戏，就是有趣，因此凑戏也就是凑趣。但解趣的人都明白，凑趣永远是乏味的，与真正的有趣无缘。

因此毫不奇怪，改革开放前后，中国电影各有一个奇怪而突出的现象：最受欢迎的是反英雄的反派演员和非英雄的丑星。反派演员受欢迎的程度，远远超过了饰演英雄的主角。影片上映后，如果正反两种角色在公开场合一起亮相（比如电视综艺节目），反派演员得到的喝彩声远比英雄演员多得多。而且给"英雄"的有限掌声也大多是礼仪性的，常常需要主持人提示和强迫，而给"坏蛋"的掌声倒是由衷而发。

有一个极富意味的例子，雄辩地证实观众喜欢坏蛋超过喜欢英雄。当年最受欢迎的电影是八个样板戏之一《智取威虎山》，其中的英雄杨子荣，在当年的所有银幕英雄中最受观众欢迎。原因是该片的主要情节都发生在威虎山匪窝，这部电影堪称坏蛋的盛会，有座山雕、八大金刚、栾平、假胡彪（即杨子荣）等。杨子荣之所以成为当年中国观众最喜欢的英雄，根本原因是杨子荣打入敌人内部成了假胡彪。由于英雄杨子荣是一个合法坏蛋，这一角色就同时兼有了英雄、坏蛋的双重魅力，英雄的乏味被坏蛋的有趣充分弥补，观众不自觉地完成了一个李代桃僵的心理置换：表面上他们喜欢的是"打虎上山"的英雄杨子荣，实际上他们喜欢的是"老九不能走"的假胡彪；前者符合政治标准，后者符合艺术趣味。而喜欢坏蛋的政治不正确，又被"坏蛋实际上是英雄"这一天然托词加以充分掩饰。

我怀疑当年某些高明的导演对此心知肚明，所以他们也许是自觉地纷纷选择孤胆英雄打入敌人内部或正面人物化装成坏蛋进入敌占区的题材，让英雄合法地扮演坏蛋，用坏蛋的有趣冲淡英雄身上的乏味。这样的例子还能举出很多，比如于洋主演的《英雄虎胆》。片中王晓棠饰演的女特务阿兰，就被影迷誉为"天下第一女特务"。两者合跳的那段桑巴舞，也被中国观众津津乐道了几十年。在那个一切舞厅都被取缔的年代，英雄若非"合法"坏蛋，怎么可能"被迫"搂着妖艳的女特务跳舞？

进一步验证观众喜欢坏蛋超过喜欢英雄的事实是，许多老片时隔甚久，观众早已忘了基本剧情和主演姓名，但对那些有趣的坏蛋却记忆犹新，对其台词也能倒背如流，连没看过老片的新一代都知道"座山雕"、"刁德一"、"八大金刚"、"情报处长"等反角，记得"防冷涂的蜡"、"天王盖地虎"等黑话，熟知"高，实在是高"、"这小刁一点面子也不讲"等反派台词。然而有多少人还愿意提及那些乏味英雄的名字？有多少人还记得当年红极一时的"英雄"演员王心刚？仅用逆反心理，无法圆满解释这一现象。改革开放以来的中国电影里，虚假的英雄相对淡出，反派演员的受欢迎程度也相对减弱，于是所谓"中间人物"开始以丑星的面目出现并受到欢迎。也就是说，既然无须再过度丑化坏蛋，就该来进一步丑化原先那个英雄的助手。助手居于坏蛋、英雄之间，正是"中间人物"，而原先丑化坏蛋使之喜剧化的效应，现在转移到了"中间人物"身上，他们成了大受欢迎的痞子和"丑星"了。所谓"大受欢迎"，仅仅是相对于中国电影中的假英雄而言，与欧美电影中真英雄的受欢迎程度，当然不可同日而语。

从以上分析可以看出，为了"教育意义"而牺牲有趣，永远达不到"教育"目的。观众进电影院是来娱乐的，不是来受教育的，没人愿意掏钱挨训。当年看电影由组织上统一安排，不看不行，否则就是拒绝接受教育、思想落后、抗拒改造、不热心参加集体活动等，人们尚且只对并不真正有趣的反派角色寄予最大热情，不过是饥不择食弄点代用品。现在电影放映相对市场化了，看不看国产电影没人强迫，即便集体包场也可以不去，但中国电影的创作理念，即何为艺术何为真实，却没有根本改变，因此国产电影的市场惨败也就不难逆料。推而广之，当代中国文学乃至当代中国一切艺术的困境也不难逆料。

究其根本，因为中国人的传统理想范式，就是贤良方正，不苟言笑；一苟言笑，就是玩世不恭。中国文化中一切有趣的东西，都被儒家主流文化加以无趣化，比如生动的神话要被历史化，《山海经》中的"夔一足"，本是有趣的独脚仙，却被孔子歪解为"有一个就足够了"；甚至美妙的爱情也要被道德化，比如《诗经》中的"君子好逑"，却被腐儒认定是在表彰"后妃之德"。然而道德尽管"有益"，却是最乏味的东西。我并不一般地反对一切道德，我反对的是道德狂的偏执。相反，让人们生活得有趣，充分感受生命的丰富与欢乐，才真正合乎人性的永恒道德。使一切按部就班，只是统治的道德，而非正义的道德。正如正史只是帝王将相的历史，传统道德只是帝王将相的愚民道德，因此历史化、道德化乃至历史癖、道德狂只让统治者感到其乐无穷，而对人民来说，仅有"分久必合、合久必分"的单调，以及"成则为王、败则为寇"的乏味。乏味的冬烘头脑认为，一切有趣的东西都不符合统治道德，一切有趣的东西都不利于长治久安。其实让人民生活得有趣不仅无损于长治久安，反而是安定团结的最大保证，然而这是冬烘脑袋永不理解的。文学中最有趣的小说，长期被道学家打入另册，尽管道学家自己也会偷偷地"雪夜读禁书"。中国历史上一切有趣的人，都被贬为"玩世不恭"。所有的中国人都知道，这一判词可以毁掉一个人的前程，它至今还是一个人不被上司重用，乃至不被丈人接纳的有力依据。被鲁迅称为最玩世不恭的中国小说《西游记》，由于有猴气，甚至不被列入四大名著。只是由于乏味的道学家视《金瓶梅》为洪水猛兽，才李代桃僵地把它补入。但即便这部最玩世不恭的书，也不得不为孙猴子的猴气加上紧箍咒。

敌视有趣不全是左祸所致，某种程度上说，他们也是源远流长的道学传统的受害者。但只要道学传统一天不抛弃，无论左中右都必将一如既往地敌视有趣。道学不除，国难未已。甚至可以说，敌视有趣是真正的"黄祸"，对中国人自己的最大祸害。因此，儒家文化圈的影视、文学，基本上一样乏味。金庸之所以开中国文学之前无古人局面，就因为其作品中的人物空前有趣。《笑傲江湖》里的令狐冲，就被乃师"君子剑"岳不群目为行止不端，毫无正经。在传统小说中，岳必是英雄，令狐必是坏蛋。传统小说必把乔峰算作《天龙八部》的第一主角，而段誉只能退居配角，但金庸决不如此。金庸的《鹿鼎记》之所以被误认为是他最伟大的杰作，就因为他让一个妓女之子、小油嘴韦小宝做了第一主角。其实这部书主要的并非有趣，倒是扯淡。但即便是扯淡，也比道学有趣百倍。

由此可见，乏味英雄做主角的影视、文学令人气闷，是因为影视、文学所植根的伪道德生活令人气闷，而"革命现实主义"的创作原则又不允许文学艺术不反映乏味的现实生活。既然生活中的主角都是假正经的假道学和真严肃的真道学，影视、文学中的英雄当然就只能是真乏味的假圣人。中国的现实生活里鲜有"姑妄谈鬼"的苏东坡和"不亦快哉"的金圣叹式人物，中国的影视、文学里当然就只能有面目可憎的伪君子和平庸乏味的滥好人。寄望中国的影视、文学有趣，必须中国的上司先乐于提拔一个"玩世不恭"的部下，必须中国的丈人先乐于接纳一个"玩世不恭"的女婿，必须中国的民众先喜欢有趣，追求有趣，而最根本的是，必须中国的整个社会伦理允许有趣，鼓励有趣，不扼杀有趣。中国的影视、文学中常常有高度的智慧和深刻的警句，但由于缺乏心态放松的真自由精神，思想套在紧箍咒里，文学艺术就只能呜呼哀哉。但反映生活的镜子式文学艺术毕竟是第二义的，当下直接的生活本身的乏味气闷，才是存在的真正悲哀。

自古以来，具有幽默素质的中国人并不少，但是这样的人可以娶一个美丽的妻子，却不会行大运，他们成不了现实生活的主角，当然就不可能成为影视、文学中的主角。即便做了主角，也不可能是英雄，而只可能是"中间人物"。既然在现实生活中是乏味的蠢货充当主人公，那么影视、文学当然也只能由乏味的蠢货占据要路津。何况提倡多年的现实主义创作原则，要求如此直露地反映，何况中国的社会主角，比任何国家的社会主角对文学艺术的影响力更大，控制力更强，简直是天覆地载，无所不及。

更进一步，既然只有乏味的作家才会高踞文坛，那么羞于为伍的有趣作家当然只会在"文坛外"。既然只有乏味的作品才会得大奖，受推荐，那么有趣的作品就不容易出版，出版了也不为人知，因为媒体不予宣传，或不敢宣传。既然有趣的电影只能在国外得奖，在国内却不能放映，中国的文学艺术当然只能乏善可陈。为了"曲线救己"，有些导演、作家先写些塑造乏味英雄的乏味作品作为晋身之阶，随后也想写写有趣，但他们知道不允许让英雄有趣，于是不得不大写"中间人物"，也就是让原来替英雄做陪衬的有趣配角做主角，"中间人物"既非坏蛋，也不是英雄，但允许有一定程度的有趣。然而各位看官不难想见，既然有趣人物的身份如此之低，比如小市民、小职员、光棍、妓女、小妾之类，充不了英雄好汉，读者和观众还会觉得有趣吗？读者和观众看不到有趣，只见出肉麻而已。所以"曲线救己"也好，"曲线救文艺"也罢，年产小说数百部，影视成千上万部集，"中间人物"写了不少，痞子、丑星一大堆，改革开放后的中国影视和中国文学，依然躲不过一个无情的判词：乏味。

1998年4月14日—20日

（本文刊于《书屋》1998年第6期，经读者投票获1998年度第二届《书屋》奖。收入张远山文集《永远的风花雪月，永远的附庸风雅》。入选周实、王平选编《天火：〈书屋〉佳作精选》，岳麓书社2000年版。）

巫风强劲的中国象形文化

中央电视台"实话实说"栏目曾经预告将要讨论"旅游游什么",我尽管没有看到,但是大致可以猜测嘉宾与现场观众会说些什么,不外乎旅游可以增长知识,陶冶性情,饱览大好河山,激发爱国主义,等等。当然时下爱唱高调的人已经不多,由于是"实话实说",恐怕就会有人说旅游是为了休闲,为了看风景,为了回到自然,是审美活动,等等。这虽然并非高调,但只是理论上和想象中的"旅游应该游什么",与"旅游实际上游什么"风马牛不相及。

中国人旅游时,实际上游什么呢?大多是从按图索骥始,到对号入座终。换句话说,是实地验证旅游地图、旅游指南上介绍的"八景"、"十景",看看到底"像不像"。所谓按图索骥,比如黄山有一座山峰,原名青鸾峰,但不出名,没人看,主事者附会其形状,改名为"立马峰",大批游客果然立马赶来,抬头仰望,发现是非驴非马的"四不像",游客不愿白费脚力,只好宽慰自己,"有点像"。回去与人说起青鸾峰,本想抱怨上当受骗,但是话才说到一半,对谈者颇为艳羡地说:我也去过黄山,可惜没找到立马峰。他一得意,立刻发誓它很像立马,而且具有"老骥伏枥,志在千里"的雄姿。对谈者虽然也曾按图索骥,但是未能对号入座而"不得善终",而此公可谓善始善终,功德圆满。这就是大部分中国人在旅游中的实际情形。

谓予不信,请看:某地某报宣称,本地发现天然隐形大佛,惊为天下奇观。于是各地报刊转载,举国欣喜若狂;旅行社立刻辟出专线,八方游客蜂拥而至。若非发生在自己身边,简直令人疑心是《格列佛游记》里的海外奇谈。几块乱石头,一座破山峰,随意比附成略有大佛之形,顶多是小人国里的"格列佛",居然立刻成为宝贵的旅游资源,发现了"江山如此多娇"的最新证据。不错,中国山河确实美丽,但决不美在可以从石头里找出神鬼仙佛。旅游确实是一项重要的现代审美活动,但旅游审美决不是去找出鸡鸭猫狗，更不是让孙猴子从石头缝里蹦出来。审美又称观照，从审美对象中观出什么，也就照出自己是什么，美学理论称为"移情"或"心理投射"。观出鸡鸭猫狗，只能照出作为美学门外汉的阿猫阿狗；观出孙猴子，只能照出在审美领域沐猴而冠。这实在是令人奇怪！一只活蹦乱跳的癞蛤蟆，确是大自然的造化奇观，但是没人觉得美，一旦某块石头略具蛤蟆之形，居然觉得美了，视为具有"天然浑朴"之趣，大惊小怪一小时还不够，还要张大嘴巴达半年之久。

记得幼年之时，我的床紧贴墙角，睡前醒后，我常常盯着因墙皮剥落而形成的斑驳形状，一一详加推敲，以看出"像什么"来救济贫乏的精神生活。那时没啥可玩，更没书可看，墙角的几个破图形，被我"研究"了好几年。因为同一个图形，昨天看像糟老头，今天看竟像美少女，当然也能看出山水猫狗，简直应有尽有。由此可见，看出"像什么"是最粗陋最幼稚的精神活动，这种活儿我五六岁就干过了，不过十岁以后再也不干了。

关于旅游应该游什么，我不敢指导任何人。我想每个人都应该游出自己的意味、境界，乃至独得之秘。古之徐霞客，今之余纯顺，都是好例。如果做"孙猴子"之游，视石头为妖怪，以白骨当化石，乃至拜格列佛为活如来，把假舍利当真佛牙，那么肯定取不来旅游的真经。旅游游什么，在全民素质亟待提高的今天，基本受制于旅游手册和导游，受制于时下旅游文化的许诺和引导。然而目前国内导游的唯一"专家指导"，就是指点江山，让全体游客啧啧称奇："太像了！""像极了！"然后拍照，然后回家把照片冲印出来，指点给尚未去过的亲友看："这块石头像不像学舌鹦鹉？那座山峰像不像缩头乌龟？"倘若不幸照片冲印坏了，他会比没去旅游还要懊丧。

我曾在普陀山潮音洞前的望海亭上，独自静观海景。突然来了一个旅游团，导游手持扩音器大声聒噪，很煞风景。但是不属该旅游团的散客，却乐于凑上前去免费听讲，甚至若即若离追随导游，以为得了便宜。导游说：请看左前方那个岛，像不像一个观音？游客们惊疑不定，急不可耐地相互询问：怎么看？我怎么看不出来？导游勉为其难地试图自圆其说，可惜游客们硬是看不出来。我恶作剧地开玩笑说：其实对面的整个洛迦山，更像一个仰面朝天的观音侧影。所有游客立刻欢呼起来，一致认定非常像，简直惟妙惟肖。导游虽然讪讪地有点下不了台，但是我敢打赌，下次他另带新团，一定按我的胡诌进行解说。我只能希望新版导游手册不要把我这个恶作剧的"看法"载入，以免谬种流传。确实，旅游常与"怎么看"的"看法"、"观点"有关，导游们指定了"观"景之"点"，要求游客寸步不离地服从他的"看法"，其实他根本没有"看法"。因为一旦偏离这一指定之点，采用不同"观点"，就会产生不同"看法"。深谙此道的苏东坡早已说过"横看成岭侧成峰，远近高低各不同"，凭什么要统一"看法"？凭什么不让每个游客有自己的"观点"？

不幸的是，那些不参加旅行社的游客，同样手拿旅游地图，一一对号入座，寻找"老鹰抓鸡"，"双猫捕鼠"，"猴子观海"，"天狗吠月"，"仙人晒靴"，"金鸡叫天门"，"双尊拜佛"，"仙女绣花"，"天鹅孵蛋"等等。在黄山白云溪景区，我遇到来自北京的一对青年男女。他们告诉我，之所以不参加旅行社，是因为跟随旅行社不能看到"全部景点"，自己玩就能找到旅游手册上的"全部景点"。我还碰到来自台湾的一对中年夫妇，他们已在黄山住了八天，准备再住一个月，找到旅游手册上的"全部景点"。也就是说，不参加旅行社的游客，"观点"、"看法"与旅游手册依然完全一致。然而事实上，"全部景点"的总和，也不及黄山之美的万一。我不由想起汤显祖四百年前的感慨："良辰美景奈何天，赏心乐事谁家院？"

每一个导游，每一本旅游手册，几乎都在误"导"。我不禁要问：怎样的思维定式，导致全体旅游手册的作者和导游，不约而同地把象形化解说视为唯一的业务指标？怎样的文化趋力，导致大部分同胞像小学生完成标准答案一样，以看出指定的"像什么"为最大的精神满足？答曰：源远流长的中国象形文化和范型思维。

象形文化一旦具备了强大的历史积淀和普遍的集体无意识，就会沦落到"普天之下，莫非象形"的地步。上文所言把青鸾峰附会为立马峰，仅是其中一例，不妨再举一例。黄山奇石之中，啥也不像的飞来石最有韵味，而其最大幸运就在于啥也不像，因此很难附会，于是幸免了象形文化的"精神污染"。尽管如此，象形文化的迷恋者，依然认为它像一枚仙桃。旅游手册如此介绍："远看，石如仙桃，又名仙桃峰。"为了抹去石头的本形，附会象形文化迷恋者的歪曲性想象，竟然煞费苦心地强调"远看"，而被精神催眠的游客，也乐于相信，自愿咬钩。可见在象形文化的迷恋者眼中，象形文化"无覆不载，无载不覆"，"六合之内，无往不胜"。象形文化确立了一些神圣不可侵犯的思维范型，任何人不得越雷池一步。一切特异的事物和思想，只要无法"归化"到现成范型之中，就被象形文化的迷恋者视为洪水猛兽。

说到中国象形文化，自然容易想到汉字的象形，而在中国的大部分旅游胜地，确实可以找到汉字与象形文化的密切联系。比如在山石上凿出巨大的"爱"、"心"、"佛"、"缘"等字，于是游客们挤作一堆争相拍照，不惜浪费珍贵的半小时。每个游客在前呼后拥之中，旁若无人地独自搔首弄姿，结果都拍成了集体照。好不容易拍完一照，立刻心满意足返回旅游大巴。似乎与"爱"一沾边，他就人见人爱了，至少可以找到爱侣了；似乎与"心"合个影，他就是有心人了，至少不再狼心狗肺了；似乎与"佛"挨个光，他就"弗是人"了，乃至立地成佛了；似乎与"缘"为邻，他就广有人缘了，乃至三生有幸了。象形文化及其范型思维，就有如此魔力，能把原本聪明的智者，立刻变成盲目从众的弱智者。

黄山玉屏峰，好端端的雄奇山体，却被凿上"大好河山"、"江山如此多娇"之类鲜艳夺目、恶俗至极的擘窠大字，其他山峰亦然。于是浑然纯朴之美，地老天荒之感，顿时毁坏殆尽。我不知道有多少人真正觉得这些字美，或者认为"书法"乃至"法书"为巍峨高山增色了，但是确有许多人为了这些字而拍照，宁愿山体拍得不完整，字却一个不能少。我不明白，为何把刻下"到此一游"视为民间恶习，却把始于秦代泰山刻石和汉代勒石燕然的官方传统，当作值得骄傲的国粹？初民的岩画，确实为后人留下了珍贵的文化遗迹，因为初民的祈禳仪式在光天化日之下举行，他们确有"神圣的理由"画在山岩之上。然而时至科学之光驱散神学巫风的今日，什么文化狂徒胆敢以神圣的名义在造化杰作上乱打草稿，自以为区区几笔破字，竟有资格与天地争辉？"搜尽奇峰打草稿"的石涛，乃是谦恭地把草稿打在宣纸上，因为他深知自己的画与黄山相比，极其卑微。如果他自居伟大，在黄山的山体上乱打草稿，那么自居比他更加伟大的后来者，也会在黄山的山体上发表字画。那么只要有十个勇于献丑的狂妄书画家，黄山之美就会被彻底葬送。

我可以举出一个已被毁掉的极端例子，那就是苏州的最大名胜虎丘剑池，现在那里除了铺天盖地的大字，根本没有其他东西，因此那里成了我最为厌恶的中国名胜，发誓再也不去。中国大地，还有无数"造化杰作"被毁之后的所谓"文化名胜"，信誓旦旦地凿上"孔子小天下处"、"李太白登临处"之类佛头著粪的大字，仿佛圣人谪仙游踪所至，时时有隐形场记做了精确记录，以便供后人瞻仰，似乎不死乞白赖地与古人履迹、名家题咏攀上亲，该处自然风光就不值寓目。事实上众多的历史迷们，确实是买椟还珠地只看这些字，却对壮丽河山不屑一顾。更有甚者，不少骸骨迷恋者除了有字之处，别处一概不去，沿途一概不看。为了证明自己并非文盲，他们仅知盯着旅游地图，乐此不疲地奔向每一处有字的所在。

未经文化玷污的造化奇观，乃是无人能够增色的天赐美景。我对任何圣人仙人的登临之处，全都毫无兴趣。当我登临绝顶，我愿意体验一下属于自己的"前不见古人，后不见来者；念天地之悠悠，独怆然而涕下"的孤寂苍凉之境，廓然出尘之感。大自然的天赐美景，乃是全体人类及其子孙后代的共同财富。在造化伟力面前，文化伟人必须明白自己极其渺小，没有资格把胡涂乱抹永久留于其上，否则就是不可原谅的亵渎神圣，是对人类共同财产的任意作践，是对无数子孙后代的审美侮辱。

或许因为汉字的象形，中国人的思维也早已习惯于象形，误以为牵强附会的象形思维就是形象思维。可能还有人以为，象形是最高级的思维，最审美的思维，乃至最美味的思维。比如我们举世闻名的菜系，许多所谓名菜都是象形的，诸如"丹凤朝阳"，"二龙戏珠"，"孔雀开屏"，"蚂蚁上树"等。每个菜，总要弄到看不出本形，吃不出本味，最终弄成与菜之本形本味风马牛不相及的"吉祥"动物形状，才心满意足。这种"人定胜天"的造作，其实更为符合中国古典智慧关于"妖异"的理解，已经毫无吉祥可言。何况许多"美术菜"只供看，不许吃，纯粹是暴殄天物、腐朽糜烂的形式主义。象形文化的迷恋者，津津乐道于《红楼梦》中凤姐喂刘姥姥吃茄子一幕，因为神奇的中国文化，居然可以让从未种过茄子的凤姐，教导种过无数茄子的刘姥姥"认识"茄子。刘姥姥们连呼"阿弥陀佛"，究竟是因其千百年来固有的愚蠢，还是因其千百年来受到的愚弄？我忍不住要对凤姐们说句粗话：你懂个茄子！

吉祥图案式的象形文化，已经遍布中国生活的一切领域，成了最具中国特色的审美趣味和思维范型。结婚用龙凤烛，做寿献"百寿图"。你贴倒"福"字，我悬蝙蝠图。民居挂"喜上眉梢"轴，商家贴"招财进宝"鬼画符。过年放鞭炮，既迎财神又驱邪。丧礼烧纸钱，既有纸人纸马，也有纸冰箱、纸彩电……象形文化的强劲巫风，从古至今，贯穿千百年，"引无数英雄竞折腰"，至今依然在全民乃至知识分子之中大行其道。

不仅汉字原本就是象形的，象形文化的热衷者，还可以使任何汉字像任何形状。在中国的所有旅游地，都有拙劣画匠设摊，替游客把名字画成龙相凤形，只要你告知属相，就可以把你的名字画成鼠牛虎兔。去年我登苏州灵岩山，从山脚到山顶居然看到十多个这种画摊。在生肖领域中，象形文化至今具有如此广大的市场，令人浑不知今世何世。从中国人热衷于与动物的非自然神秘联系，还可以进一步联想到，从三国时代华佗的五禽戏，到后来的鹰爪功、螳螂拳之类，它们虽然具有极为皮相的仿生性象形，但实际上却是广义的"形意拳"，其中"形"只是表象，是组织拳法与学习拳法时的假借，而"意"却是根本。如果中了象形文化之毒，本末倒置地去其意而存其形，肯定学不好拳法，只能学些花拳绣腿。

象形文化同样侵入到美学意蕴最为丰厚的传统母题之中，比如竹叶被象形为"个"字（扬州有"个园"，为清代徽商黄至筠的私家园林），于是画竹成了写一堆"个"字，竹子形象的僵化，导致其丰厚美学积淀严重降格，难怪王阳明对竹"格物"而大病一场。又如把初生荷叶象形为"荷钱"，于是周敦颐笔下"出淤泥而不染"的荷花，变得铜臭扑鼻。再如意蕴不同的各种佛像手印，被笼统象形为"兰花指"，名称固然动听，却是十分粗疏的外行话。计成杰作《园冶》，提供了许多象形的建筑样式，比如园林门洞取汉瓶形。李渔杰作《闲情偶寄》，也弄出了不少象形的建筑小品，比如船舱舷窗取扇形。偶取一式，并与特定环境和意境臻于和谐，不失出奇制胜、由熟返生之新意，一旦成为思维范型或思想定式，必将窒息想象力，禁锢创造力。其实具象之形，多看容易审美疲劳，不如抽象之形朴素耐看。

当代各种体育的、非体育的大型盛会上的团体操，也多属象形，耗费巨大的人力物力，只让满怀希望（因为媒体隆重推荐）的观众大失所望。那些版版六十四的向日葵图案（表示欣欣向荣），大帆船图案（表示一帆风顺），显然把观众当成了幼稚园中的学龄前儿童。为什么除了僵化死板的象形图案，设计者再也没有生动鲜活的其他思路？图案固然也是美术，然而仅是十分初级的美术，何况翻来覆去总是这些图案。个性鲜明的造型艺术，都是反图案的。

象形文化的最新表演，或许就是田坛马家军把训练奇迹与"鹿"的奔跑联系起来。即便这不是一种江湖骗术，至少也是故神其技的夸示，而竟有如此之多的人信以为真，传为美谈，不啻是当代人留给未来世纪的一大笑柄，正如义和团吹嘘的刀枪不入成为今人笑谈一样。所谓后之视今，犹今之视昔也。

在象形文化的末世，衰极而振，于是无所不用其极。比如到处都有的中华奇石展，以象形儿戏哗众取宠，招徕顾客，创造商机，其实全世界到处都有这种石头。再如中国根雕艺术，原本极富天趣，颇有表现主义意味，妙在介乎似与不似之间，近来也日益刻画雕琢，变得"逼真"而恶趣起来。稍具古典美学素养者无不明白，"穷形尽相"、"过于刻画"乃是中国艺术的根本大忌。黄山脚下的奇石馆和根雕展，普普通通的石头与根雕，动辄开价上万，尽管"专供外宾"，且不说把老外当阿木林的奸商作风，有失文明古国风度，殊不知凭着象形就以为奇货可居，反而暴露出美学趣味的浅薄幼稚。

让我们回到开头，再以黄山著名的云海为例，那该是最难定形、最难附会的东西了吧？然而旅游图片偏要命名为陈词滥调的"万马奔腾"、"白云苍狗"，似乎非狗马不足以娱声色，其实那不过是诗人兴会所至随意为之的比喻。正如荀子所言，"君子以为文，百姓以为神"，再巧妙的比喻，也不过是语言游戏。立马峰、仙桃石乃至迎客松、送客松之名，皆当作如是观，可视为区别性或提示性标记，而非语言拜物教的对象。只有超越游戏性命名，才能在审美活动中领悟自由精神。如果把语言游戏降格为文字拜物教，那么"神"的僵硬空洞必使审美逸兴完全虚脱，"文"的游戏意趣也将彻底丧失，古人谓之"死于句下"。当歌中唱道"让我们看云去"，应该领悟的乃是波谲云诡的造化洗心，而非千篇一律的文化洗脑。通过瞬息万变的云海翻腾，人们借助于心与物游，独与天地精神往来，获得审美愉悦和精神超拔。不少父母都让孩子想象过"云朵像什么"，不失为一种开发智力的儿童游戏，但是如果成年人仍然停滞于牵强附会的指认物形，视为"看云"的唯一目的，那就是智力止于儿童的人云亦云之辈，拘于范型缧绁的精神囚徒。

象形式审美，如果也配称为审美，也是极为初级过于粗陋的审美。把"好山好水"弄得"恶形恶状"，把"自在之物"弄成"人文景观"，把"造化奇观"弄成"文化名胜"，是对大自然的贬低和糟蹋，更是对他人想象力的强奸和愚弄。自然之美，乃是丰富抽象而无法定义的美，仪态万方而不可通约的美，任何象形、比拟、归类都无法穷尽其美，因为创造自然的是造化伟力，并非人格化上帝，决不可能迎合任何人的心理期待，以使某些石头像鸡鸭猫狗来显示"上帝万能"或证明"自然奇迹"。大自然中既没有"神迹"，也没有"奇迹"。退一万步说，即便有奇迹，如果命名者以为唯有自己可以窥破奇迹并"天降大任"地由他来揭示奇迹，也是一厢情愿的独断论的黑甜梦。正如即便确有绝对真理，任何人自以为独得绝对真理并拥有独家发布权，乃是莫大的僭妄。每个旅游者必须明白，任何已被命名和定义的"奇景"，都是佛学早已揭破的"境由心生"幻象。撇开佛学对"境由心生"的根本否定，假设"境由心生"不失为一种审美方式，那么先在于你而被命名的"奇景"，仅仅是他者心境所生，你至少应该找到自心，并看到自心所生之境。无论是否奇景，它是你自己的，那么你也是你自己的，而不再是象形文化与范型思维的精神奴隶。

达·芬奇曾在《笔记》中写道："当它（达·芬奇原指现代科学的"力量"，此处我把它引申为象形文化和范型思维）控制所有一切创造物，并且改变它们的处境和形态时，它也就急匆匆地迎来所有物的解体，并且由此而改变了自己。"其实我不必到西方思想中寻求援助，因为尽管古典中国的形而上学遗产相当贫乏，但是至少在这一特殊领域，古典中国的美学思想极为丰富，甚至独擅胜场。苏东坡早在一千年前就已知道"画图以形似，见与儿童邻"。具有世界上最为伟大的山水画传统的中国人，在旅游乃至生活中的诸多方面，什么时候也能够"形而上"一下呢？老子更是早在两千多年前就已说过："大象无形。"因此绝非偶然，在电影《红楼梦》开头，谢铁骊为大荒山青埂峰下那块顽石选取的形象，并非任何其他"奇石"，恰是啥也不像的黄山飞来石，可谓深得老子思想之妙谛。而庄子说得更为具体透彻："离形去知，同于大通。"在审美活动中借用这一学说，就是尽可能挣脱象形文化的控制和范型思维的桎梏，放弃那些半吊子的皮毛知识，比如不看或忘掉旅游手册的介绍，脱略形骸地与大自然乃至三千大千世界赤裸裸相遇。跳出老君炉，炼就火眼金睛，放出眼光，目击道存，将是数千年象形文化重负之下的中国人的救弊之道。我愿化用陶渊明《归去来兮辞》的千古名句结束本文："既自以心为形役，奚惆怅而独悲！悟已往之不谏，知来者之可追。实迷途其未远，觉今是而昨非。"

1997年10月5日—13日

（本文刊于《书屋》1999年第1期，《书摘》2002年第9期。收入张远山文集《永远的风花雪月，永远的附庸风雅》。）

学术：政治之内，权力之外

近读胡文辉先生《〈英雄〉与〈鹿鼎记〉》一文（《东方》杂志2003年第8期），有些感想。请允许我先引用结尾部分的两个结论性段落：

> 《鹿鼎记》和《英雄》透过历史演义反映出创作者对政治现实的认同心态，但并非完全自觉；而郭沫若和吴晗却是极为主动地借用学术撰述以表现他们对政治现实的否定心态。他们的著述同在四十年代，显然是借古非今，通过对古代帝王的批判性研究以影射蒋介石的独裁统治，故不约而同地极力突出秦始皇的"极权主义"和明太祖的"恐怖政治"。郭沫若1945年在《十批判书》后记中特别提及，他在写作《〈吕氏春秋〉与秦代政治》期间，"偶然在报上看见中大出版的《社会科学季刊》的广告，中有程憬《秦代政治之研究》一文，当即以电话通知城内的友人，托为购买，第二天便得到阅读的机会。我的日记里这样写着：'程文歌颂嬴政，有意阿世，意见与余正反，毫无新鲜资料。'"其实，不论是程憬的歌颂嬴政，还是郭沫若的批判嬴政，其以学术为工具借古非今的动机却并无二致。这正可以反证郭沫若借批判秦皇帝以刺蒋总统的意识。
>
> 但到五十年代之后，国、共易位，原来借批判古代统治者以影射现代统治者的学术花招当然已不合时宜；尤其对古代帝王有认同感的毛泽东更加不满他们对秦始皇和明太祖的贬斥，这就使得郭沫若和吴晗原来批判独裁政治的功绩反成为污蔑进步君主的谬误。秦始皇不是统一了中国吗？明太祖不是进行农民革命吗？毛泽东早在四十年代后期就已读过《朱元璋传》，并在会见吴晗时表示，对朱元璋残暴的分析过于书生气，因为朱元璋非如此不能巩固其统治；毛泽东1958年在讲话时又表示："不能专讲民主。马克思与秦始皇要结合起来。"到七十年代"批林批孔"时，更在诗中直接批评郭沫若"劝君少骂秦始皇，

焚坑事业要商量。……百代都行秦政制，十批不是好文章"。政治就是最大的学术，领袖就是最高的思想，毛泽东的态度，遂使得郭沫若、吴晗不能不自食其言，将他们对秦始皇和明太祖的评价完全颠倒过来。郭沫若当年讥讽别人"歌颂嬴政，有意阿世"，不料最终自己竟不得不步其后尘，真成历史的吊诡。

胡文辉认为，四十年代程憬借歌颂秦始皇有意阿世，而郭沫若借批判秦始皇有意刺世，"以学术为工具借古非今的动机却并无二致"，而七十年代郭沫若在政治压力下借为秦始皇翻案而有意阿世，借古颂今，不得不步了程憬后尘。这可能隐含着一个近年来渐成气候的"学术界共识"：只要学术不独立于政治，就必然被工具化；只要学术被工具化，就必然曲学阿世。因此学术必须独立于政治，学术决不能成为工具，必须为学术而学术。

但我认为这一"学术界共识"是语义含混的，词不达意的，因而是容易被误解的，似是而非的。

一

学术应该独立，这没有疑问，然而学术应该独立于什么？

许多当代学者认为，学术应该独立于政治，既不能借古非今，也不能借古颂今。

后半句是对的。因为"借古非今"、"借古颂今"中的"古"，一定不是真历史，而是假历史，也就是"曲学"；"借古非今"、"借古颂今"中的"今"，一定不是现实真相，而是现实假相，也就是"阿世"。

然而前半句却是错的。不曲学阿世决不意味着对政治不闻不问，决不意味着独立于政治，而仅仅意味着独立于权力，仅仅意味着不把权力视为是非标准，仅仅意味着不能"上之所是，下皆是之；（上之）所非，下皆非之"。（《墨子·尚同》）

人类思想主要分为自然科学和人文学术两大类。思想的无上尊严，要求一切严肃的思想必须独立于权力。独立于权力是自然科学和人文学术的共同尊严，但自然科学不仅可以独立于权力，而且可以独立于政治，人文学术却只能独立于权力，不能独立于政治。这是两者的不同研究对象和不同研究目的先天规定的。

自然科学的研究对象是自然，研究目的是探索科学真理；人文学术的研究对象是历史与现实，研究目的是探索人文公理。自然科学包括纯理论研究和纯理论的技术应用，人文学术也包括纯理论研究和纯理论的学术应用。科学理论以技术应用的方式造福人类，但科学理论可以不问技术应用而专注于客观真理探索；学术理论以学术应用的方式造福人类，学术理论也可以不问学术应用而专注于人文公理探索。这是自然科学与人文学术的相似之处，但自然科学与人文学术还有两个重大的相异之处。

一、自然科学与人文学术的研究对象不同：自然科学的研究对象与政治完全无关，科学理论的技术应用倒有相当浓厚的现实政治因素；人文学术的研究对象却与政治密切相关，人文公理的现实应用更与现实政治有着千丝万缕的联系。

二、自然科学的纯理论部分与技术应用部分与政治关系之不同是"无"和"有"：纯科学与现实政治完全无关，纯科学的技术应用才与现实政治略有相关，但远不如人文学术与现实政治的关系那么紧密。然而人文学术的纯理论部分与学术应用部分与政治关系之不同是"远"和"近"：纯学术与现实政治关系稍远，纯学术的学术应用与现实政治关系更近。所以纯科学的理论探索可以不问技术应用的现实可能性，即使永远没有技术应用的前景，也不影响科学理论的价值。但纯学术的理论探索却不能不问学术应用的现实可能性，如果学术探索的成果不能应用于批判现实政治，那么学术研究就完全没有价值。人文学术的最终和最高目的，就是以判定历史是非的方式干预现实政治，以人文公理支持一切干预现实政治的学术应用。

只有揭示出通用性客观真理的真科学，才有可能开发出有价值的应用技术，改善人类的日常生活；未能把握客观真理的伪科学，不可能开发出有价值的应用技术，只会盗用科学的名义迷惑大众，欺世牟利。同理，只有揭示出通用性人文公理的真学术，才有可能开发出有价值的应用学术，应用于批判现实政治，改善人类的日常生活环境；未能把握人文公理的伪学术，不可能开发出有价值的现实思想，不可能应用于批判现实政治，只会盗用学术的名义谄媚权力，欺世牟利。

政治只是科学理论的养母和技术应用的养父，但政治却是人文学术的生母和学术应用的生父。只有自然科学才可以既独立于权力，也独立于政治，但人文学术只能独立于权力，却不能独立于政治。可能有对现实政治不闻不问、"为科学而科学"的纯科学，但不可能有对现实政治不闻不问、"为学术而学术"的纯学术。人文学术研究必定包括无可回避的政治内容，学术领域不可能是不食人间烟火的精神飞地。"人是政治的动物"（亚里士多德），任何人都不可能远离和脱离政治，任何人文学术都不可能远离和脱离政治，尤其是当权力欲染指一切学术领域、欲把权力认定的是非强加于一切学术领域之时，人文学术就更找不到一块没有权力烙印的净土。正是在这一意义上，才要强调学术必须独立于权力，但决不能主张学术独立于政治。如果主张"学术独立于政治"的真实含义正是指远离权力而非远离政治，那么就是无意的思路混乱的词不达义。如果主张"学术独立于政治"的真实含义指的是远离政治和脱离政治，那么就是有意的用心险恶的混淆视听，是向权力屈服的犬儒主义。

任何标榜脱离和远离政治的所谓"粹然学术"，都是犬儒主义学术；任何标榜脱离和远离政治的所谓"粹然学者"，都是犬儒主义学者。向权力屈服的犬儒主义学术不可能真正独立，它以远离政治和脱离政治的方式向权力表白：自己对权力完全无害！然而对权力完全无害的学术对被权力欺凌的大多数人一定是有害的。对权力完全无害的学术完全违背了学术道德，彻底丧失了学术尊严。向权力屈服的犬儒主义学术不可能是真学术，而是貌似客观公允的伪学术，因为它回避了权力不乐闻的一切真是非，实际上只是一种明哲保身的隐晦谄媚术，它以向权力屈服的方式，更强有力地证明了学术不可能独立于政治。

二

确认了学术只能独立于权力，而不可能独立于政治，那么对"学术不能借古非今和借古颂今"和"学术不能工具化"就各有一项重要修正。

所谓学术不能"借古非今"和"借古颂今"，仅仅是指学术不能被权力征用，不能通过歪曲古之事实和古之是非的肮脏手段，达到非不该非之今、颂不该颂之今的卑鄙目的。只要不被权力征用，那么学术不仅可以而且必须"古为今用"；只要不被权力御用，那么学术不仅可以而且必须"洋为中用"。被权力征用和御用的"古为今用"、"洋为中用"，一定是伪学术。学术研究无禁区，既必须研究古，更必须研究今，古与今的千丝万缕联系是割不断的。学术研究首先必须确认事实，而事实必有是非，只要古今同是，古今同非，真学术就不可能非古不非今，也不可能是古不是今。

所谓"学术不能工具化"，仅仅是指学术不能依附于权力，仅仅是指学术不能成为被权力征用的御用工具。学术可以是工具，但必须是正义的工具，那就是成为批判现实政治的武器，而武器是工具之一种，因此笼统反对学术的"工具化"，就是反对学术的现实应用和现实批判。不能应用于现实批判的学术，说得轻一点是象牙塔内的无用学术和自我意淫的无聊学术，说得重一点就是毫无操守的伪劣学术和自阉命根的太监学术。

学术必须闻问现实政治，而且闻问之后决不能阿附权力，只能用学术武器批判现实政治，批判权力的滥用。就此而言，四十年代的郭沫若、吴晗以学术为工具批判现实并未使学术堕落，而七十年代的郭沫若、吴晗以学术为工具向权力献媚才是学术的堕落，而且两者之间没有逻辑必然性。两者之间的所谓"历史的吊诡"，并非学术"工具化"的吊诡，而是郭、吴的人格吊诡即人格坎陷；但不能简单地把郭、吴的人格坎陷完全归咎于他们自身，而必须进一步批判诱引乃至强迫知识分子产生集体性人格坎陷的特殊政治环境。

郭沫若、吴晗以及二十世纪下半叶的大部分中国知识分子，从来就不是具有独立人格的现代知识分子，即使他们在四十年代运用学术武器批判权力当局，也是在为尚未成为权力当局的党派利益服务。没有人生活在真空里，因此任何人都具有一定的政治倾向，这种自发的政治倾向与某个党派立场接近或一致原本无可厚非，但具有独立人格的知识分子只能与天然接近的党派具有精神上的联系，却不能有利益上的过多联系，更不能因利益上的联系而放弃学术操守。郭沫若、吴晗与权力走得如此之近，又享有且贪图权力赐予的特权，学术操守被现实利益泯灭就是必不可免之事。知识分子固然不可能没有人皆有之的贪欲，但理应对贪欲有所节制和超越，而对特权更应该不遗余力地批判，否则就不可能有真正独立的学术人格和学术操守。当然，大一统的政治格局导致只有一个锅，不吃、不拿就活不下去，那么有独立人格的知识分子还可以退到最后一条底线：不觊觎更不贪图特权，仅在天下唯一的锅中拿最底层的一个份额，那么吃人者嘴就不软，拿人者手就不短。郭沫若、吴晗的学术操守并不是被"吃公家饭"泯灭的，而是被享受特权泯灭的。如果不怕失宠，不怕剥夺高位，不怕失去特权，那么郭沫若和吴晗完全可能成为有独立人格的知识分子。可悲的是，极少数有操守、有尊严的知识分子，大都是在被迫失去特权地位后才保留了某种学术独立性，如果顾准没有失去特权地位，那么他的后期思想就不可能产生。因此，所谓"学术独立于权力"，归根结底还是学者必须具有"天子不得臣，诸侯不得友"（庄子）的伟岸独立人格。

　　缺乏"独立之精神，自由之思想"（陈寅恪）的学者，在文网不太严密、权力不太严厉的时代，常常会为了党派利益而以学术为正义武器刺世，但一旦他所从属的党派成为权力当局，他们手上掌握的学术武器就必然会或自觉地为权力御用，或被迫地为权力征用，于是历史和学术在他们手上成了按权力的喜怒无常而任意打扮的小姑娘。然而历史有历史的固有是非，学术有学术的固有是非，容不得这样紧跟和伺候权力的眼色而随时变脸。权力的固有本质就会带来腐败，即追求自身利益的最大化。权力腐败的表现之一，就是把人文学术的通用公理任意扭曲为对权力有利的党派是非。独立于权力但不自外于政治的学术之所以是天下之公器，就因为学术研究的根本目的，正是通过弘扬人文公理，并且把这种人文公理"理论联系实际"，对政治权力的腐败倾向予以遏制，追求最大多数人的利益最大化。少数人的党派利益最大化是非正义的，最大多数人的利益最大化才是正义的。所以真正应该成为学术界共识的是：学术必须独立于权力，但不能远离政治，更不能脱离政治；学术只能是而且必须是正义的工具，但决不能或自觉或被迫地成为权力的御用工具。

2004年2月26日

（本文未曾入集。刊于《博览群书》2004年第4期。）

思想真的有用吗

我是一个思想者。不仅我的主要生活内容是思想，而且我以思想为生，思想是我的劳动产品，我靠出售这种特殊产品养活自己。这就引出一连串对我来说性命攸关的问题：思想是不是一种有价值的劳动产品？或者说思想是不是一种可以收费的社会性服务？我的思想对花钱购买的人真的有用吗？出售自己的思想确实不是一种不劳而获的诈骗行为吗？我为什么选择终生从事思想这一工作？最后，以思想为生，真的是一种有意义的人生吗？

这些问题长期以来困扰着我。虽然我自以为能回答这些问题，然而这是一些过于巨大又牵涉甚繁的命题。一旦我想把它诉诸笔端，又感到我甚至不能完全把自己说服。由于我从耽于冥想的幼年起就被这一问题的雏形及其各种变形所纠缠，而我成长的那个年代把不直接从事物质生产的知识分子称为"寄生虫"，因此我一度怀有极大的负罪感。这一负罪感的沉重差一点改变了我热爱思考的天性，差一点使我成为一个从事其他职业的人。我不认为职业有高低贵贱之分，但被迫从事自己不喜欢的职业无疑是痛苦的，正如强迫一个不喜欢思考的人以思想为业也是痛苦的。幸运的是，我的天性最终战胜了莫名的负罪感，但负罪感本身并未完全消失，反而随着我的精神生活方式的日益不可改变，更加强烈地咬啮着我的灵魂，使我常常觉得自己像安徒生童话《皇帝的新衣》中的骗子，我出售的只是"没有东西"。

一

有两种出售思想的人，一种人出售自己的思想，一种人转售他人的思想。转售他人思想的人，是技术型知识分子，比如人文知识分子和科技知识分子；出售自己思想的人，则是独创性思想家，比如人文思想家和自然科学家。广义的知识分子包括了上述两者，狭义的知识分子仅限于后者，做此狭义区分的往往正是思想家。鉴于现代知识分子的日益非思想家化，即日益向技术型知识分子转化和退化，法国思想家福柯甚至认为，现在被称为"知识分子"已经是一种耻辱。但我认为，两种知识分子的区分固然有其意义，但这种意义应该仅限于对分工合作关系的客观研究，而不该用于歧视。这种歧视，本质上与脑力劳动者歧视体力劳动者"没有灵魂"或体力劳动者歧视脑力劳动者"不劳而获"，是同样的阶级偏见。因为转售他人思想的技术型知识分子和创造自己思想的独创性思想家，既有各尽其能的分工关系，又有互相需要的合作关系。虽然纯正论者认为技术型知识分子往往成为独创性思想家最直接的敌对力量，尤其是当技术型知识分子屈服于世俗权力之时更是如此，但是如果没有技术型知识分子转售他人思想这一中介，独创性思想家的创造性见解就不可能传播到民众的深层和社会生活的各个角落。独创性思想家的价值，正是经由也只有经由技术型知识分子这一不可或缺的中介，才能充分实现。

对转售他人思想的技术型知识分子的偏见，与农业社会对商人的传统偏见非常相似：商人没有直接生产和创造有价值的东西，他们只是把他人生产和创造的某物从此地转运到彼地，从某甲手中传递到某乙手中，就获取了利益，所获利益还常常大于某物的直接生产者。与之相类但看来似乎更为荒谬的一个例子是高利贷：商人转运的毕竟是实物，而高利贷者从此地转运到彼地、从某甲传递到某乙的仅仅是"没有东西"，即东西的代码"金钱"，就获取了利益，所获利益还常常大于商人。淳朴的人们在蓄意把臣民束缚在土地上的中世纪式统治者的挑唆下，理所当然地认为：这是魔鬼的事业。反高利贷就此成为反犹主义的重要组成部分。

对商人与高利贷者的传统偏见几乎被不加改变地套在转运和传递他人思想的技术型知识分子头上。技术型知识分子甚至还不配被算作"诚实的商人"，而只被视为"高利贷者"，即吸血鬼和寄生虫。与之相比，独创性思想家倒可以算是"自产自销的诚实工匠"，因为独创性思想家出售的毕竟是"自己的没有东西"，而技术型知识分子出售的却是"他人的没有东西"。所以对知识分子的普遍嫉恨相当于源远流长的"反犹主义"。近代以来，中国的一些知识分子日益变得鬼鬼祟祟，他们的灵魂失去了安顿之所，他们不知道自己的生存有多少合法性。他们把自己绝非幸致的地位（因为经过了长期的艰苦学艺和持续的知识采购）视为偷来的钱财，视为幸运之神的无端眷顾，被迫承认自己是出售"空空如也"的骗子，心怀鬼胎地惴惴不安。尽管所有的体力劳动者几乎都羡慕知识分子的世俗地位（但很少羡慕其非世俗的精神境界），并且尽最大努力使自己跻身于这一阶层，即便自己的一切努力均归无望，仍然希望子女能够跻身这一阶层，但是他们每一个人又都愿意充当童话中那个说真话的孩子：那些骗子卖给统治者的衣料，实际上是"没有东西"。然而生活并非童话，生活中的人们并不像童话中的皇帝那样容易受骗，童话中的孩子虽然说的是真话，但认为知识分子出售和转售的只是"没有东西"，却是莫大的谎言。

文明发展的总方向，就是分工和合作。现代文明的大发展，更是仰赖于知识分子不可或缺的创造性劳动。把"不识不知、顺帝之则"的愚民对孔子的无理非难"四体不勤、五谷不分"，当成知识分子不如非知识分子的罪状是荒谬的。非知识分子对职业以外的时代常识所知更少，却没人加以指责，在需要愚民的统治者看来甚至应该受到表彰。知识分子对专业以外的时代常识所知较多，却用"全知全能"的乌托邦标准加以蓄意刁难，因为统治者知道，现代公理使知识分子不愿再做古代顺民。"每事问"的孔子作为先秦最大的博学者和自古以来中国智慧的最高象征，都在"知"的问题上被奚落得毫无尊严，足以说明那个荒谬年代的非理性。孔子作为一个诚实的知识分子，以"知之为知之，不知为不知"的态度，承认"我不如老农"，"我不如老圃"，然而非知识分子面对自己未掌握的现代常识却不会如此诚实如此谦逊，只有面对世俗强权的奴隶式卑微。中国非知识分子对知识分子的蛮横反问"你的知识有什么用？能当饭吃吗？能当衣穿吗？"成了那个时代的最强音。这一野蛮主义宣言至今仍有市场，仅对有利于直接生产实用产品的极少数实用科技知识网开一面。这种极端粗鄙的实用主义态度，在人类知识大发展的二十世纪下半叶，竟会成为中国民众的普遍态度，真是文明古国的最大耻辱。在这种以粗鄙为荣、以实用为尚的普遍愚昧下，文明古国发生文明大倒退是必然的。

可悲的历史倒退尽管已经基本终结，但是历史车轮的反动尚未全面停止。反文明而动的野蛮惯性，依然在现实和心理两个层面发生作用。在现实层面，虽然技术型知识对人民生活和综合国力的积极作用被部分认可，"科学技术是第一生产力"的文明共识被主流意识形态接受，然而把这一基本常识奉为独创性伟大思想，足以反证进步的艰难性和愚昧的顽固性。在心理层面，荒谬的知识原罪感仍未从心理上真正消除，知识分子对非知识分子的优越感和价值感依然无法全面建立。尽管出于"人人生而平等"的现代公理，我反对某些自得其世俗地位而缺乏精神自律的知识分子把优越感夸大到欺凌和歧视非知识分子的程度，但是有知对无知的优越感显然比无知对有知的优越感更具历史合理性，即便偶尔被夸大，也因其有利于崇尚知识而不失为有价值的偏见，而无知对有知的优越感则是毫无价值的纯粹谬见。

知识原罪感的彻底消除，必须以社会结构和政治生态的真正改变为前提，这是纯正的历史唯物主义观点。知识分子的价值感，只有当知识分子的知识性服务真正被社会正常运作所需要、所依靠，而非廉价使用或定向操纵，才能真正实现。当代中国知识阶层的无力感和无价值感，不论多大程度上源于传统士人的缺乏独立意识和自主意识，都只能证明当代社会尚未进入现代性的正常运作。中国当代知识分子尤其是人文知识分子并没有感到真正被需要，因为人文知识分子提供社会性服务的言路并未完全畅通。只要这种现状没有根本性改变，中国知识分子就难以消除荒谬的知识原罪感；只要心有余悸的中国知识分子不能无所顾忌地为社会正常运作和文明发展提供有价值的服务，那么中国当代知识分子就并非自愿地有点"不劳而获"，有点像"寄生虫"。正是在此意义上，虽然我坚信知识的终极价值，坚信思想的长远力量，但是我的知识原罪感长期无法彻底消除。当我吃饭穿衣的时候，我确实感到沉重的羞愧。我时常锥心地感到，我对中国社会的贡献，确实有可能不如一个工人或一个农民。然而我渴望被依靠，更渴望被使用。但我渴望的被使用，不是被中世纪式的世俗极权"使唤"，更不是被"御用"，而是以技术型知识和超越性真理为唯一标准的真正使用。只有这样的时刻来临，中国知识分子的知识原罪感才会彻底消除，中国社会才能真正步入现代世界，中国新文明才会有望建立，"思想真的有用吗"这一问题才会成为不必问的历史笑谈。

虽然大部分知识分子自己很少有独创性思想，而主要是把伟大思想家的创造性成果转售给学生（如果他是教师）、读者（如果他是作家）、观众（如果他是表演艺术家）。但我认为这不是他们的过错，而是他们对文明积累和社会发展的重要贡献。况且技术型知识分子和独创性思想家的区分仅仅是理论上的，相对的，有时甚至是想象的，所有处于文明后续阶段的独创性思想家，相当于购入半成品和零部件进行深加工的制造商。生于轴心时代之后，没有人能够绝对地创造新知，也没有人仅仅是单纯地传播旧知。传播他人的正确思想并不可羞，只要传播者是在自由思想，对其传播的他人思想进行了深度加工、辨析批判，然后由衷服膺，那就无可指责。正如布鲁诺不遗余力地传播哥白尼的"日心说"，赫胥黎不遗余力地传播达尔文的"进化论"，这些伟大的思想传播者，是人类文明史上真正的文化英雄，伟大程度丝毫不亚于思想的原创者。因此以纯粹独创的标准来要求现代知识分子，是荒谬的乌托邦。就此而言，所有真正的知识分子都有理由坚信自己在现代社会的合理价值，起码可以比非知识分子更无愧地坚信自己在现代社会的生存权利。

二

但是反观物质文明高度发展的西方民主国家，他们面临另一个在当代中国同样严重的问题，那就是对技术型知识分子的过分倚重和对独创性思想家的过度蔑视。现代政治制度的充分理性化，使西方民主国家过分依赖于技术型、科技型知识分子（这些人中的一部分成为维持政治民主的国家机器正常运转的技术官僚），文明社会不可或缺的超越性价值同样受到了忽视。指出这一点，是为了防止两种错误的倾向：一是某些失去民族自信的洋奴派，以发达的西方民主国家同样如此为由，主张应该倚重技术型尤其是科技型知识分子，但不必在中国社会中重视独创性思想家，不必崇尚思想原创，不必推崇超越性伦理价值和永恒正义，因为那是"形而上学"，连西方发达国家也早已抛弃或取消；二是某些顽固的国粹派和既得利益者，以过分倚重技术型知识分子会导致像西方发达国家那样的伦理败坏和性放纵为由，主张坚持中世纪式的愚昧统治，除了国防科技所必需之外，连技术型科技知识分子也要控制使用而决不能完全依靠，更不能放松对技术型人文知识分子的意识形态强控制。很显然，洋奴派仅仅希望全盘接受发达的西方民主国家的所有现实，连西方国家的所有社会弊病也全部接受。而顽固派沿袭着中世纪式看待知识的奴性价值和贬低知识分子的愚昧理念，这种错误理念是严重阻碍中国进一步改革开放融入现代世界文明潮流的最大障碍。在制定政策的技术操作层面，两者的区别仅仅在于，究竟是否要充分使用技术型科技知识分子；而两者的共通之处，就是都拒绝思想的原创，都拒绝超越性的伦理价值和永恒正义。顽固派使中国无法真正地现代化，洋奴派则使中国有可能成为西方文明的拙劣摹本，而不可能创造真正的中国新文明。顽固派是中国社会的近期发展必须克服的障碍，洋奴派是中国社会的远期发展必须克服的障碍。仅仅看到较近的障碍而看不到较远的障碍是目光短浅的，而目光短浅就不可能创造中国新文明。

思想的最大用处，在于创造。创造性地思想，使人不再是依附性的中世纪式精神奴隶，使人成为现代意义的自由人。不同的精神奴隶也许会选择不同的精神主人，但是真正的自由人是自己的主人。精神奴隶连自己的主人都不是，怎么可能成为国家的主人？精神奴隶只愿意成为集体或国家的"人上人"，实际上不过是"奴上奴"罢了。

就此而言，当代很多缺乏思想勇气、批判意识，渴望被权力"使用"、"使唤"甚至"御用"的所谓"知识分子"，不过是毫无操守的信息分子。大多数知识分子并不出售自己的思想（无论他们有没有自己的思想），他们只是贩卖他人的思想。其中的少数人虽有自己的思想，但是往往要等到在某位思想家的著作中找到与自己的思想相近的表述时，才会获得表达上的自信，但是这种自信依然不能促使他们直接表达自己的思想，而是通过转述思想家的思想，婉转而曲折地表达自己的思想，这可以称为"借圣人之口，立自己之言"。但是大多数知识分子依然像传统士人一样，完全放弃了自己的思想权利，他们的全部表述都是"用自己之口，代圣人立言"。现代的大部分知识分子比两千年前文明发轫期的独创性思想家确实远为低能，他们在转运过程中完全糟蹋了思想家们的精髓。这部分是由于精神懒惰，更主要是由于人格卑怯。这些单纯而完全彻底地贩卖他人思想的伪知识分子，不仅放弃了自己的思想权利，也丧失了知识分子的身份，出卖了知识分子的尊严。这种依附于政治权力和知识权威的伪知识分子，才是真正的寄生虫。

思想的权利是不可转让的，既是人的天赋权利，也是人的根本特征。放弃思想权利的人，就是在精神上把自己置于非人的状态。尽管没人愿意遭到"非人的待遇"，但是相当多的人要求他人对待自己，却比自己对待自己更好，他们自己不把自己当人，却要求他人把自己当人看待。或许这些思想懒汉会为自己如此辩护：古今中外的许多思想大师比我思想得更好、更全面，我的思考很可能是白费力气的重复劳动。我不得不同意，前一句差不多是事实，但我不能同意后一句。我在阅读中外经典时，确实经常发现许多我曾像发现新大陆一样自以为独创的见解，前人早已表述过了，而且常常表述得比我更好。但我对此只有惊喜，从未沮丧。一个希望让思想带来思想以外的价值的人，可能对此非常沮丧，因为这意味着他自己独立思考得出的结论失去了抢先注册的优先权。但是这样就把思想当成了纯粹为了谋利的商品，然而思想永远不是纯粹的商品。作为思想者，我的思考确实很少是"前无古人"的，而是不断与前人撞车，但我永不放弃自由思想，哪怕看起来类似于"重复劳动"。生命的珍贵，就在于每个人仅有一次。因此他人的思想永远是他人的，你的思想才是你的。如果你自己不思考，那么你也不可能传播他人的正确思想。如果你独立思考，那么即便你的思想与他人的思想相似，你不仅不必羞愧，反而应该自豪与思想家"英雄所见略同"。如果你的思想与他人的思想不同，那么会有两种情况：一种可能是，你的思想比所有前人的思想都了不起，这固然可喜可贺（不过对大多数人来说这种可能性不大）；另一种可能是，你的思想与前贤相比十分拙劣甚至非常错误，但你还是有自己的思想，哪怕你自己的思想仅是错误思想。其实你的思想究竟是否错误，并不容易判断，哥白尼、牛顿、达尔文、爱因斯坦的思想都曾被认为是错误的，后来才被证明是正确的。而且可以肯定，他们的思想迟早都会过时，甚至在新思想的照耀下被证明为谬误。这种新思想很可能就是你的思想或我的思想，尽管这种可能性并不很大，然而别忘了你生命的诞生就是在亿万精子的淘汰赛中被极小的可能性兑现为现实的。所以任何一个对自己的诞生感到庆幸的人都不该妄自菲薄，这正是生命的尊严所在。最后，超越前人的新思想一定产生于独立思考的头脑，决不可能产生于人云亦云的头脑。

德国批评家本雅明曾经打算编一本全部由圣哲语录组成的终极经典，因为他认为有价值的思想都已有了。我认为这种思想非常危险，与乌托邦思想非常一致。即认为某个或某些最伟大的思想家已经创造出了可能有的所有最好思想，包括对世界做出了最佳设计，所有人都应该在这种乌托邦里享受高度的物质生活，而过一种精神植物人的生活。因此我认为，每个人独立地思考、创造自己的精神产品是绝对重要的，不论他的精神产品是否超过了前人思想的价值。你自己烤的面包，也许没有面包师烤的面包味道好，但它可以填饱你的肚子。你自己的思想，也许没有思想家深刻，但它可以充实你的精神。自己不烤面包的人，可以花钱去买面包师的面包，同样可以填饱肚子，但你买面包的钱应该是自己诚实劳动挣来的，这就是社会分工的意义。如果你不劳动，不挣钱，你就不能买面包师的面包。同理，如果你不思考，你就不能用自己的精神货币买来思想家的精神面包。仅有物质货币的人，不可能精神充实。所谓自己的精神货币，就是独立思考，这就是自由思想的终极价值！这一终极价值，无须以"比前人伟大"为前提。自由思想不需要任何前提，自由思想是人之为人的唯一本质。

何况任何人都无法证明谁是"有史以来最伟大的思想家"，退一万步说，即便全世界没有一个人反对，全体一致同意某人是"有史以来最伟大的思想家"，认为他发现了"有史以来最伟大的真理"，也无法证明后来者不可能超越他。所以任何时候都没有足够理由剥夺任何人的独立思考权利，除非世俗强权认为"我们需要这样"，那就不是我在此处讨论的问题了。强权与公理当然穿不上同一条裤子。强权的两条腿是"力"和"利"，而公理的两条腿是"理"和"丽"，即生命之花开放的意义。无论世俗强权所说的

"我们"包含多少人，哪怕包括除"我"之外的所有人，这个"我们"也只是一小部分人。因为"我们"的后代必将站在"我"的一边，"理"必能得到所有"我"的同意，"丽"永远只能建立在每一个"我"之上。"我们"可以在肉体上消灭任何一个"我"，却无法在精神上赢得"理"与"丽"。只要地球还在转动，人类还在繁衍，"我们"的后代总数（他们中必然会有越来越多的"我"）就一定会大大超过无论多么庞大的"现在的我们"，因此暂时的多数绝没有足够的理由强迫暂时的少数服从。更何况，"大我"并非数量上的总和，"大我"恰恰是所有个体之"我"的自由开放。

三

对我来说，通过思想证明了自我的生命意义，这就已经足够了。我丝毫没有把自己的思想强加于任何人的僭妄念头，我甚至不认为自己的生活方式值得推广和仿效，恰恰相反，我认为自己的生活方式不值得推广和仿效。尼采说："不要跟随我，跟随你自己。"这是人类有史以来最伟大的自由思想之一。大部分过去时代的思想家都把推广自己的生命理念和生活方式作为自己的毕生工作。他们用于推广自己的思想所投入的精力，甚至超过了用于思考的精力。他们认为，思想之所以有益，是因为值得推广。这与我的想法截然不同，我认为思想之所以有益，并非由于推广以后对他人有益，而首先是因为思想对思想者自己有不可替代、不可转让的独特价值，其次才是对他人有益之类的附加值。不能为了"其次"放弃"首先"，但是可以没有"其次"仅有"首先"。每一种以推广为第一动力的思想，都是不值得推广的。一种以推广为唯一动力的思想，则是必须坚决反对的危险思想。一种对自己有意义的思想，是否必须推广，这是每个思想家都应该思考并加以决断的。这一决断很可能把全体思想家分为根本对立的两种，因此孔子说"古之学者为己，今之学者为人"。我的选择是，不以推广自己的思想作为自己思想的第一动力。但是不以推广为第一动力的思想，不仅不反对交流，反而在强调每个人的思想权利的前提下，积极推动自由思想的平等交流，所以我乐于把自己的思想展示出来，与其他思想者交流，供有兴趣者了解。这种了解可以是纯粹的猎奇：居然有人这么思想并且按这种思想生活。也可以是加以参考，然后修正或坚持自己的生活方式。毕竟，我的思想也是参考了许多思想家的思想才逐渐形成的。即便有人参考了我的思想，我的思想也不具有任何强加于人的成分。

如果我的思想不具有决定生活方式那么重大的作用，有时候仅仅是对某事的未必成熟的看法，那更是展览性质和设问性质的。毕竟所有观点放在一起，才有可能开一个"思想博览会"。如果仅有一种思想，那就不必开博览会了，仅需像秦始皇那样"以吏为师"，由审判官宣读判决书就行了。我的思想是展览会式的、博物馆式的，甚至没有如此高雅，仅是百货公司式的。在人类的精神货架上，各种思想产品（我的思想仅是其中微不足道的一种）林林总总，任人选取。百货公司虽然不太高雅，却很有用：琳琅满目是对一个百货公司的货架的最高评价。当然如果有人愿意，可以开专卖店，但是没有一个专卖店只卖一种货品，更不可能唯一的货品仅有一种款式一种型号。最重要的是，没有一个专卖店有权剥夺其他专卖店的存在。

如果说思想对他人有用，那也只对有自己思想的人才起作用。所谓"有思想的人"，并不要求一个人必须是思想家，但至少包括两种人：准备接受他人思想的人，准备反对他人思想的人。准备接受他人思想的人，即便自己没有多少思想，但他至少有一个思想：认为他人的思想对自己有用。反对他人思想的人，至少不反对一个思想：他人的思想对自己没用。可见这两种人都有至少一种思想，因此他人的思想无论如何都对他起了作用。

对许多人来说，读他人之书是启动自己思想的契机。不读书的时候，他很少思想，或不知如何思想。一部二十四史，不知从何说起，面对三千大千世界，不知从何想起，于是他就读书。读书上紧了他的思想发条，他在阅读之时开始了思想，于是放下书本面对世界之时，因为刚刚上紧了思想发条，才能继续思想。经常阅读的人，也因而逐渐成为一个有思想习惯的人，长期的思想习惯会培养思想能力，而思想能力正是创造力。一个有思想能力的人，阅读之时决不会单纯接受他人的思想，而会辨析、判断、取舍。当然，并非所有的书都能上紧读者的思想发条，很多烂书的宗旨，就是松掉读者的思想发条。上紧思想发条或松掉思想发条，于是成为辨别好书、坏书的重要依据。一个没有养成长期阅读习惯的读者，偶尔读一本书，也许暂时上紧了思想发条，但是如果长期不再阅读，或者永远只读一本书，那么上得再紧的思想发条也会彻底松掉。更何况如果不勤于思想，那么刚刚被一本好书上紧的思想发条，也可能被另一本坏书立刻松掉。有些人阅读的唯一目的，正是松掉自己的思想发条，他们是墨西哥诗人阿方索·雷耶斯所说的那种人："一些人主动接受权威，以求减轻自身的负担；接受权威最终成了主要的解决方式。"因为接受权威思想，既是最安全的，又是最省力的，正如法国作家雷米·德·古尔蒙所说，接受和服从权威是一条"天鹅绒铺成的小路"。即便这条小路通向人生的虚脱和无价值，但是他们愿意把安全和省力视为最高幸福，对这样的人，我无话可说。

许多没有阅读习惯和良好阅读趣味的间歇性读者，不仅自己不思想，而且坚信再有价值的他人思想都对自己完全无用。然而他们显然过于自信又缺乏自知，他们不知道自己已经接受了银行家的粗鄙思想："最好的书——你的银行存折。"

四

我未必能够证明自己的思想对他人有用，但我肯定能够证明他人的思想对我有用。比如康德说："当最幸运的头脑正处在由于自己的技术性和经验性而有可能希望获得最伟大的发现的边缘之际，老境却临头了；他变得迟钝了，于是就不得不留待第二代去迈出文化进步的下一步。而这第二代又得从头开始，并且必须再一次地跋涉那已经为人所经历过了的全部旅程。"这段话帮助我认识了生命的局限及其本质，并在我景仰伟大思想家而略感卑微之后，重新鼓舞起我独立思考的莫大勇气。我意识到，如果我了解了伟大思想家的最后思想结晶，那么伟大思想家在"有可能希望获得最伟大的发现的边缘之际"衰老死亡了，而我还年轻，正可以迅速地"跋涉那已经为人所经历过了的全部旅程"，然后在前人止步的地方，继续新的思想探索。精神劳动就具有这种代际接力赛的性质，而且是物质劳动不可能具有的超越性质。某种程度上说，精神劳动绝对优于物质劳动，因为正是精神劳动推动着文明进步，逐步降低了物质劳动的严酷性和非人道性。当然对大多数人来说，他们不会加入这种思想接力赛，他们只是这种接力赛的旁观者、喝彩者乃至漠不关心者，但是无一例外都是受益者，哪怕他们完全没有意识到，或是出于粗鄙的自恋而不予承认。罗丹说："人们说思想没有用，但思想是他们的生命。他们生活于几个伟大人物的思想里。"

毕达哥拉斯发现"毕达哥拉斯定理"（即中国的"勾股定理"，但是后者逊于前者，因为后者没有完美的形式化证明）以后，举行了百牛大祭。尽管伏尔泰认为这未免开销太大，但无论是毕达哥拉斯还是伏尔泰，全都认为思想具有重大价值。我认为百牛大祭不仅没有抬高这一定理的价值，反而把思想的价值贬低到了可用物质财富衡量的地步。然而每一种独创性思想，都是千金难买的无价之宝。

思想的价值，可以大致分为两部分：创造文明和批判文明。批判固然是为了阻止文明退化，也是为了防止文明因超越历史阶段的过度发展而恶化，两者都会使人类向动物界返回。创造是对必定不尽完善的现有文明中的不完善部分的改善，批判是对必定不尽完善的现有文明中的不完善部分的消毒。由于人类不可能在某天下午五点通过完美的创造把文明中的全部不完善部分改良到尽善尽美，因此在不懈创造的同时，不遗余力的批判尤为阻止文明倒退所不可或缺。在永不可能达到尽善尽美的人类文明中，任何创造必然是不尽完善的，因此任何创造从它被创造出来的那一刻起，就没有拒绝批判的特权。某种意义上说，需要是发明之母，由于欲望永无止境，因此需要也永无止境，因此无论文明达致何种高度，新的创造都是必要的。但是当文明达到某种高度以后，自大的人们会怀疑自我批判的必要性，而狂妄的统治者会把文明已经达到的相对高度予以绝对化，以此剥夺人民的批判权利。就此而言，在现代社会，思想的主要功能就是批判。坚持自己的思想权利，必然意味着永不轻信和永远质疑，因此真正的思想必以批判为前提。当思想在其起点上批判了已有的现成思想之后，思想的进一步运作就必定诉诸创造，即在批判已有的现成思想的基础上进行创造。

而思想的全部进程，与生命的全部进程同步，因此我在昨天创造的思想，将成为明日之我的批判目标，此即梁启超所言"不惜以今日之我，与昨日之我战"。生命不息，思想不止；思想不息，创造不止；创造不息，批判不止。

康德曾经意味深长地说："我暂把道德解释为不是教导我们怎样才能幸福而是教导我们怎样才能配得上幸福这样一种科学的入门。"只有思想者，才配得上这种真正的幸福。未必每个人都有能力成为思想家，但是每个人都可以成为一个思想者。我就是这样一个思想者，因此我已经享有一个自由人的真正幸福。让我感到特别幸福的是，任何力量，甚至上帝，都无法剥夺我的幸福。即便砍掉我用于思想的头颅，被剥夺的也仅是我的生命，而非我的幸福。我希望每一个人都能成为这样的幸福者，我更希望我的思想作为"他人的思想"，能够对我的读者有用有益。这样我的幸福就被你分享了，而你的幸福又增加了我的幸福。那么边沁向往的"最大多数人的最大幸福"，就离我们不太远了。

1997年4月22日

（本文刊于《社会科学论坛》2001年第11期。入选吴剑文编张远山文选《思想真的有用吗》，北京出版社2021年版。）

哲学论

道家散论五题

一　从道家"道德仁义"到儒家"仁义道德"

《老子》曰："失道而后德，失德而后仁，失仁而后义，失义而后礼。夫礼者，忠信之薄而乱之首。"又曰："法令滋彰，盗贼多有。"

鲁迅《狂人日记》说："我翻开历史一查，这历史没有年代，歪歪斜斜的每叶上都写着'仁义道德'几个字。我横竖睡不着，仔细看了半夜，才从字缝里看出字来，满本都写着两个字是'吃人'！"

老聃阐明的道家价值序列"道德仁义"，意为"道↘德↘仁↘义"。鲁迅批判的儒家价值序列"仁义道德"，意为"仁义＝道德"。

价值序列不同，个体的人生取向，群体的制度建构，也就迥然不同。

道家认为，"道"生万物，万物之"德"，无不得之于道，所以"道"是第一价值，"德"是第二价值。唯有天赋真德，才有先天的终极依据。"仁"、"义"、"礼"、"法"都是后天的、人为的次要价值，没有先天的终极依据。如果以道家价值序列"道↘德↘仁↘义"为价值标准，君主一旦以"仁义礼法"之名，行悖"道"、丧"德"之实，就有价值障碍，也有制度防范。天下万物，包括人类，以及圣人、圣君，都不可能尽知"天道"，因此任何人都不可能"替天行道"。君主如果自居"替天行道"，就是《老子》所言的"代大匠斫"。

儒家把第三价值"仁"拔高为第一价值，把第四价值"义"拔高为第二价值，而把第一价值"道"降为第三价值，把第二价值"德"降为第四价值。认为"仁义"即"道德"，"不仁义"即"不道德"，抽空了"道"、"德"的独立价值，取消了"道"、"德"的至高价值。儒家祖师孔子主张"克己复礼为仁"，又把第五价值"礼"拔高为第一价值，认为符合"礼"即符合"仁义道德"，违背"礼"即违背"仁义道德"。如果以儒家价值序列"仁义＝道德"为价值标准，君主一旦以"仁义礼"之名，行悖"道"、丧"德"

之实，就不再有价值障碍，也不再有制度防范。儒家"王道"，幻想"替天行道"的"仁义"圣君一出，就能天下大治。实际情形却永远是《老子》预言的"夫礼者，忠信之薄而乱之首"。

儒家虽未拔高第六价值"法"，而以"仁义礼"贬抑"法"，然而儒家分支法家却以"法"贬抑"仁义礼"，把"法"拔高为第一价值，认为"王法＝天道"，符合"王法"即符合"天道"，同样抽空了"道"、"德"的独立价值，取消了"道"、"德"的至高价值。如果以法家价值序列"王法＝天道"为价值标准，君主一旦以"王法"之名，行违背"天道"之实，就不再有价值障碍，也不再有制度防范。法家"霸道"，幻想"代大匠斫"的"王法"圣君一出，就能天下大治。实际情形却永远是《老子》预言的"法令滋彰，盗贼多有"，《庄子》预言的"圣人不死，大盗不止"。

简而言之，道家认为顺"道"葆"德"是实现天下大治的终极价值，儒家认为杀身成"仁"（孔子）、舍生取"义"（孟子）地维护君臣之"礼"是实现天下大治的终极价值，法家认为天下万民臣服"王法"是实现天下大治的终极价值。

儒家、法家拔高后天的、人为的次要价值，庄子所撰《齐物论》称为"非所明而明之"。庄门后学所撰《天道》，把"仁义礼法"等次要价值称为"末学"："末学者，古人有之，而非所以先也。"

儒家、法家拔高次要价值，本末倒置地淆乱价值序列，对于人类个体（包括个别君主）成"仁"取"义"，知"礼"守"法"，虽有小利，然而对于人类群体建构符合"天道"的政治制度，却有大弊。由于一切君主无不自居"仁义"地悖"道"、丧"德"，无不自居"替天行道"地"代大匠斫"，因此老聃主张"天地不仁"，庄子主张"丧忘仁义"。庄门后学所撰《胠箧》认为："圣人不死，大盗不止。彼窃钩者诛，窃国者为诸侯。诸侯之门，而仁义存焉。"

儒家"王道"和法家"霸道"，以及佯儒实法的"王霸杂用"，理论上要求君主成为圣君，实际上却把一切当世恶君称为"圣上"，无法在制度层面有效防范、有效监督、有效制约、有效阻止、有效惩罚、有效追究当世恶君的胡作非为，于是由"仁义道德"护驾的"王法"，最终走向了鲁迅所说的"吃人"。

其实早在鲁迅之前两千年，《庄子》即已预言：颠倒淆乱价值序列，必将导致"吃人"。所以《庄子·管仲》曰："夫尧，畜畜然仁，吾恐其为天下笑，后世其人与人相食欤？"《庄子·庚桑楚》又曰："大乱之本，必生于尧舜之间，其末存乎千世之后。千世之后，其必有人与人相食者也。"

二　从"相忘江湖"到"相濡以沫"

庄子名言"相濡以沫"，原是贬义词，是批判君主专制的虚假"仁义"违背"道德"。由于信奉庙堂伪道的西晋儒生郭象系统篡改了《庄子》原文，彻底曲解了《庄子》真义，"相濡以沫"遂从贬义词，转为褒义词。

《庄子·大宗师》如是说："泉涸，鱼相与处于陆。与其相呴以湿，相濡以沫，不如相忘于江湖。与其誉尧而非桀也，不如两忘而化其道。"

第一句"泉涸，鱼相与处于陆"，阐明鱼不应"处于陆"，而应处于水，《齐物论》称为"正处"。庄子贬斥君主专制抽干江湖天道的"上善之水"（《老子》），强迫民众处于庙堂伪道的"泉涸"之陆，使民众从生而自由，变成了生而不自由。

第二句"与其相呴以湿，相濡以沫，不如相忘于江湖"，"江湖"喻"道德"，"呴濡"喻"仁义"，正是运用道家价值序列"道↘德↘仁↘义"，批判儒家价值序列"仁义＝道德"。庄子认为，与其强迫民众"处于陆"，再对民众施舍假仁假义的"相呴以湿，相濡以沫"，进而强迫民众时刻不忘"皇恩浩荡"，不如让民众处于真仁真义的自由"江湖"，忘记假仁假义的"相呴以湿，相濡以沫"。

第三句"与其誉尧而非桀也，不如两忘而化其道"，批判庙堂伪道把尧舜视为"仁义"圣君，把桀纣视为"不仁义"恶君，仅知"誉尧而非桀"，不知"仁义"圣君与"不仁义"恶君一样，强迫民众处于"泉涸"之陆。只有"两忘"王霸伪道，方能化归"江湖"真道。

《大宗师》批判尧舜式"仁义"圣君："尧既黥汝以仁义，而劓汝以是非矣。""黥劓"隐喻庙堂运用儒家价值序列"仁义＝道德"对民众洗脑，使民众相信君主专制符合天道，相信"仁义"的君主专制是最好的政治制度。《大宗师》主张"息黥补劓"，就是运用道家价值序列"道↘德↘仁↘义"，揭露违背"道德"地强迫"鱼处于陆"的虚假"仁义"，对民众反洗脑，使民众觉悟君主专制违背天道，明白"仁义"的君主专制仍然违背天道。

庄子批判"鱼处于陆"，义承《老子》"鱼不可脱于渊"。老庄之喻，无不批判君主专制的悖道现实，所以《老子》说："民之饥也，以其上取食税之多也。"《庄子·外物》则记载——

> 庄子家贫断粮，去向监河侯借粮。
>
> 监河侯说："可以。我即将征收税金，到时借你三百金。可以吗？"
>
> 庄子忿然变色说："我昨日来时，半道有声音叫我。我回头看见车辙之中，有一条鲋鱼。我对它说：'鲋鱼过来！你在车辙之中干什么？'鲋鱼说：'我是东海的波浪之臣。贤君是否有升斗之水救活我？'我说：'可以。我正要南游拜访吴越之王，我将请他们激引西江之水迎接你。可以吗？'鲋鱼忿然变色说：'我失去了恒常遨游的大海，挣扎在无法遨游的陆地。我只须升斗之水就能活命，贤君却作此言，还不如趁早到干鱼铺找我！'"

庄子借用寓言，猛烈抨击庙堂迫使民众远离自由江湖，成了专制之陆的涸辙之鱼，而其庄严承诺的"呴濡仁义"，又口惠而实不至。处陆之鱼失水而死，成了鱼干。

"泉涸处陆"的政治苦难，是"相濡以沫"的逻辑前提。褒扬"相濡以沫"，就是赞美"泉涸处陆"的政治苦难，乃至赞美"皇恩浩荡"的君主专制。

三　道家人生观：人生四境，迫生最下

"养生"观念，源于庄子《养生主》。庄子认为，"养生"必须身心兼养，

"养身"是"养生"之次,"养心"是"养生"之"主"。

《养生主》如是说:"缘督以为经,可以保身,可以全生,可以养亲,可以尽年。"

"缘督以为经"是养生总纲,认为因循中道,是人生常经。然后是"养生"四义。

"保身"是顺应天道的人生起点。生命为天道所赐,所以"养身"是"养心"的物质基础。

"全生"是因循内德的人生目标。德心是天道的种子,所以"养心"是"养身"的精神目标。

"养亲"是因应外境的人生义务。上养父母,下养子女。行有余力,则遵循"天之道,损有余而益不足"(《老子》),兼济万物。

"尽年"是顺应天道的人生终点。"保身"、"全生"、"养亲"之后,人生已无余事,唯有避免"中道夭于斧斤",顺道逍遥,"终其天年"。

身心兼养,道家称为"全生"。身心偏养,道家称为"亏生"。杨朱后学子华子,最早阐明了人生四境的价值序列:"全生为上,亏生次之,死次之,迫生为下。"

心有自由,身失自由,属于"亏生"。身有自由,心失自由,属于"迫生"。由于"心"是"养生"之"主",因此心失自由的"迫生",比"丧生"更为低下,属于人生末境。

庄子认为,专制社会"以隶相尊",臣民们只能"役人之役,适人之适",不能"自适其适",只能"亏生"而"养身",不能"全生"而"养心",失去了"养生"之"主",处于比"丧生"更为低下的"迫生"状态。

庄子所撰《齐物论》,有个著名寓言"魍魉问影",以"人形"隐喻君主,以"影子"隐喻大臣,以"魍魉"(影之影)隐喻民众(臣之臣),猛烈批判"以隶相尊"、"役人之役,适人之适"的"迫生"状态:

魍魉问影子:"原先你行路,如今你止步;原先你坐着,如今你站起,为何如此缺乏特定操守?"

影子说:"我倚待于我的主人,才会如此。我的主人又倚待于他的主人，才会如此。我倚待的主人，不过是蛇蜕之皮，蝉蜕之壳。"

庄子质问："众人役役，不死奚益？"庄门后学所撰《田子方》认为："哀莫大于心死，人死亦次之。""心死"就是心失自由，把生而不自由，被君主奴役，视为天经地义。庄子所撰《人间世》主张："天子之与己，皆天之所子。"庄门后学所撰《让王》进而主张："天子不得臣，诸侯不得友。"这些思想产生于两千年前，远远超前于时代。因此稍后于庄子、竭力鼓吹君主专制的韩非，把庄子视为头号敌人，杀气腾腾地宣布："不臣天子，不友诸侯，吾恐其乱法易教也，故以为首诛。"

汉武帝"罢黜百家，独尊儒术"以后两千年，伴儒实法、王霸杂用的庙堂伪道，对民众反复洗脑，于是俗见多把生而不自由，被君主奴役，视为天经地义，多把"养生"等同于"养身"，不把"养心"视为"养生"之"主"，只把身失自由视为受到奴役，不把心失自由视为受到奴役。

享有天赋自由的公民，假如不幸被绑匪劫持，尽管身无自由，但是心有自由，仅是"亏生"的人质，终有解脱之时。被剥夺了天赋自由的臣民，即使未被绑匪劫持，尽管身有自由，但是心无自由，就是"迫生"的奴隶，永无解脱之日。

四 从"去其害马者"到"去害群之马"

黄帝前往具茨山，意欲问道于泰隗，在襄城郊外迷了路，恰好遇见一位牧马童子。黄帝问具茨山，牧童知道。黄帝又问泰隗，牧童也知道。黄帝大为惊异，遂问如何"为天下"。

牧童回答："夫为天下，亦若此而已，予又奚事焉？"意思是，为天下一如牧马，只有我无为，马才可以无不为。

黄帝没有听懂，再次请教如何"为天下"。

牧童只好点破："夫为天下者，亦奚以异乎牧马者哉？亦去其害马者而已矣。"

黄帝再拜稽首，称"天师"而退。

这是《庄子·徐无鬼》的著名寓言。成语"害群之马"源出于此，却是违背原意的以讹传讹，浅析如下。

泰隗化身为牧童，象征天道"真宰"（《庄子·齐物论》）。接受牧童教诲的黄帝，象征人道"假宰"。牧童教诲黄帝之言，核心是五字："去其害马者。"

错误的传统解释是：去除害群之马。去除的是"马"，依据是郭象反注"马以过分为害"。

正确的庄学解释是：去除害马之君。去除的是"君"，依据是整部《庄子》和道家宗旨。

天道真宰如何牧马？答案见于《庄子·逍遥游》："野马也，尘埃也，生物之以息相吹也。"又见《庄子·马蹄》："马，蹄可以践霜雪，毛可以御风寒，龁草饮水，翘尾而踛，此马之真性也。"

人道假宰如何牧马？答案也见《庄子·马蹄》：

> 伯乐曰："我善治马"。烧之剔之，刻之烙之，连之以羁馽，编之以皂栈，马之死者十二三矣。饥之渴之，驰之骤之，整之齐之，前有橛饰之患，而后有鞭策之威，而马之死者已过半矣。……然且世世称之曰：伯乐善治马……此亦治天下者之过也。

天道真宰"无为"不治天下，听任野马顺应天道地"无不为"，成为"以德为循，自适其适"（《庄子·大宗师》）的真马。

人道假宰"有为"欲治天下，强迫野马违背天道地"知其不可而为之"（原为道家批评孔子，旧多反释为赞扬），鼓吹"非礼勿视，非礼勿听，非礼勿言，非礼勿动"（《论语·颜渊》），变成"役人之役，适人之适"（《庄子·大宗师》）的假马。

《老子》抨击人道假宰僭代天道真宰："夫代司杀者杀，是代大匠斫也。夫代大匠斫者，则希不伤其手矣。"老聃认为，天道真宰才是"司杀者"，才是"不伤其手"的"大匠"。人道假宰僭代天道真宰，就是"代司杀者杀"，就是"代大匠斫"，其结果必然是"伤其手"。

《庄子》更为深刻猛烈地抨击人道假宰僭代天道真宰，例如《齐物论》："君乎？牧乎？固哉！丘（孔丘）也与汝皆梦也！"又如《大宗师》："泉涸，鱼相与处于陆；与其相呴以湿，相濡以沫，不如相忘于江湖。与其誉尧而非桀也，不如两忘而化其道。"再如《秋水》："牛马四足，是谓天；络马首，穿牛鼻，是谓人。故曰：无以人灭天。"

庄子认为，儒家"以人灭天"，使鱼处于陆地，然后提倡相濡以沫；替马加上笼头，把野马整治、驯化为家马，去除捍卫真性、反抗鞭策的真马，保留接受奴化、屈从鞭策的假马；对人奴化洗脑，把民众整治、驯化为臣仆，去除捍卫真德、反抗奴役的真人，保留接受奴化、屈从奴役的假人。所以儒家表面上鼓吹"相呴以湿，相濡以沫"（《大宗师》）的"仁义"，实质上维护"以隶相尊，众人役役"（《齐物论》）的"名教"。"以人灭天"、违背"自然"的"名教"，不可能抵达"仁义"。以人合天、符合"自然"的真正仁义，是让鱼处于江湖，任其自由遨游；让马处于旷野，任其自由撒欢；让人自在逍遥，任其自由发展。

据此可明，《庄子》的宗旨是"名教违背自然"，儒生郭象却反注为"名教即自然"。《徐无鬼》"去其害马者"，主张去除害马的虎狼，亦即主张去除害民的君主，儒生郭象却反注为"马以过分为害"，主张去除害群之马，反对去除害马的虎狼，亦即反对去除害民的君主。

儒生郭象所谓"分"，就是把天然平等的人类，划分为不同等级的"名分"，亦即儒家"名教"鼓吹的"君为臣纲，父为子纲，夫为妻纲"。儒生郭象所谓"过分"，就是违背"名分"、"名教"，不肯安分守己地接受奴役。儒家眼中的"害群之马"，实为道家眼中的真马。儒家眼中的"过分之人"，实为道家眼中的真人。道家真人认为，"天子之与己，皆天之所子"（《庄子·人间世》），"天子不得臣，诸侯不得友"（《庄子·让王》），所以既不愿成为"人下人"（奴下奴），也不愿成为"人上人"（奴上奴），远离"名教"庙堂，逍遥"自然"江湖。

儒生郭象官至黄门侍郎、太傅主簿，"任职当权，熏灼内外"（《晋书·郭象传》），已从"人下人"（奴下奴）变成"人上人"（奴上奴），依靠

"独尊儒术"的"名教"庙堂吃饭。《庄子》主张去除君主，危及郭象的饭碗，所以郭象对《庄子》进行了全面篡改和彻底反注。后世儒生同样依靠"独尊儒术"的"名教"庙堂吃饭，与儒生郭象利益相通，心心相印，所以一致推崇郭象反注"名教即自然"，视为"独会庄生之旨"（唐儒陆德明），因此盲从郭象反注"马以过分为害"，视为这一寓言的正解。违背庄子真义的"害群之马"，于是谬种流传至今。

道家主张去除君主，是超前时代的伟大政治理想，直到两千年后的辛亥革命才告实现。然而辛亥革命至今已有百年，郭象反注仍是庄学至高权威，原因并非郭象的政治理想更加伟大，而是使鱼处于陆地、替马加上笼头、对人奴化洗脑的名教纲常，依然阴魂不散。

五　从老子水喻、关尹镜喻到庄子水镜合喻

道家始祖老聃，其书今存，不过已非原貌。老聃弟子关尹，其书久佚，今传《关尹子》是伪书。幸而《庄子·天下》引用的关尹之言，足以显示关尹对老聃的继承和发展，也能显示庄子对老聃、关尹的继承、发展、融合。今以老聃水喻、关尹镜喻、庄子水镜合喻为例。

老聃的道论，以水喻为核心，均从"水"的物性"处下"、"柔弱"，推衍而出。《老子》曰："上善若水。水善利万物而不争，居众人之所恶，故几于道矣。"又曰："天下莫柔弱于水，而攻坚强者莫之能先也，以其无以易之也。"又曰："江海所以能为百谷王者，以其善下之也，故能为百谷王。"

关尹的道论，以镜喻为核心。《天下》引用的十一句关尹之言，每句四字。其中的连续三句，是从老聃水喻发展而来的关尹镜喻。

"其动若水"，承自老聃水喻，揭破其义，重在道之阳动。

"其静若镜"，关尹新创镜喻，自明其义，重在道之阴静。

"其应若响"，阐明镜喻之义。"声"为声源，"响"为回声。关尹镜喻意为，至人因应外境，如响应声，如影随形。

老聃水喻，取象于水之动。关尹镜喻，取象于镜之静。水、镜二喻，

取义"相反"，隐含"相成"。揭破隐含之义的，正是道家集大成者庄子。

庄子的道论，继承、发展了老聃的水喻。《大宗师》："鱼相造乎水，人相造乎道。"《达生》："从水之道，而不为私。"这是以"水"喻道之阳动。《大宗师》："与其相呴以湿，相濡以沫，不如相忘于江湖……鱼相忘乎江湖，人相忘乎道术。"这是以"江湖"喻道之博大。

庄子的道论，又继承、发展了关尹的镜喻。《应帝王》："至人之用心若镜，不将不迎，应而不藏，故能胜物而不伤。"《则阳》："生而美者，人与之鉴。不告，则不知其美于人也。"这是以"镜"喻道之阴静，取象于镜子的物性，譬解至人的德性。阐明至人不以主观成心、个人好恶扭曲外物，客观鉴照一切，不应而应之，不变而应万变，立于不败之地。

庄子的道论，最终把水、镜分喻，融合为水、镜合喻。《德充符》："人莫鉴于流水，而鉴于止水……水停之盛也，其可以为法。"《山木》："君子之交淡若水（止水）。"《天道》："水静犹明，而况精神？圣人之心静乎！天地之鉴也，万物之镜也。"鉴即镜，止水就是镜子。圣人一方面心如流水地顺应天道，另一方面又心如止水地鉴照万物。

从老聃水喻、关尹镜喻的"相反"，到庄子水镜合喻的"相反相成"，完成了正题、反题、合题的逻辑循环。庄子的道论，均从水镜合喻推衍而出，总摄水之动与静，镜之静与应，达到了前无古人、后无来者的高度。

庄子的道论，尤其是水、镜合喻，堪称先秦思想的巅峰华彩，古典中国的文化至境。古典中国遵循其教，创造了灿烂文化。今日中国遵循其教，必将再创辉煌。人能心如流水地顺应天道，心如止水地因循内德，动静合宜地因应外境，用于治国，就能"治大国若烹小鲜"，用于持身，就能身心兼养地顺道全生。

2009年8月11日—10月23日

（本文第一节、第二节、第三节、第五节刊于《三湘都市报》2009年9月5日、9月19日、10月15日、11月12日，第四节刊于《南方都市报》2010年10月3日。收入张远山文集《老庄之道》。第三节入选王蒙主编《2010年中国最佳杂文》，辽宁人民出版社2011年版。）

公孙龙《指物论》奥义

约当公元前四世纪前后，希腊哲学和中国思想差不多同时臻于极盛，止于绚烂，这就是被公认为"轴心时代"的伯利克里时代和战国诸子时代。学者们津津乐道于它们最深刻的代表人物柏拉图和庄子的共同特征"汪洋恣肆"，却忽略了两者最根本的差异：柏拉图高度信任乃至崇拜语言，认为语言是世界和真理的本源；庄子却高度不信任乃至鄙弃语言，认为语言是导致人类丧失自然之道的根源。但语言尤其是文字乃是文明伊始的标志，而文明的起步必肇端于用语言为社会立法，为社会立法必仰赖于语言的精密化和形式化，语言的形式化必走向"语言的语言"——元语言，即逻辑的成熟。

实际上，所谓"轴心时代"正是元语言和思维原型的黄金时代。但由于语言自身的多义和歧义本性，逻辑的初级形式几乎无一例外地呈现出诡辩色彩，这是柏拉图以前的智者学派和庄子以前的墨辩学派的共同特征。然而由于语言观的根本差异，柏拉图的弟子亚里士多德总结了智者学派的全部成果，一举完成了语言的立法。直到两千多年以后，列宁还不得不说："亚里士多德如此完满地描述了逻辑形式，以致'本质上'是没有什么可以补充的。"与之相反，庄子不仅自己对形式逻辑毫无贡献，反而以他天才的伟力把墨辩学派及其集大成者公孙龙一举扼杀在摇篮里："公孙龙辩者之徒，饰人之心，易人之意；能胜人之口，不能服人之心，辩者之囿也。"（《庄子·天下》）他竟不屑于想一想，为什么公孙龙能胜人之口？可悲的是，庄子用于反对语言的"寓言"表达法，从此却李代桃僵地成了中国文化两千多年的最高思维准则。

在不信任语言这一点上，儒、道两家实无二致。因此，它们最强有力的共同敌人墨子及其后学，在汉代以后被互为表里的儒、道主流文化压制和抛弃，《墨子》和《公孙龙子》也很快就不为人知，直到宋代儒道传统文化中衰以后才重见天日。但宋代以后成为主流文化的理学，不但是儒、道反语言传统死而不僵的卷土重来，而且因为注入了禅宗的新鲜活力而借尸还魂。佛教在中国变质为禅宗并得以深深扎根直至渗透到一切领域绝非偶然，因为禅宗正是中土佛教最不信任语言的宗派，它不仅抛弃了佛学中的因明逻辑，而且以"不立文字、直指心源"的宗风，受到了不信任语言的儒、道传统的特殊青睐。甚至最不重视佛理探索也最受士大夫们轻视的净土宗，也比禅宗更重视语言，因为净土宗相信："宣一声佛号，便有无量功德。"

直到清末民初，随着儒、道主流文化的破产和西方逻各斯主义的输入，墨辩学派才获得了一次新的契机，这期间出现了三本重要的书。第一本书是严复于1903年翻译出版的《穆勒名学》，尽管影响极大，但终因救亡图存的时代迫切和异质文明的排异阻抗，未能产生强有力的文化整形作用。第二本书是胡适于1917年在美国用英文写成的博士论文《先秦名学史》，直到1983年才译成中文出版，因而在国内影响甚微。第三本书是胡适回国后撰写、于1919年出版的名著《中国哲学史大纲（卷上）》。胡适的两本书，是中国人首次站在西方"逻各斯—语言中心主义"立场上，对墨辩学派作出高度评价，但其动机主要是"吾国古已有之"的民族自尊心，因此流于以西方形式逻辑为基准的简单比附，对《公孙龙子》未能予以融会贯通的理解，评价也不得要领。

作为五四新文化运动的杰出代表，胡适对名学（即西方意义的逻辑学）的重视足以说明他深刻地把握住了中国传统文化的基本弱点，尽管他没有意识到简单搬用西方名学并不能真正解决问题，这也注定了他不可能建立迥异于西方名学的、适合于解剖中国传统文化的崭新的形式化系统，但其开拓性功绩依然不可抹杀。胡适的《中国哲学史大纲》之所以写不下去，而贻人"上卷博士"之笑柄，恐怕正是由于缺乏完整有效的形式化（元语言）系统。

时间又过去了半个多世纪，若不能解答胡适于二十世纪初提出的公案，那么中国就很难完成文化复兴和思维转型。

　　客观地说，从庄子到胡适到当代诸贤，古今几十位注家"胡说"《公孙龙子》，有汉语自身的局限和公孙龙表达上的不足，而公孙龙表达上的不足更深刻显露了汉语自身的固有局限。以公孙龙最著名的命题"白马非马"为例，自古及今甚少有人认识到这一命题的哲学深刻性，因而从未有人为这一命题做过真正有力的辩护。甚至可以认为，连公孙龙自己也被这一命题弄得有些晕头转向。正如古希腊的大部分诡辩是不自觉的、语言内在矛盾的显现一样，"白马非马"的诡辩色彩植根于汉语没有复数形式的固有局限，在有复数形式的西方拼音文字中，它只是一句正确而平淡无奇的废话："A white horse is not horses."（一匹白马不是所有的马。）根本不可能震惊任何人！公孙龙在《白马论》结尾明确指出："故其为有马也，不可以谓'马马'也。""马马"（horses）这一复数形式，在汉语中是"不可以谓"即无法表达的。而且汉语在提到名词单数时，允许并习惯于省略数量词"一匹"或"一个"，但是拼音文字必须加上冠词（a or the）。如果我们用繁体字"馬"代表复数，用简体字"马"代表单数，这一怪论就获得了"白马非马"的合理形式，尽管听觉上依然如故。

　　实际上公孙龙把单数的"白马"称为"名"，即逻辑学的单称和哲学的殊相；而把复数的"馬"称为"指"，即逻辑学的全称和哲学的共相。因此单数的"名"与个体的"实"相对，"夫名，实谓也"（《公孙龙子·名实论》）；而复数的"指"与全体的"物"相对，"物也者，大共名也"（《荀子·正名》）。但这仅是"指"的一种用法，公孙龙的"指"至少有三种用法，由于汉语固有的单音节特性，加上公孙龙形式化方法的不够明晰，这三种用法被混同在同一个字之中，以致公孙龙的不朽杰作《指物论》成为无人能解的"天书"。真所谓"非但能言人不可得，正索解人亦不可得"（《世说新语·文学》阮裕论《白马论》语）。

二

下面是一个具有"诡辩"表征的"寓言"。

> 甲举起手"指"（A），"指"（C）着天上的"月亮"（B）问乙："这是什么?"乙答道："月亮。"甲笑道："错了。是手指。"甲又问丙："这是什么?"丙答："是手指。"甲又笑道："错了。是月亮。"甲又问丁："是什么?"丁抓住甲的手指问："是问这个吗?"甲说："不是。"丁怡然答道："是月亮。"甲大笑："又错了。这回'指'的是'太阴'，是'月球'，是'望舒'，是'嫦娥'，是'银蟾'，是'玉兔'，是'广寒'……但偏偏不是'月亮'。"乙、丙、丁皆愕然。

可见作为名词的"指"，共有三种内涵：

（A）能指，即符号，在语言中则是声音或书写形式，如上文的"手指"。

（B）受指，即与能指对应的物质实体，如上文的"月亮"、"太阴"等能指共有的现实对应物。受指与能指有相对、相异、相关三种关系，公孙龙在《指物论》中分别用"物"（表示相对）、"非指"（表示相异）、"物指"（表示相关）指代不同语境中的受指。公孙龙没有给受指一个专门术语，是造成解读困难的原因之一。

（C）所指，即能指与受指对应后附着于能指的思维内容。所指在古汉语中常被称为"旨"，由于不了解能指的"指"和所指的"旨"之间的区别，"旨"又常常误写为"指"，如王夫之《庄子解》论《逍遥游》："'其神凝'，一篇之大指。""大指"之正写，应为"大旨"。现代汉语十分正确地称语言的"所指"为"意义"，不过尽管揭示了"意"与"义"之相关，却又遮蔽了先秦诸子早已明白的"意"与"义"之相异。

所指植根于受指，凝结于能指。"义"是语言的内涵中相对稳定的客观部分，"意"是语言的内涵中相对流动的主观部分。所指和受指常被误以为同一，从上面的寓言中可以看出，不同的能指（如"月亮"、"太阴"）可与同一受指对应，但是所指不同。同样，同一能指一旦与不同的受指对应，那么所指也不同。比如，当能指"玉兔"对应于天上的月亮或玉雕的兔子这两个不同受指之时，意义就完全不同。甚至同一能指对应于同一受指之时，所指也会因人因时而异，因为对语言所指的理解，立足于每个人对现实世界的体验，而两个人对现实世界的体验不可能完全相同，同一个人也会随着时移境易而不断改变对现实世界的体验。

公孙龙的《指物论》主要讨论的是能指与受指，即语言（而非思维）与存在的关系，但没有涉及所指。《指物论》是公孙龙语言哲学的总纲，也包含着他的全部世界观。

在深入阐释《指物论》全篇奥义之前，必须指出，"指"除了上述三种名词用法以外，还有另外两种动词用法。

（D）指谓，其向度和目标是所指。

（E）指称，其向度和目标是受指。

由于《指物论》没有讨论所指，因而没有细分"指谓"和"指称"，文中的"谓指"全都等价于"指称"。因此《指物论》的"指"共有三种用法，即两种名词用法——"能指"（A）、"受指"（B），一种动词用法——"指称"（E），但没有"所指"（C）和"指谓"（D）这两种动词用法。三种用法混在一起，是导致千古聚讼、难以索解的主因。下面我将补出公孙龙表述不够清晰的术语，加以阐释和评述，但我严守一个原则：对原文一字不加改动，也不调整语序。历代注家总是在不能自圆其说之时，任意改动原文以迁就己说，实在不足取法。[1]

我坚信现存《指物论》完全是公孙龙的原文，理由有三：一、全文极短，仅有269字，钞刻讹误的可能性极小。二、全文极难懂。人们最容易抄刻讹误的是一看就懂的文本，对艰涩深奥的文本，钞刻者必然战战兢兢不敢稍懈，因此误钞误刻的可能性反而降至最低。三、强作解人又企图自圆其说者，才会归咎于原文讹误而妄改原文。

---

[1] 谭戒甫《公孙龙子形名发微》、王琯《公孙龙子悬解》之《指物论》白文全同，均一字未改，本文从之。有注家改"兼"为"无"，改"非指"为"非非指"，本文不从。有注家视《指物论》为对话体，本文不取。

以下是我运用自己对语言哲学的研究心得，对《指物论》的逐节阐释和简略评述。经过阐释的《指物论》几乎可以称得上圆融晓畅、无可挑剔，这是证明原文无误的最强内证。

三

原文一：

物莫非（受）指，而（能）指非（受）指。

译文一：

万物无非是受指，但能指并非受指。

评述：这是公孙龙关于语言与世界之关系的根本性命题，也是《指物论》全文立论的基础，开篇先对"指"、"物"分别下定义。"指非指"像"马非马"一样，千古无人能解。《庄子·齐物论》："以指喻指之非指，不若以非指喻指之非指。"实为未悟之语，正如紧接其后的"以马喻马之非马，不若以非马喻马之非马"，同样没有明白公孙龙"白马非馬"之真义。只有弄清"指非指"揭示了"受指"与"能指"的根本区别，才能廓清笼罩古今的重重迷雾。而这正是公孙龙对语言哲学和哲学史的最大贡献。

原文二：

天下无（能）指，物无可以谓（指）物。

非（能）指者天下，而物可谓指乎？

译文二：

如果世上没有能指，此物又不能够指称彼物。

在没有能指（只有万物）的世界里，万物怎样才可以被指称呢？

评述：在上节肯定语言之唯物主义基础的前提下，指出语言对于文明的必要性。因为如果没有语言，此物与彼物不能相互"谓指"（指称），人类的任何交流与合作都不可能，文明也就无法启动。传统误读的根源之一，是把此节末句的"物可谓指"，误读为"物/可谓/指"，进而误释为公孙龙主张"指化物"。其实正读应为"物/可/谓指"，因为"谓指"是公孙龙的术语，义同"指称"。公孙龙根本没有主张"指化物"，而是论述能指如何指称万物。

这一节是针对道家"反语言论"的论战性诘难。

原文三：

（能）指也者，天下之所无也；物也者，天下之所有也。

以天下之所有，为天下之所无，未可。

译文三：

能指，是天下原本没有的；万物（受指），是天下原本就有的。

用天下原本就有的（万物），迎合天下原本没有的（能指），不可。

评述：此节首句的唯物主义立场昭然若揭。第二句是针对儒家"正名主义"的论战性诘难，显示了源出墨家的名家公孙龙挑战儒道主流文化的莫大勇气。与道家的绝对不信任语言略有不同，儒家用古代的"名"来正当代的"实"，是颠倒了物与指（略同于又稍异于实与名）产生的先后关系。像一切唯心主义者一样，儒家"正名论"者不明白，语言的首要功能是正确地反映客观世界。既然古代的"实"已变化为当代的"实"，那么随之变化的应该是当代的"名"，而不能强迫当代的"实"符合古代的"名"。公孙龙在《名实论》中说得极明白："夫名，实谓也。知此之非此也，知此之不在此也，则不谓也；知彼之非彼也，知彼之不在彼也，则不谓也。"以天下原本就有的"受指"（人或物），迁就天下原本没有的"能指"，"未可"！

公孙龙旗帜鲜明地对儒道思想提出挑战之后，下文进入严密的论证。

原文四：

天下无（能）指，而物不可谓指也。

不可谓指者，非（能）指也。

非（能）指者，物莫非（受）指也。

译文四：

天下没有能指，万物就不能被指称。

不能被指称的原因，是（万物）不是能指。

不是能指的原因，是万物无一不是受指。

评述：这是对第一节第一句"物莫非（受）指"的论证。

原文五：

天下无（能）指而物不可谓指者，非有非（谓）指也。

非有非指（谓）者，物莫非（受）指也。

物莫非（受）指者，而（能）指非（受）指也。

译文五：

天下没有能指，因而万物无法被指称的原因，是没有一物不能被指称。

没有一物不能被指称的原因，是万物无一不是受指。

万物无一不是受指的原因，是能指并非受指。

评述：这是对第一节第二句"而（能）指非（受）指"的论证。

第四、第五两节，用极其严密、丝丝入扣的论证，把首节的基本命题阐发得淋漓尽致。因此下文在新的理论背景下进入与儒道两家的实质性交锋，把第二、第三两节的诘难具体化。实际上，"非有非指"（没有一物不能被指称）已经隐含对道家"不可名"主义的批判。而传统误读的根源之二，正是把"非有非指"的"指"（指称）当成了名词。并且与误读"物莫非指"一样，误读为"物无非是名，没有不是名"，由于古今注家不明白"指"与"名"的区别，也不明白"指"的名词用法与动词用法之不同，导致了两千多年来对公孙龙的莫须有指责。

原文六：

天下无（能）指者，生于物之各有名，不为（能）指也。

不为（能）指而谓之（能）指，是（能指与受指）兼不为指。

以（天下之所）有不为（受）指，（以天下）之（所）无不为（能）指，未可。

译文六：

（语言产生以后）天下依然没有能指（可以指称事物）的原因，是因为物把能指拥有独占为专名，（名相已经）不再是能指了。

（名相）不再是能指而仍然称为能指，这样（能指与受指）就都不再是能指与受指。

使（天下原本）有的（万物）不再是（可被指称的）受指，（使天下原本）没有的（名相）不再成为能指，不可。

评述：本节是全文最深奥、最艰涩，也是历来争议最大、分歧最繁、注家改动最多的一节。究其原因，一方面是公孙龙的思想远远超出了同时代人的水平和古汉语的负载能力；另一方面是公孙龙的行文省略过多，这也与汉语造句的随意性太大有关。

据上文，"物"为天下所有，"指"为天下所无，但无"指"则"物"不能被指称，于是人类创造了原本没有的"指"；有了"指"以后，就无"物"不能被指称了。那么道家为何认为"恍兮惚兮"、"其中有物"的"道"不能被指称而浩叹"天下无指"呢？公孙龙的回答是："生于物之各有名。""有"训"占有"，即某些"物"（含"人"）独占了作为能指的名相，使具有指称功能的"指"，降格为失去指称功能的"名"。而导致能指"不为指"的罪魁，正是儒家的"正名"、"名分"乃至"名教"。能指不"能"再"指"，导致"物"不能被正确指称。于是"指"不再是能指，"物"不再是受指，陷入能指与受指"兼不为指"的困境。（"以有"承前，是"以天下之所有"的省略，"之无"承前，是"以天下之所无"的省略，确实过于轻率。尽管如此，根据全文的逻辑结构，省略还是不难辨识，可惜前贤未有识者。）天下所有的"物"，原本不能做能指，只能做受指；天下所无的"指"，原本只能做能指，不能做受指。现在因为"指"被个别"人"、"物"独占，降格为"名"、"讳"，失去了功"能"，导致了能指的低能和无能。公孙龙对此再次大声疾呼："未可!"

原文七：

且（能）指者，天下之所兼。

天下无（能）指者，物不可谓无（能）指也。

不可谓无（能）指者，非有非（受）指也。

非有非（受）指者，物莫非（受）指。

译文七：

况且能指，原本属于天下万物兼有共享。

天下没有能指可用是（儒家造成的）暂时的假相，不能（像道家那样）断言万物不能被能指正确指称。

不能断言万物不能被能指正确指称的原因，是万物无一不是受指。

万物无一不是受指的原因，是万物无非都是受指。

评述：此节的首句用科学的语言观揭示了语言的社会性和人民性，强调了能指为万物万民兼有共享，批判了儒家、法家关于"国之利器（即所谓"名器"）不可以示人"的愚民政策和反语言、反文化立场。公孙龙对科学必然战胜愚昧、文明必然战胜野蛮的历史法则充满信心，认为能指暂时被权力霸占、异化为"名"，不足以得出"物无指"和"不可名"的错误结论，因为天下万物无一不能被指称，而天下万物也迟早会被正确指称和科学认识。至此论战全部结束，用全文开头的基本命题"物莫非指"作结。

公孙龙的伟大，不仅在于超越了同时代的所有思想家，而且在于借助语言的形式化思辨超越了历史的有限发展阶段，雄辩地显示了理性（即语言的本性）的预见性和真理性，在最后两节中，他惊人地洞见了从语言走向元语言的必然发展，显示了高度的语言自觉。这种自觉即使在自古以来逻辑学高度发达的西方，也要迟至两千年后的二十世纪初才刚刚萌芽。

原文八：

（能）指，非非（受）指也。

（能）指与（万）物，非（受）指也。

使天下无物指，谁径谓（能指）非（受）指？

天下无物，谁径谓（受）指？

天下有（能）指无物指，谁径谓（能指）非（受）指？径谓无物非（受）指？

译文八：

能指，并非绝对不能充当受指。

只不过能指与万物相联系、相比较时，并非受指。

假使天下的能指不指称万物（而用此能指来指称彼能指），谁又能断言能指不能做形式受指？

如果天下没有万物，谁又能断言能指不是受指？

如果天下只有能指却没有被指称的万物，谁又能断言能指不是受指？谁又能断言万物无一不是受指？

评述：仅仅在"指"与"物"相对之时，能指才不是受指。但这仅限于经验性的具体思维，一旦进入立足于经验又超越经验的抽象思维，其思维对应物就不再是物质世界中实有的具体受指——即"物指"（这是狭义的名与实之层次），而是以人类创造的抽象概念、观念、理念为形式受指，如"道"、"仁义"等等（这是广义的指与物之层次）。另外，无论是狭义的名与实之层次，还是广义的指与物之层次，运用"名"或"指"进行思维的结果一旦落实为文本形式，能指文本就会被批评、议论、分析、评价，因而能指文本中的所有能指，都成了高一级思维层次之元语言的形式受指。也就是说，不仅世上原有的具体之"物"可以成为"指"的对应物，而且世上本无的人造之"指"，也可以成为元语言的形式受指。

这段话的假设语气是明显的，因此坐实地认定公孙龙宣扬"天下无物"或指控他是柏拉图式的"指化物"主义者，实为武断。这一节最充分地表明了《白马论》、《坚白论》和《通变论》是公孙龙把语言（即能指）当作思维的形式受指（即思维对象）进行研究，并试图建立科学的元语言法则（即形式逻辑）的产物。如此清醒地认识到语言和元语言的区别，如此自觉地从事元语言研究，不仅在墨辩学派中，甚至在中国古代哲学史上，公孙龙也是绝无仅有的。

西方传统把以语言（概念、观念、理念）为思维对象的思维活动称为"反思"，中国没有这种传统，只有曾子"吾日三省吾身"式的"反省"——思维直接受指，即个体的人；或是庄子式的"坐忘"、"心斋"——忘却语言；或是禅宗式的"非想非非想"——忘却思维。唯一以词语为思维内容的思维活动是"训诂"，但训诂是与被思维的词语同一级思维层次的能指（近义词）置换，并非比被思维的语言高一级思维层次的元语言式哲学思维。

原文九：

且夫（能）指固自为非（能）指，

奚待于物而乃与为（能）指？

译文九：

况且能指仅是对自己而言不是能指，

何必等它指称事物时才认定它是能指？

评述：至此，《指物论》从"物莫非指，而指非指"的基本命题出发，对天下本有的"物"作为语言的"受指"坚定不移，贯彻始终，但对天下本无的"指"即语言作为物质世界的"能指"则有所限定和补充，即只有当"指"与"物"相对时，能指才不是受指，但当此"指"与彼"指"处于两个思维层次，即一个能指被另一能指所指称时，那么被指称的能指既可以是具体事物的能指，又可以是指称它的另一能指的形式受指。后者尤其是人类高级思维之必有，为抽象的哲学思维所不可或缺。

四

总观《指物论》全文，一旦把公孙龙未表达清晰的术语加以澄清，如"物"、"物指"即"受指"，"指"又有"能指"、"受指"、"谓指"三义，而"谓指"就是"指称"，并把公孙龙不该承前省略却轻率地承前省略的句子补充完整，如"以（天下之所）有"和"（以天下）之（所）无"，也就不难发现，这篇两千多年前的不朽文献之科学性、融贯性和深刻性，都是无与伦比的，尤其是其严密性、明晰性和形式化方法的彻底性更是无懈可击，几乎达到了无须任何注解就一目了然的自明性。

完成于轴心时代末期的《公孙龙子》，是古典中国独一无二的科学思维、哲学思维和逻辑思维的至高典范。可叹的是如此精深、足以引导中华文明走向科学昌明的思想瑰宝，却被不信任语言、不尊重语言的陋道腐儒任意肢解割裂，妄说胡释，从而沉埋不显两千余年。重新发现中国的亚里士多德——公孙龙，或许为中华文化的伟大复兴提供了一个千载难逢的契机。

1992年5月21日—26日

（本文刊于《书屋》2000年第9期，《人大复印资料》转载。收入张远山文集《文化的迷宫》。入选吴剑文编张远山文选《思想真的有用吗》，北京出版社2021年版。）

中西思维层次之差异及其影响

索绪尔（1857—1913）的《普通语言学教程》，经他的两个学生整理听课笔记，于二十世纪二十年代出版以后，"当代语言学中的许多研究方向所共有的关键词语，不是源出《普通语言学教程》的是很稀少的"[1]。其中最著名也最通行的，就是七组对比性术语，本文涉及的"能指"与"所指"，又是其中影响最大、流传最广的一组。

索绪尔"用所指和能指分别代表概念和音响形象"[2]。"能指"术语的提出确实是革命性的，但是"所指"术语的提出却功过参半。一方面，索绪尔开创性地指出，"所指"不仅仅是静态的辞典"意义"，还包括动态的使用"价值"。比如，同义词的不同使用范围，就显示它们"各有自己的价值"。瑞士人索绪尔的所指理论，显然受启发于语言哲学创始者德国人弗雷格（1848—1925）的名言："一个词语只有在语境中才有意义"[3]，然后又启发了奥地利人维特根斯坦（1889—1951）的名言："语言的意义就是它的使用"[4]，并成为结构主义语义学批评的远祖。但是另一方面，无论是"意义"还是"价值"，都仅仅涉及与"所指"等价的"概念"之一部分——内涵，却未涉及与语言对应的存在基础，即"概念"之另一部分——外延。

倘若索绪尔的"所指"，自始至终等价于内涵，我们除了批评他抽去了思维的物质基础外，仍然不得不承认其体系的完整性和片面深刻性，但是问题在于，混乱始于索绪尔本人，并且愈演愈烈。现在，无论是西方学界还是中国学界，凡是使用"所指"术语的学者，都是忽而指涉"意义"、"内涵"，忽而指涉"外延"、"对象"；个别较为清醒的学者，不得不用括弧特

---

[1] 胡明扬主编《西方语言学名著选读》第103页，中国人民大学出版社1988年版。

[2] 索绪尔《普通语言学教程》第102页，高名凯译，商务印书馆1980年版。

[3] 涂纪亮主编《语言哲学名著选辑·英美部分》第35页，生活·读书·新知三联书店1988年版。

[4] 维特根斯坦《逻辑哲学论》，贺绍甲译，商务印书馆1996年版。

地注明：所指（意义）、所指（对象）。于是"所指"不再是定义明晰的正当术语，然而全球学者仍然凑合着用，于是不断陷入混乱而不自知。最著名的例子，莫过于英国人罗素（1872—1970）研究"当今法国国王"以及"飞鸟"、"金山"的名文《论指谓》[1]。罗素认为，既然实行共和制的"当今法国"已经没有国王，正如世上不存在会飞的马和纯金的山一样，因此上述词语没有"所指"（此处指涉外延），也就没有"意义"（此处指涉内涵）。假如索绪尔听说，世界上居然存在"没有所指（此处指涉意义、内涵）的能指"，必定大惊失色。因为他曾正确地指出："能指与所指就像一张纸的两面，只能在理论上而不能在事实上截然分开。"如果"飞马"和"金山"毫无意义，不仅索绪尔的整个理论体系会立刻崩溃，而且迄今为止的全部神话、所有小说乃至一切艺术，都会因为没有"所指"（外延）而毫无"意义"（内涵）。这样一来，数千年的人类文化积累，也就所剩无几了。

罗素也被自己的"无意义"论吓坏了，所以《论指谓》炮制了一套"摹状词理论"，希望其"无意义论"具有逻辑"意义"乃至哲学力量，结果轰动一时。但是罗素似乎并未意识到，"摹状词理论"之所以引起轰动，是因为他替苦恼于"所指"混乱的学术界同行，提供了一种绕开"所指"术语的笨拙方法。"摹状词理论"其实似是而非，换汤不换药，因而无法阻止混乱，只不过使混乱不再显而易见，易于视而不见。西方语言哲学，遂因方法论的不完备，走进了死胡同。

一

从索绪尔到罗素的错误，其实其来有自。表面上看，索绪尔忽视外延，罗素重视外延，前者似乎是唯心主义，后者似乎是唯物主义，但是两者的共同之处即重视"能指"，却充分显示出西方哲学传统的根本立足点。这一

---

[1] 罗素《论指谓》，《西方语言学名著选读》第85页。

根本立足点，被法国人雅克·德里达（1930—2004）称为"逻各斯—语言中心主义"，但我更愿意称为"能指主义"。

众所周知，西方文明的源头有二：希腊哲学—数学传统和希伯来宗教—律法传统。希腊第一位大哲学家是发现勾股定理的大数学家毕达哥拉斯，他认为"数创造了整个宇宙"。数是一切人类符号中，最能指化的符号，其内涵和外延，也最为抽象化。希腊最后一个大哲学家是柏拉图（苏格拉底"依附"于其能指），他认为世间一切事物，均从"理念"（纯"能指"）中派生出来[1]。西方最后一位古典型大哲学家黑格尔，似乎觉得"理念"还不够抽象和唬人，于是改称为"绝对理念"，但在另一处又泄露了天机："所谓绝对，除了指抽象以外，别无他意。"[2]柏拉图的最后一位信徒海德格尔，则把他的世界图式概括得更为简洁："本质先于存在。"一方面用来反对萨特的"存在先于本质"，更重要的是用来反对唯物主义的存在本体论，以便推销他所谓的"基本本体论"[3]，也就是说，能指比事物更基本，所以他荒谬地认为："语言是存在的家。"

如果说哲学过于高高在上，还不足以说明问题，那么让我们像马丁·路德一样"回到《圣经》"，看看希伯来智慧描绘的世界图式究竟如何。《旧约》第一篇《创世记》开宗明义："上帝说，要有光，于是就有了光……"上帝说出一个词，就立刻出现这个词的对象或曰对应物（逻辑学谓之"外延"）。"上帝说"出一切词，"于是就有了"一切物。先有词，后有物，就这么简单！

必须指出，创世神话的思维方式，就是创造或接受该创世神话的民族的思维"基本原型"。更何况，经由基督教会的两千年强力传播，基督教世界的普通民众，远比其他文化区的普通民众更为熟悉本文化区的宗教"圣经"及其创世神话。

---

[1] 柏拉图《文艺对话集》，朱光潜译，人民文学出版社1963年版。《柏拉图全集》，王晓朝译，人民出版社2003年版。

[2] 黑格尔《小逻辑》第248页，贺麟译，商务印书馆1980年版。

[3] 海德格尔《存在与时间》，陈嘉映、王庆节译，生活·读书·新知三联书店1987年版。

不过且慢，两大源头尚未合流。我们甚至尚未提及希腊哲学的集大成者亚里士多德。许多人被亚氏的"吾爱吾师，吾更爱真理"迷惑，并因为亚氏无所不包的体系中多得可以堆成山的芝麻绿豆的相异点，而忽视了隐没其中的"小西瓜"，即亚氏从乃师柏拉图那里继承的理念观，也就是《形而上学》中被他改头换面过的所谓事物产生的第一原因——"形式因"。而经他完善的形式逻辑，更是彻头彻尾的能指主义大本营。直到二十世纪初，西方数学界与哲学界，还在为数学与逻辑谁比谁更"基本"争论不休。柏拉图犹如"床"之理念，亚里士多德犹如一个勤快的木匠，他按照柏拉图的"床"之理念，分门别类地制作了各式各样的"床"。

随着征服希腊和以色列，罗马开始扮演西方文化两大主角的证婚人及其宁馨儿的接生婆，于是雅典娜成了"新娘"，耶稣成了"新郎"，痛苦怀胎一千多年，至文艺复兴终于产下了现代西方文化。在"上帝说……于是就有了……"的神话思维范式中，最让希腊"新娘"不满的，莫过于在先于一切物的"词"之外，另有一个先于一切物的"上帝"，于是"四福音"中基督教因素最多而犹太教因素最少的《约翰福音》，开宗明义地让希腊哲学"新娘"对希伯来神学"新郎"进行了"整容"："宇宙被造以前，词已经存在。词与上帝同在，词就是上帝。"[1]

必须说明，"四福音"都是用希腊文而非希伯来文写成的，除了《约翰福音》，另外三部福音书都更注重耶稣的生平传记而较少哲理，所以被称为"对观福音书"。上引《约翰福音》的开头几句，可谓字字千金，当然后面还有一句不可掉以轻心："于是词成了肉身。"耶稣不仅是"上帝之子"，而且是"词之子"；正如雅典娜的处女之身，从宙斯的脑袋即思想中诞生。于是雅典"新娘"与希伯来"新郎"交拜天地，而且坐"床"（柏拉图师徒之"床"）喜，成就了门当户对的好姻缘，产生了"上帝/词"创造一切、主宰一切的基督教文明。

不过《约翰福音》因为迁就希腊哲学，而替基督教神学留下了一个犹

---

[1] "词"或音译为"逻各斯"，或意译为"道"。后译甚误，因为中文"道"绝非"词"。

太教原本没有的难题：犹太教的"上帝"先于"词"，无须用后起的语言证明；基督教的"上帝"等价于"词"，就必须用语言加以证明。而且证明上帝作为本体存在的同时，还必须证明"上帝（＝词）"创造了一切，这就是中世纪经院哲学的全部工作。无论托马斯·阿奎那们的努力是否成功，"词先于物"或"本质先于存在"的能指主义，实际上就是基督教信仰的基本内容。这种信仰无论是被称为"实在论"、"观念论"、"本质主义"，还是被称为"柏拉图主义"或"托马斯主义"，它总是西方基督教文明最为基本的世界图式和思维范式，甚至他们的对立面也无一不是能指主义者。比如法国人笛卡尔和德国人莱布尼茨都是大数学家，而荷兰人斯宾诺莎用几何方法来证明哲学命题，法国人帕斯卡尔则说"人是能思维的芦苇"。笛卡尔的名言"我思故我在"，同样是"思维先于存在"的翻版。而关于"思维"与"语言"的关系，大部分西方哲学家都重复过与恩格斯名言类似的话："一切思维都是语言的思维。"马克思则说："一种思维如果不能用数学来表达，就缺乏真理性。"

西方人根本不能理解中国人和东方人的非语言思维，所以在他们看来，一切中国思想都是"东方神秘主义"的产物。维特根斯坦在《逻辑哲学论》中说了一句中国妇孺皆知的普通常识："对于不可说的东西，我们必须保持沉默"，居然颠覆甚至终结了西方哲学。因为在他们眼里，语言像上帝一样全知全能，世上根本不存在不能被语言以及数学精确表述的东西，更不能设想这种东西还能被人用"非（形式化的）语言"进行思维。

这种对语言和能指的高度信任和崇拜，直接导致了西方人精神生活方面的告解（即忏悔）传统，社会制度方面的法律传统，以及知识艺术领域的辩论传统。告解不仅包括用语言进行忏悔，即用语言抵消一个恶念，甚至赎解一项未被发现的罪行，也包括手按《圣经》，以上帝的名义用语言进行起誓。可见语言的力量之大！而一旦新教取消了告解，西方人的精神支柱顿时面临崩溃，于是需求引导发明，精神分析医生及时顶替了忏悔神甫的角色空缺。告解传统的暂时中断和精神分析不尽人意的替代所造成的文化内伤，虽经两次世界大战的灾难性发泄，仍可断言其内在驱力至今尚未完全释放净尽。对于西方人来说，非理性就是非语言。

西方法律制度最为典型地反映了西方人对语言的高度崇拜。首先，从摩西十诫到查士丁尼的罗马法，直到现代法律，什么无罪，什么有罪，以及量刑尺度，都巨细无遗地用语言做了数学般精确的规定。一项骇人听闻的罪行，只要"法"无明载，就可以逍遥"法"外。起诉律师，必须做到真正的"师"出有"名"。更令中国人奇怪的是，即便被告坦承罪行，起诉人还是必须不厌其烦地做逻辑证明题，用无数证据严密论证指控的罪行。而最富戏剧性的是，一旦辩护律师反驳指控者的论证"有漏洞，不严密"，并用"更严密"的哪怕一目了然的歪理，论证被告并没有法律条文事先"预设"的那种罪行，即便法官内心坚信被告有罪，被告也会"无罪释放"。

语言崇拜在这里体现为两个方面，一是对法律条文本身之神圣性的无条件崇拜，二是对辩护人的语言中的"真理性"（或称"融贯性"即"无懈可击"）具有中国人无法理解的充分尊重。这种尊重的心理动因，可以表述为："如果我是对的，为什么我辩论不过他？"因此所谓"胜诉"，首先是语言上的胜利，而未必是事实上的清白，但西方思维认定两者是一非二。法官本人可以在内心对被告是否有罪进行道德评判，但法官代表的司法体系却必须坚信：谁的语言无懈可击，谁就与上帝同在。因为《圣经》告诉人们，"语言就是上帝！"最使中国人费解的，莫过于当辩护律师"败诉"也就是语言上败北之后，法庭必须以无限耐心，说服和期待被告用语言明确认可所有的指控细节。中国文化中的小人，可能会觉得西方被告不利用这种制度而轻易认罪属于犯傻，殊不知这种判断是出于看人挑担不吃力的潇洒，以及隔岸观火式的超然。没有终极信仰的中国人，撒个弥天大谎也不会产生宗教性焦虑，更不用说发假誓、赌假咒，因为中国人对语言的"力量"根本不在乎；正如西方人违背孝悌纲常也不会产生宗教性焦虑，因为这并非其文化核心。但任何一个西方人都无可避免地是一个程度不等的语言崇拜者，被告唯一渴望的，不是法庭无限期休庭，而是上诉时另请一位辩才无碍的律师，为他赢得上帝（即语言）的赦免。

法庭上起诉人和辩护人的舌战，在知识领域就表现为"辩证"传统，即通过双方的辩论，对某一命题进行证实或证伪。这一传统源于西方哲学之父苏格拉底，在雅典街头几十年如一日地逮着人就"辩"就"证"。"辩证"首先是一种方法论，与后世作为认识论的"辩证法"既相关又相异。辩证总是从一个语言命题或语言预设开始，也就是从词到词或从词到物的推论与演绎。这种方法被苏格拉底的徒孙亚里士多德归纳成形式逻辑，而形式逻辑是一切西方科学思维和学术思维的基本范式，两者共同的最高典范是欧几里得的《几何原本》和柏拉图的《对话录》——这些哲学戏剧中的主角，正是苏格拉底。能指思维是一种抽象思维，它的最大特点是形式化和严格遵循思维规则。纯能指思维是一种非自然的思维，是人类思维超越感性直觉的高级思维。总之，辩证思维和能指思维是西方人眼中真正"有思想"的思维，它能带来有价值的"观点"；如果非形式化、非能指化的思维也算思维的话，充其量只是偶尔提供一些"没有（哲学）意义"的感性"意见"和混乱"看法"罢了（参见柏拉图《理想国》）。前者是普遍的理性必然真理，后者是个别的感性偶然感触。这一能指主义传统对西方艺术的影响，基本上是消极的。一方面，柏拉图宣布把诗人逐出理想国，黑格尔则宣告艺术必然消亡，而罗素则认定虚构（即没有真实对应物）作品"没有（哲学）意义"；另一方面，西方人之所以认定戏剧是最伟大的文学样式，其实是戏剧中的对话（即辩证）因素，决定了基于思维范式的必然选择。更重要的是，没有一个西方哲学家反对音乐艺术，反而一致认为音乐是最高的艺术，根本原因还是因为音乐是艺术中最抽象的、唯一可以称为能指艺术的特殊艺术。事实上，西方复调音乐迥异于其他民族的单调音乐。西方复调音乐几乎是一篇篇经过严密论证和演绎的科学论文，主题乐句相当于命题，全曲的变奏相当于论证和演绎过程，对比主题则相当于辩论对手。无论是变奏曲、回旋曲，还是最典型的巴赫赋格曲，都是高度形式化乃至逻辑化的。

综上所述，西方世界对语言高度信任的能指主义语言观（即世界观）及其思维方式，几乎必然会导致西方文明的一切，但所得必有所失（这是一句永远有效的老生常谈，但常谈者未必真正弄清何得何失），即便得与失未必相互抵消。

二

在讨论中国传统思维的基本原型之前，必须先补充一个语言学术语，那就是西方思维和索绪尔所忽视的、语言的唯物主义基础——受指。真正与能指构成对应的，其实是"受指"（即对象），而非"所指"（即意义）。能指和受指，正是中国传统学术熟稔的"名"与"实"。"能指"只有与"受指"结合，才会产生"所指"。"所指"的两个来源，构成其两个相关成分，来源于能指的是"客观所指"即"义指"（固化为词典释义），来源于"受指"的是"主观受指"即"意指"（体现在每一次稍异于词典释义的具体使用）。在西方思维中，以上四项的先后关系是：

能指→（义指→意指）→受指

这一四项式，可用《周易》八经卦中的"离卦"（☲）表示：上阳爻代表"能指"，中阴爻代表由两部分组成的"所指"，下阳爻代表"受指"。由于中国人把最下的一爻，称为"初爻"，即第一爻，因此中国人的思维方向，与西方人正好相反，于是四项式的中国表述是：

受指→（意指→义指）→能指

令人吃惊的是，不仅中西思维之向度正好相反，而且西方思维和中国思维，都较忽视各自四项式的后两项。按照马克思"存在决定思维"的观点，语言形态（能指化的拼音文字和受指化的象形文字）作为思维和精神的物化存在，已经决定了文明的走向和取舍。让我们从同样的角度，看看中国文明走向"受指主义"的过程。

中国文明的源头也有二：代表长江流域荆楚文化的道家传统，以及代表黄河流域中原文化的儒家传统。道家的、同时也是中国的第一位大思想家（有别于西方意义的哲学家）老聃，在其著作《老子》中不遗余力地否定语言的终极表达功能，而实际上对他来说，即便语言能够理想地表达也是无谓的（注意"无谓"即"没有意义"在中国语境中的释义），因为被他视为至高存在的"道"，根本不是能指的"道"——语言的必然真理，而是受指的"道"——生活的自然道路。何况语言（即能指）确实不能完美地表达微妙的意念（即主观所指）和精确地"摹状"精微的现实（即受指）。

因此《老子》传世本第一章，开宗明"意"（而非"义"）的就是"东方神秘主义"总纲："道可道，非常道；名可名，非常名。"然后是世界先于语言即物先于词的"宇宙发生论"："无名，天地之始；有名，万物之母。"他认为世界失去理想状态，才需要语言以及由语言构成的人文制度来使之返朴归真："失道而后德，失德而后仁，失仁而后义，失义而后礼。"但是语言的力量极其有限："始制有名。名亦既有，夫亦将知止。"他告诫人们，对语言完全不能信任。举例来说，同一物可以有不同的名："同出而异名。"所以语言的意义不是本质的，而是相对的。他又举例明之："有无相生，难易相成，长短相形，高下相盈，音声相和，先后相随。"他的结论是："是以圣人居无为之事，行不言之教。"对待语言，最好是不用；即便不得已而使用语言，也要知其限度。于是他提出了"正言若反"原则，使此一能指与彼一能指，互相抵消："上德不德"，"无为无不为"，"大音希声"，"大辩若讷"。寥寥五千言，类似之言举不胜举。他因此否定语言是知识的来源："知者不言，言者不知。"他最后用反诘的形式，作出相当冲虚的判断："名与身孰亲？"答案当然是"身"（受指）高于"名"（能指）。他的不武断，完全立基于不信任语言的东方式怀疑主义。

由于老子消极地否定语言，道家后学除了像杨朱那样"不著一字"，只能像庄子那样"尽得风流"地把否定推向极端了。庄子认为天下无非是物，不必用"名"予以区别："天地与我并生，万物与我为一。""物无非此，物无非彼。"用"名"区别，只会造成"此亦一是非，彼亦一是非"。结论也是反诘式的："既已为一矣，且得有言乎？"（《庄子·齐物论》）于是庄子提出了著名的"寓意于言—得意忘言"原则[1]，即"寓"意（主观所指）于"言"（客

---

[1] "寓言"见《庄子·寓言》、《庄子·天下》，"得意忘言"见《庄子·外物》。

观能指），然而得"意"（主观所指）忘"言"（客观能指）。对语言的高度不信任，必然波及把语言神圣化的法律，所以《老子》说："法令滋彰，盗贼多有。"《庄子》说："圣人（用语言喋喋不休教诲他人的人）不死，大盗不止。"而正是这一点，也仅在这一点上，儒家与道家走上了表面相反的道路。

儒家对语言的不信任，比道家有过之而无不及，因为道家反对违背自然之道，反对按世俗道德对人类社会妄加治理，完全可以少用甚至不用语言，但是儒家的道德使命感和旺盛的治世热情，使他们不得不"知其不可而为之"（道家对儒家创始人孔子的终极判词）地经常使用语言。中国语言的不精确和中国人对语言的普遍不信任，导致"有为"的儒家对语言的戒惧，比"无为"的道家更深。《论语》中充斥着这种无奈："予欲无言"，"天何言哉"，"敏于事慎于言"，"讷于言敏于行"，"巧言乱德"，"恶利口之覆邦家"，"恶夫佞者"，等等。孔子最著名的语言原则就是"正名"，就是务使"名"（能指）符合"实"（受指）。一旦"实"（受指）不再符合原有的"名"（能指）就必须纠"正"：先用进谏方式要求"实"合于"名"；倘若进谏无效，就剥夺"实"之原"名"，另定新"名"揭示已与原"名"不相称的"实"之实质。因此孟子坚称"纣"与"桀"不再是"天子"，而是"独夫"。这就是除道家以外的先秦诸子几乎一致同意的最高原则"循名以责实"，以及补充原则"据实以定名"。在君主之"实"尚未表现出不肯合于"名"的冥顽不灵之前，全体臣民必须坚守"上下名分"，"君臣大义"，只能用微讽的方式威胁"实"：你再不改其"实"，我将更改其"名"！这就是儒家"名教"的实质：一方面要求居下位者必须坚守"上下名分"，"君臣大义"，对居上位者愚忠愚孝；另一方面以此要挟居上位者：居下位者既然对你愚忠愚孝，你总该有点居上位者的样子！孔子所著《春秋》，典范地实践了儒家"名教"的双重功能。

"名实之辨"是儒家的看家本领，它的思维立足点是"实"（受指），用"循名以责实"的方法达到道德教化之目的，教化对象从最上位的天子直到最下位的庶民。最下位的庶民，确实被儒家"名教"教化成了愚忠愚孝的奴隶；然而最上位的天子，根本没把儒家"名教"放在眼里，仅仅利用了儒家"名教"的单一功能：居下位者对居上位者必须愚忠愚孝。

孔子对语言的高度不信任，体现在他认为语言的最高目标就是"达（意）而已矣"。由于缺乏"定义"的逻辑利器，他决不会说"达义"。孔子的治国"八字纲领"极为幼稚可笑："君君，臣臣，父父，子子。"前一字指涉"实"即受指，后一字指涉"名"即能指。如果"君不君，臣不臣，父不父，子不子"（《论语·颜渊》），孔子就视为礼崩乐坏，天下大乱。

孔子之后的儒家名学大师荀子，在《荀子·正名》中强调了"名教"的两大功能："名闻而实喻"（主要针对居下位者），"制名以指实"（主要针对居上位者）。由于缺乏逻辑利器，儒家无法从能指本身找到语言的绝对客观真理性，只能从使用能指的受指即说话者身上寻找语言的相对主观真理性，所以儒家特别强调人的道德修养，即"诚"和"敬"，因为他们无法凭借逻辑来检验对方的能指是否违背受指，即是否撒谎，只能运用道德诉求，寄望于受指不把能指用于撒谎。所以儒家中国始终认定：评价一个人，要看他的"道德文章"，但内在的受指"道德"永远比外化的能指"文章"更重要。儒家对文学的最高要求是"文以载道"：外化的能指之"文"，必须体现内在的受指之"道"。

不过儒家之"道"又异于道家的非语言的自然之道，也兼指儒家圣贤阐定的经典语义，"仁"最终必须阐定为经"义"。因为既然语言的真理性没有任何客观的逻辑依据，那么只能以"至圣先师"的言论为准了，即使社会发展变化了，许多圣人根本不了解的新事物出现了，也必须到圣人语录中去寻找"微言大义"，进行完全不合逻辑的歪曲性理解和歪曲性发挥，这就是包括汉儒、宋儒在内的全体后儒所做的全部工作。与欧洲中世纪神学家用逻辑来论证上帝存在相比，两者的差别一目了然。所以欧洲中世纪哲学没有完全白费，欧洲最终走向了文艺复兴和宗教改革，但中国后儒汗牛充栋的阐释经义，完全是缘木求鱼的白费心机，根本无法挽救中国古典文明陷入治乱循环的两千年停滞状态，并最终走向衰退。

中国人没能创立逻辑体系，只能以"圣言"为判断真理的最后依据和唯一依据。印度人创立了因明逻辑，然而不够纯粹，"圣言量"也属于判断真理的诸多依据之一。只有希腊人创立了最为纯粹的形式逻辑，其中没有"圣言"或"圣言量"的存在余地。

对后儒来说，只要是圣贤的教导，说得再不高明也要尽量体会涵泳，这就是孟子所言"以意逆志"（《孟子·万章》），实际上是无中生有地去"意"会其"微言大义"："《春秋》之微也，在天地之间者毕矣。"（《荀子·劝学》）更重要的是，道德具有至高无上的否决性，所以荀子说："凡言不合先王，不顺礼义，谓之奸言，虽辩，君子不听。"（《荀子·非相》）又说："其持之有故，其言之成理，足以欺惑愚众。"（《荀子·非十二子》）这种对语言、逻辑的藐视以及道德的专制和蛮横，足以使西方能指主义者震惊得手足无措。儒家的治乱观就是正名观，"一物失称，乱之端也"。（《荀子·正论》）"政者，正也"[1]。所谓"政治"，就是正名。所谓"正名"，就是以受指（具体落实为最高统治者及其附属的利益集团）为本体，让能指无条件地为受指服务。正名主义的胜利，不在于真正的道德教化，而是运用国家机器的暴力，强制"失称"之"形"（受指），就范于"圣言"之"名"（能指）。"圣言"之"名"，兼指"圣人"之"言"和"圣上"之"法"。中国的法律由最高受指即君王的旨义而定，故称"王法"。"王法"可被君王朝令夕改地任意改动，迥异于西方式运用逻辑严密推演而出的恒定通用法。"王法"就是儒家名学大师荀子及其弟子韩非的"刑（形）名之学"，主要原则是"名正物定"（《韩非子·扬权》），"循名实而定是非"（《韩非子·奸劫弑臣》），"形名参同"（《韩非子·主道》），"周合刑名"（《韩非子·扬权》），等等。法家虽然出于儒家，但又认为儒家用圣人的道德教化、"成文化育"收效不大，法家比儒家更认定语言的力量极其有限，这一点受到了道家的极大影响，故大部分法家都有道家色彩。为了达到"圣治"，法家认为必须借助最高受指即君王的"力"："国之所以重，主之所以尊者，力也。"（《商君书·慎法》）从相信道德教化的儒家集大成者荀子，到不相信道德教化的法家集大成者韩非，是完全合乎逻辑的历史必然。荀子已经知道"人性恶"，只是还徒劳无功地想用儒学加以挽救，荀子的杰出弟子韩非比老师更坚信"人性恶"，而且认定道德教化无助于改变"人性恶"，

---

[1]《论语·颜渊》：季康子问政于孔子。孔子对曰："政者，正也。子帅以正，孰敢不正？"

除了以力制服，没有其他办法维持社会秩序。就这样，不信任语言、没能建立使语言值得信任的逻辑体系，最终导致了延续两千多年的专制中国。

正统儒家后学对语言的不信任，有两点值得注意：一是《礼记·大学》提出的"格物致知"的"受指主义"知识论，即以己度人，以人度物，以物度天；二是《孟子》提出的"以意逆志"的"受指主义"阐释学。这位儒家最大的雄辩家一再强调，"不以文（能指）害辞（客观义指），不以辞（客观义指）害志（主观意指）；以意逆志，是为得之"（《孟子·万章》）。可见早在两千多年前，孟子已经明白客观义指与主观意指的区别，所以先秦诸子几乎没人乱用"义"、"意"二字。直到今天，解释客观义指的工具书仍然保留古义，叫《辞典》、《辞海》。但是后儒"意义"连称，逐渐开始混淆，比如孟子表达得很精确的"不以辞害志"，被后儒改为"不以辞害义"。其实"辞"就是客观义指，"义"也是客观义指。后儒之妄改，使孟子的名言成了不可理解的废话。然而又并不完全是废话，因为"志"是圣人之志，圣人的主观之"意"，被后儒等同于天下之公"义"，用宋代大儒张载的名言来说，就是"为天地立心，为生民立命，为往圣继绝学，为万世开太平"，因此圣人的主观之"意"，遂成万世万民必须无条件盲从的客观之"义"。孟子又说："尽信《书》则不如无《书》。"（《孟子·尽心》）在其他民族眼里，类似于《尚书》的古书是至高无上的权威，决不可能抱这种怀疑态度，比如基督教民族不可能说"尽信《圣经》则不如无《圣经》"。这足以表明，早在孟子时代，就已知道圣人不可能论及过去未来的天下万事万物，所以不得不无中生有地歪曲性解释圣人之言，即使歪曲性解释完全不合圣人原意，也可以说是在"代圣人立言"，这是中国科举的永恒通则。另一方面，孟子的强词夺理再次暴露了他对语言的高度不信任，他为自己完全不合逻辑的"雄辩"感到羞愧："予岂好辩哉？予不得已也。"（《孟子·滕文公》）

事实上，西方人对语言的过度信任和儒、道两家对语言的过度不信任，都植根于各自不自觉的思维偏执。但令人吃惊的是，与儒、道一贯对立的墨家却具有一种高度自觉的科学语言观。《墨子》首篇《尚同》科学地描述了儒、道两家不信任语言的根源，这是儒、道两家均未自觉的，又是西方人缺乏了解的，语言表达的主观"意"指和语言理解的主观"意"会之间的根本矛盾："盖其语，天下之人异义（墨子之"义"当作"意"解，下同）。是以一人一义，十人十义，百人百义。"墨子认为，要克服语言交流的这一根本消极性，唯一的办法是"尚（即上，指居高位者）同而不下比"，"上之所是，必皆是之；所非，必皆非之"。道家上同于非语言的"道"，墨子根本不屑一驳；儒家上同于先王和圣人，法家上同于后王即当今天子，墨子认为方向对头，但还不够彻底，因为那样必将使有"力"者成为无条件的有"理"者，因此墨子说："上同于天子，而不上同于天，则灾犹未失也。"所以必须上同于客观的天之"意"："天之意者，义之法也。"

值得注意的是，墨子为了把天予以人格化，其"意"、"义"的用法，与其他各派先秦诸子的用法正好相反，难怪遭到了普遍信奉无神论或疑神论的其他各派先秦诸子一致反对。"天"的人格化，谓有"意"；"意"的客观化，谓之"志"；所以《墨子》有《天志》和《明鬼》。墨家是古代世界唯一以科学的清醒有意神道设教的特例，更是中国文化中的异数。更进一步，在不放弃受指本位的前提下，墨家后学几乎达到了与西方能指主义相似的思想高度，这就是《墨经》中的逻辑主义，后世谓之"别墨"或"名家"。但一方面是它本身尚未完全达到纯粹的能指主义，另一方面也是中国的受指主义主流文化，没有给墨家以及从别墨发展而出的名家以足够的文化空间，让它充分发展到西方逻辑的形式化程度。儒、道非语言主流文化对墨家和名家的竭力排斥，几乎是异口同声。中国的、同时也是世界上最早最伟大的语言哲学家公孙龙，被《庄子·天下》一言以"毙"之："能胜人之口，不能服人之心。"

由于不相信能指的客观真理性，儒、道两家最典型的思维方式，是从物到物或从词到物的非逻辑思维跳跃。比如《老子》："知常容，容乃公，公乃王，王乃天，天乃道，道乃久，殁身不殆。"再如《礼记·大学》："古之欲明明德于天下者，先治其国；欲治其国者，先齐其家；欲齐其家者，先修其身；欲修其身者，先正其心；欲正其心者，先诚其意；欲诚其意者，先致其知；致知在格物。"在这种典型的中国式思维中，从前一项到后一项的思维动力，来自顶针式的语言惯性，是毫无推理论证过程的"启示"式表达法。这样的思维杂要，在中国典籍中满谷满坑，触目皆是。对这种表达，你除了信从和不信从（不信从则有王法伺候，因此不信从者只能假装信从），根本不可能对之质疑，与之辩难，因为它根本不讲逻辑，完全超越逻辑，所以根本没有逻辑漏洞。

最典型的思维基本原型，当然还是创世神话："天地浑沌如鸡子，盘古生其中。天日高一丈，地日厚一丈。如此八千岁，天数极高，地数极深，盘古极长。"（《艺文类聚》卷一引《三五历纪》）

以盘古之生态，比附人之生态，这是中国人主观想象而非客观研究世间万物动态规律的思维原型。

"首生盘古，垂死化身，气成风云，声为雷霆，左眼为日，右眼为月，四肢五体，为四极五岳，血液为江河，筋脉为地理，肌肉为田土，发髭为星辰，精髓为珠玉，汗流为雨泽，身之诸虫，因风所感，化为黎氓。"（马骕《绎史》卷一引《五运历年纪》）

以世界之格局，比附人之格局，这是中国人主观想象而非客观研究世间万物静态结构的思维原型。

两者都严格遵循了"以己度人，以人度物，以物度天"的受指主义思维方式，而人正是最直接的受指。这种思维方式，常被错误地称为"人本主义"。其实"人本主义"是指以人为最高目的的世界观，而非以人为"万物尺度"的思维方式。真正的人本主义，在研究自然时必须以适合自然的科学世界观为思维方式，这种科学思维方式不仅不妨碍，而且真正有助于把人作为文明发展的最高目的。而儒家中国的伪人本主义，在把人与世间万物进行美其名曰"天人感应"的巫术式比附过程中，恰恰远离了科学精神，而且最终背离了把人视为最高目的的文明发展总方向。

必须指出，中国的创世神话在全世界独一无二。所有其他民族（包括远比古代中国落后的民族）的创世神话，都不同程度地强调了语言的重要性，只有中国的创世神话是哑巴的创世，丝毫没有语言的参与。因此想当然地以为这种受指主义是原始民族的思维共性而加以贬低，显然缺乏根据。恰恰相反，正是这种独特的思维方式，导致了中华古典文明长期领先世界。同样，任意拔高古人，认为道家思想和儒家思想充满"辩证法"也极为轻率，因为儒、道两家既不辩也不证，反而在竭力"止辩"，所以老子说"大辩不言"，孔子说"恶夫佞者"，孟子说"予岂好辩哉"，中国人从来不知道除了"有诗为证"，如何科学论证。中医的所谓"辩证"施治，更是望文生义的讹传，正确写法是"辨证"施治，"证"通"征"或"症"，"辨征"是分辨身体征象或病理症状，与西方意义的辩证法风马牛不相及。"辩"与"辨"在中国人的心目中地位截然不同，中国文人可以你说你的、我说我的大打笔仗，但是见面决不辩论。中国古代以《为××一辩》（西方的常见书名）做书名的书一本也没有。直到二十世纪，疑古大师顾颉刚为其充满辩难的名著所定书名，依然是《古史辨》。

仅有上述儒、道两家和创世神话中的受指主义，远远不足以建构起博大的中华古典文明，因为任何文明的成熟、开花、结果，都必须借助于一套完整的世界图式和一种有效的形式化工具，贯通和整合儒、道两家的形式化工具，是被尊为"群经之首"的《周易》。

由于中国人不信任语言，注定了中国人不可能在语言的形式化方面下功夫。中国人也没有求助于另一种更纯粹的能指——自然数，因为自然数是一个无限开放序列，而无限开放序列中的任何一部分都不可能建构起一个完整的封闭型世界图式，但是天才的中国古人用区区六十四卦就"征服"和"超越"了无限，创立了西方能指主义数学之外的唯一"数学"——受指主义的周易象数学。象数学除了受指本位，最大特点是一次性完成符号体系，但其阐释却永难完成。与此相反，西方能指主义数学的符号体系永远不可能完成，但它得出的任何局部定理，其阐释（即证明）却是一次性的，而且是唯一的。受指主义象数学的能指即卦象系统本身，从最初的一次性完成建构以后，就不再发展和变化，因此与西方的数学能指基本割断与受指的直接联系且最大限度地使所指精确化、抽象化相反，象数学的功能和价值就在于其能指卦象可以与几乎无限多的受指现象全面对位并进行几乎是随心所欲的所指发挥与任意阐释。详尽探讨周易象数学，并非本文的任务。我一方面想说明，《周易》是中华古典文明起飞的思维原型，另一方面想说明，非语言的卦象能指（它属于广义的符号范畴）更深刻地揭示了中国人对日常语言偏执般的疑惧和高度的不信任，所以《易传·系辞》说："书不尽言，言不尽意。""言不尽意"被不少学者解释为"没有把要表达的意思全部表达出来，如果多用一些语言就能表达完全"，很不准确，真意是"用再多的语言也不可能把要表达的意思完全表达出来"。因此《系辞》接着说："圣人立象以尽意。""意"可用"象"（受指的符号替代物）来"尽"，但不能以"言"（能指）来"尽"，因此对于一切要表达的"志"，"只可'意'（所指）会，不可'言'（能指）传"。这离唐中叶以后极端反能指的禅宗，仅有一步之遥。

更重要的是《易传·系辞》的"道器之辨"（中国历史上有众多"××之辨"，但没有"××之辩"）："形而上者谓之道，形而下者谓之器。"由于中文是象形文字，因此中国"形而上学"的思维层次必然是高于语言的非语言，正如中国之"道"是高于语言的非语言；因为语言本身已经象形，再"形"而"上"之，非撇开语言不可。所以中国人的一切精妙思想，全都得自非语言的"悟"，然后再用语言勉强表达出来。中国成语"不可思议"，不是指人"不可思"某"物"，而是指人不能用语言"思"某"物"，尤其不能用语言精确表达即"议"某"物"。中国人很准确地把这种高于语言的"形而上学"称为"玄学"，因此"道"是高于语言的非语言，"名"即语言是低于道的器。最著名的"道名之辨"，见于《老子》："道可道，非常道；名可名，非常名。"能指在中国受指主义眼中仅仅是"器"，所以"名器"是中国人耳熟能详的口头禅；但在西方能指主义者眼中，能指就是"道"，所以海德格尔说："语言就是存在的家。"

同样，由于西方文字不是象形文字，已经居于"形"之"上"，所以西方的一切精深思维即"形而上学"必然是语言的。对西方人来说，最高思维即哲学思维和数学思维，都是语言思维即能指思维，所以一切思维都是语言的思维；对中国人来说，最高思维即玄学思维和象数思维，都是高于语言的非语言思维、非能指思维。非语言的"道"即"天"，而语言思维离不开形名之"器"，更离不开语言的直接受指——人，所以"器"即"人"。"天人之辨"、"道器之辨"遂成古典中国未曾须臾离的永恒主题。因此中国人的思维目的不是像西方人那样寻求能指的客观真理性（简称"理性"，理性就是合逻辑的语言之本性），而是寻求受指的主观领悟——"天人合一"。"天人合一"是中国智慧至高无上的理想境界，它的思维原型除了前述"以己度人，以人度物，以物度天"之外，又被《易传·系辞》概括为："近取诸身，远取诸物。"总之，思维的终极依据是受指，而非能指；语言的终极表达也依赖于受指，而非能指。西方人说："吾爱吾师，吾更爱真理。"能指的地位高于受指。中国人尽管也有类似的表达："从道不从人。"然而中国之"道"并非能指的真理，而是受指的真理化身。所以孔子死后成为孔门第一代领袖的孔子弟子曾子的名言是："人能弘道，非道弘人。"（《论语·卫灵公》）中国人认为：只有受指的人，才能代表非能指的真理，能指的真理，对受指完全无用。实际上是因为中国人没办法找到能指的真理，因为中国人没有建立形式逻辑系统。

中西思维方式的差异，主要是思维层次的差异，两者的形而上学不在同一个思维层次，西方"形而上学"之"形"是受指，形之上是能指，即语言。中国"形而上学"之"形"是能指，即象形文字或卦象符号那样的受指替代物，形之上是非语言的道。因此把思维层次不同的两种"形而上学"混淆起来，进行简单比附或评判优劣，均属文不对题，因为缺乏可比性。事实上每个思维层次的思维，均有各自的独立价值，无法相互替代。中国受指主义思维在多元的人类思维中，因其独一无二性质，成为人类思维中不可或缺的重要一元；它的直接结果，就是对中华古典文明的独特性质和发展方向，产生了全面深刻的影响。

三

中国人对语言和能指的高度不信任与怀疑，直接导致了精神生活方面的内省传统、社会制度方面的心裁传统，以及知识艺术领域的寓言传统。

中国人有邪念或恶行，决不会用语言向外在权威进行告解，所以孔子说："获罪于天，无所祷也。"（《论语·八佾》）；而是用孟子所言"羞恶之心"或王阳明所言"良心"进行自我心裁，但这仅是消极方面，并非主要方面。中国人精神生活的最大特点也是最大优点是正面修养：修身养性，正心诚意（《礼记·大学》），养浩然之气（《孟子·公孙丑》），日三省吾身（《论语·学而》），独与天地精神往来（《庄子·天下》），如此等等，其中基本上没有宗教的神秘惊怖成分，因而健康明朗有益身心，具有基督教社会中古以前所缺乏的恬适怡然和雍容洒脱。当然正如荀子所言"君子以为文，百姓以为神"（《荀子·天论》），民间迷信仍然普遍存在，佛教的传入更加剧了这种倾向，但是中国人对宗教的态度基本上是游戏的、审美的，作为一种精神寄托，相当实用地"急来抱佛脚"，而较少真正的宗教虔诚，更没有宗教狂热。其不信任语言的民族根性，在道教符箓派的"鬼画符"（使能指"无能"化即非能指化，使理性无理化）和禅宗的"不立文字，直指心源"中又再次体现出来。寡言和沉默，在中国是有德的表征，因为"默犹知言也"（《荀子·非十二子》）。

对语言的极端不信任，必然导致对语言的神圣形式——法律的不信任。秦朝因残暴的严刑峻法二世而亡，进一步加剧了这种疑惧，因而汉后的历代统治者都选任法则的受指化身——士人或儒生，来代替法律能指，即所谓"以身（受指）作则（能指）"，所以孔子说："其身正，不令而行；其身不正，虽令不从。"（《论语·子路》）选贤任能因此成为维持社会秩序的主要手段。隋唐以后定型的科举制，使之进一步制度化，打破阶级樊篱，最大限度地简拔全民族的优秀人才，使中国的君主专制制度奇迹般地长寿；同时，任贤制度的劝善和教化，也使古代中国人的普遍道德水准高于同时代的其他民族。然而一切决策和断案听凭"有德者"的自由心裁，合理和公正就不能得到制度保障。一方面，"有德者"的道德偏执可能凭借这种制度把不近人情的、仅仅适用于少数"圣人"的至高道德标准强加于普通人，把理想化的并且常常是自虐式的"道德"，与现实的、应该是普通人都能接受的"法律"混为一谈，导致自居清官者往往成为事实上的酷吏；另一方面，满嘴仁义道德的伪君子一旦利用各种手段窃取了权力高位，这种制度就纵容了他以一己之利害和一时之喜怒进行任意作恶的自由。但这种心裁传统的真正弊端，主要体现在司法程序中与西方大异其趣的非能指主义特征上。在典型的中国传统式"官司"（由"官"以儒家道德来"司"即判断，法律的作用几近于无）中，断案者一旦对案情作出往往是想当然的主观妄断之后，无论原告还是被告都被立即取消了自由申辩的权利。对语言的高度不信任，导致断案者对他所倾向一方的喋喋不休，也会不耐烦地反问："你还不满意？你还想怎么样？"对他认定有罪一方的自我辩解，更会一拍惊堂木大喝道："不打如何肯招！"因此不仅错判的冤案对双方不公平，甚至基本不错的断案也对双方不公正，量刑施罚随心所欲，出入极大。惊堂木在中国颇具象征意味，无论是在公堂上，还是在书场里，其作用都是用非语言的方式不许别人说话。语言在公堂上的唯一作用就是口供，而口供无论是非曲直，往往是通过拷打直接受指——人体而获得。招认者在用或真实或虚假的细节十分配合地"小心求证"断案者的"大胆假设"之后，必须在状纸上留下一个非语言的受指替代符号——手印，于是判案过程圆满结束。发人深省的是，受指主义和能指主义的思维层次差异，在中国的受指替代符号"手印"和西方的能指功能符号"指纹"这一结合点上，也产生了截然不同的所指——意义。

中西思维本位的不同及其影响，在知识领域最富戏剧性也最为深刻。由于受指主义直接面对物质的自然界，中国人在各民族中最早也最全面地了解和征服了自然界，同时最早也最成功地发展了受指层面的知识——技术，但在知识的能指层面——科学理论上，自始至终近乎一片空白，中国的技术发明之全面与相关著述之稀少，其极端性反差堪称世界之最。技术的传授只能通过非形式化的口语，在父子、师徒之间代代相传。偶尔诉诸文字，也仅以记载受指层面的诀窍为限，不作任何能指层面的理论归纳和逻辑演绎。因此与西方后来由个别发明天才在成熟的能指哲学理论、能指科学体系指导下，用极短时间全面突破相关技术完全相反，中国的各种受指技术发明，哪怕是极其相近的受指技术，也往往由时空远隔的不同受指能工巧匠各自独立地偶然发明。如果把众多受指技术因秘传而失传的因素也估计在内，中国古人受指技术发明的总量极为惊人，但对于高度发达的受指主义文明它又是必然的。然而中国的能指科学理论却停留在唯一体系化的非语言世界图式《周易》上，两千多年没有丝毫进步。几乎可以断言，如果没有能指层面的思维革命，中国的受指技术发明在很长的历史阶段中，必将继续一仍旧贯地"发明→失传→再发明→再失传"，不成体系也不走极端地缓慢发展。同时，思维共性上高度的民族认同感和执着于直接受指的顽强生命力，足以使中华民族及其受指文明成果，虽经任何内部动荡和外部打击都难以彻底摧毁。对中国受指文明的褒贬人各有异，但是很难否认这确实是一个无可争议的奇迹。实际上，中国人与自然的和谐相处，已使自己成为自然运作不可分离的一部分。假如仿似孔子名言"天何言哉？四时行焉，百物生焉"（《论语·阳货》），似乎可以说：中国人何言哉？四方行焉，百代存焉。

中国人在知识领域贯彻庄子的"寓意于言—得意忘言"原则（传授技术后就把语言忘掉，对抽象理论不屑一顾），陷入了极端实用主义的目光短浅，然而"寓意于言—得意忘言"原则在艺术领域，尤其是在诗歌领域，却找到了独擅胜场的自由天地而大放异彩，创造出中华古典文明中最足以傲世骄人的一个恢弘绚烂的诗意宇宙。如前所述，西方能指主义文明无视语言客观存在的多义性和歧义性，常常是生捆硬绑地用定义原则强迫主观性意指就范于干巴巴的概念性义指，并在强大的思维惯性作用下波及艺术领域尤其是文学领域，使基督教世界在文艺复兴以前几乎是一片艺术荒地，文艺复兴以后的文学和诗歌中依然充满了能指化、概念化、科学化的说教和训诫，只有本身就是能指艺术的音乐得到了空前发展。与之相反，中国受指主义对能指的客观真理性的怀疑，正是植根于语言客观存在的多义性和歧义性。墨家假借客观权威"天志"—"同"天下之"义"（应为"意"）的努力又归于失败，被阴阳互补的儒、道主流文化合力围剿后很快消于无形；而道家反对主观权威圣人和君王—"正"天下之"名"、提倡复归结绳而治的前语言文化主张，也因其逆文明潮流而动必然地受挫以后，却因祸得福、始料未及地为中国文明找到了一条既非能指主义又不完全放弃语言的独特道路。庄子本为反对语言而提出的"寓意于言—得意忘言"原则，也阴差阳错地成为其后中国一切语言思维尤其是诗歌思维的主导性原则，而《庄子》一书也违背庄子反复教导的"得意忘言"，成为中国人最难忘怀的语言极品，中国人再也没把"汪洋恣肆"这一品词给予第二个人和第二本书，而且中国古代任何一本重要经典都有不止一本模仿性著作，唯独《庄子》一书没有一本仿作[1]，因为它被公认为不可企及。其实这毫不奇怪。

---

[1]　明人袁宏道《广庄》，篇幅简短，词拙旨浅，不宜视为仿作。

正因为庄子比任何人都更深刻地洞悉语言的多义性和歧义性，认定语言对追求非语言的最高之"道"毫无帮助，所以他能充分自觉地利用语言的多义性和歧义性写出不可超越的杰作。但后人却把他的"寓意于言—得意忘言"原则反其"意"而用之，忘记庄子的教导，以《庄子》为样品，索性还自然语言以本来面目，放任语言客观存在的多义性和歧义性，并在这一基础上用各种手段赋予语言尽可能多的主观寓意。而且与能指主义文化截然相反，中国人认为主观寓"意"高于客观语"义"。这就是著名的"诗言志"传统。"志"者，在心为"意"，在言为"志"，至今中国人"意志"并称。在"寓意于言—得意忘言"原则指导下，中国古典诗歌杰作的每个字都微妙鲜活，韵味无穷。有诗为证，无须辞费。对语言的非功利的、纯游戏的审美态度，使最轻视语言客观真理性的中国人，创造出了世界上最丰富多样的语言艺术品类，除先秦寓言、楚辞、汉赋、六朝乐府、唐诗、宋词、元曲、明清小说外，还有对联、谜语、回文、藏头诗、歇后语、绕口令……不胜枚举；它对提高中国人的想象力、理解力和幽默感，可谓功德无量。思维惯性所及，中国的书画、音乐、园林建筑，无不意韵悠远，玲珑隽永，巧夺天工。相形之下，中国的诗歌理论和艺术理论，却由于缺乏类似希腊逻辑的形式化能指工具，始终囿于极不相称的幼稚肤浅和支离破碎，以著名的"赋、比、兴"为例，就聚讼千年浑沌如故[1]。寓言传统的另一个消极后果，就是导致历代统治者对文学作品中查无实据、或真或假的讽刺、影射，具有妄想狂式的神经过敏，从轻视语言的极端，走到了仇视性重视语言的另一极端，制造了无论是否影射都毫无必要的诸多文字狱。

四

综上所述，我认为不妨把相信"真理越辩越明"的基督教能指主义文明，称为"文化的文明"，而把相信"事实胜于雄辩"的中国受指主义文明，称为"诗化的文明"。孟子曾经询问："人之异于禽兽者几希?"(《孟子·离

[1]　参阅作品集第四卷《汉语的奇迹》之《从赋比兴到整体象征》。

娄》）我认为答案就是"思维"，而思维的最主要最基本载体，就是语言。思维方式的全面渗透，奠基并规定了文明发展方向，语言及其产物则全面建构和实现了由思维方式所决定的文明大厦。中西两大文明的全面差异，恰恰是由于各自思维层次、文明本位和语言观、世界观的基本不同。可以断言，在不改变各自一元化思维层次和偏执性思维方式的情况下，试图全面克服和超越各自文明的根本局限，切实吸收和移植其他文明的内在精华，不过是违反思维规律和文明本性的空洞口号，必将归于失败。如果企图以彻底抛弃自身文明固有的思维方式并不加批判地全盘接受另一种文明的思维方式来达到文明转型的目的，那么一方面，彻底抛弃自身文明，必然是从否定其精华开始（否则否定就软弱无力），至丧失其精华告终，而原有文明的固有局限，不仅不会轻易克服，反而将因为失去制动闸而恶性泛滥；另一方面，全盘接受另一种思维方式及其文明，又总是从崇拜其糟粕开始（否则转型就无法启动），至迷恋其糟粕告终，而异质文明的固有美质，不仅不会得到发扬光大，反而因为改变了语言载体而恶变为畸形。画虎不成反类犬的结果，必然是丧家之犬成为出柙猛虎的一顿野餐。其所以失败，根源在于依然是用一元化思维层次和偏执性思维方式，代替原有的一元化思维层次和偏执性思维方式，结果仍然是一元化思维层次和偏执性思维方式，思维方式的元思维（即世界图式）的单一性主导结构并未改变。因此中西文明包括以其他一元化思维层次为本位的现有文明，比如以所指即生命的终极意义为思维本位的印度文明，若欲超越自身局限，首先必须打破原有的创世神话，建立新的整合多元思维方式的世界图式，也就是建立一个能够包容经过批判性改造的中西乃至其他可能的思维方式的新型形式化系统，其中每一层次的不同思维方式都各有独擅胜场的领域，而又互不对立，互不排斥，具有井然有序的有机联系。只有这样，创造全球性未来新文明才有可能。

1992年4月16日—24日

（本文刊于《书屋》2003年第3期，经读者投票获2003年度第七届《书屋》奖，《人大复印资料》转载。收入张远山文集《文化的迷宫》。入选吴剑文编张远山文选《思想真的有用吗》，北京出版社2021年版。）

理性的癌变：悖论

日本白隐禅师的公案"只手之声"，当然是无法证明的。西方形而上学家甚至断言，两只手的存在也是无法证明的。

英国哲学家摩尔站起来说："我现在可以证明两只手的存在。怎样证明呢？举起我的两只手，用右手做一个手势说：'这是一只手！'接着再用左手做一个手势说：'这是我的另一只手！'这样我就根据事实本身，证明了外间事物的存在。"

摩尔赢得的掌声，会令中国人惊奇。因为在中国人看来，摩尔说的全是废话。更令中国人诧异的是，西方形而上学家认为摩尔的证明无效。因为摩尔的方法与禅宗一样，是"非理性"的，也就是"神秘主义"的。所谓"理性的"，就是"可证明的"。而证明必须是语言的、逻辑的、形式化的，无法证明的即便是事实，也不是真理。

一

大约十年前，当我的朋友王先生告诉我"一个纸环只有一条边和一个面"时，我曾试图用摩尔的方法证明他的错误。我从纸上裁下一个矩形纸条，把矩形的两条短边粘上，然后指着纸环说："这个纸环有内外两个面，而且有两条边——也就是矩形纸条原来的两条长边。"我随手把一只蚂蚁放入纸环的内面，指出：蚂蚁只要不翻过任何一条边，就不可能爬到纸环的外面；反之亦然。我又把蚂蚁放在纸环的边脊，指出：除非蚂蚁横越纸环的某一面，否则就不可能到达另一条边。——就这样，我就用"事实"证明了：一个纸环有两条边和两个面。

王先生宽厚地笑笑，伸手扯断纸环，把矩形纸条的一头扭转180°，再与另一头粘上，然后不动声色地也把蚂蚁放入纸环的内面。我吃惊地发现：蚂蚁无须翻过纸环的任何一条边，就从内面爬到了外面，又从外面爬回了内面。也就是说：纸环真的只有一个面！王先生又把蚂蚁放在纸环的边脊，蚂蚁同样无须越过纸环的任何一个面，就能不间断地爬完整个"两条边"回到出发点。也就是说：纸环真的只有一条边！——就这样，王先生一个字也没说，就轻而易举地摧毁了我的"常识"。我骇然道："真是一个不可思议的怪圈。"王先生微笑道："这叫莫比乌斯怪圈。"

王先生的微笑似乎是在暗示，他用的方法也是"事实证明法"。看来"事实胜于雄辩"的信条在此就像那头"黔之驴"，对"纸"老虎也无可奈何。用我的"事实"显然难以战胜他的"事实"，而曾几何时，"怪圈"像呼啦圈一样流行起来，淆乱了真理的天空。因此必须回到语言，诉诸形式，才能重新高扬理性。

二

"怪圈"的哲学名称叫作"悖论"。"悖"的意思是违反和错误，在现代汉语中并不常用，仅在形容老人糊涂时还用"悖晦"一词。正因其不常用，再加上悖论在形式上的迷惑性，因此许多人不是把"悖论"正确地理解为"错误的、似是而非的假命题"，反而误以为"悖论"是"深刻的、似非而是的真命题"，甚至把悖论与辩证法等同起来，刻意追求和炮制形形色色的悖论，使辩证法走向形而上学化，因此他们不恰当地称悖论为"佯谬"——看上去是"错"的，其实倒是"对"的。

反观西方，在哥德尔提出"不完全性定理"以前，哲学家们尚能根据"不矛盾律"（常被简述为易于误解的"矛盾律"）和"融贯性原则"本能地抵制悖论。哥德尔定理认为："任何封闭的形式体系至少有一个命题在体系内部不可证明，因此任何封闭的形式体系都是不完全的。"哥德尔使哲学家们认识到，想在体系内部变不完全为完全，使每个命题都得到证明，必然导致悖论。于是一些神经衰弱者悲喜交加地认定悖论是真理的极端形式：喜的是悖论似乎意味着某个领域的知识已经达到顶峰，悲的是达到顶峰的知识将不再发展。知识大厦的建筑师们，似乎只能另外择地造楼了。

但是这样就把哥德尔定理的积极意义彻底抹杀了，哥德尔的伟大在于从形式上证明了封闭体系的根本局限，证明了恩格斯关于德国古典哲学终结以后的一切哲学将不应该再走向封闭体系的天才直觉，证明了形式系统之开放的充分必要性。哥德尔实际上揭示了悖论产生的一个源头——有限。不知哥德尔有没有料到，如果把有限封闭体系变成无限开放系统，同样会导致悖论。因为"无限"正是产生悖论的另一个源头；并且，"有限"与"无限"的并存互扭，依然逃不出悖论的魔掌。上述三个原因，恰好就是所有悖论的三种基本型号。

悖论的第一种基本型号是有限封闭型，也是标准型。由于它具有语言形式上的自我满足，基本上与事实无关，因此我援引墨辩传统称之为"諄"论。它的最早形式可能是古希腊的"说谎者諄论"：

一个克里特人说："所有的克里特人都是说谎者。"

推论一：如果他的话是真的，那么他也是克里特人，他也在说谎，因此他的话是假的。推论二：既然他的话是假的，那么所有的克里特人都不是说谎者，而他也是克里特人，他也没有说谎，因此他的话是真的——这就回到了开头，而且循环推论永无结果。

必须指出，两个推论都不严密。前者把"说谎者"的内涵"经常说假话"偷换成"每句话都假"（这是不可能的）；后者由"克里特人都是说谎者"的假，只能合理地推出"克里特人不都是说谎者"，而不可能推出"克里特人都不是说谎者且每句话都不说谎"。

但不要误以为悖论都是玩逻辑把戏造成，请看毫无逻辑破绽的"剃头匠諄论"：

一个剃头匠说："我给不自己剃头的所有人剃头。"

推论一：如果他给自己剃头，他就在给为自己剃头的人剃头，因此他不应该给自己剃头。推论二：既然他不给自己剃头，他就没有给不自己剃头的所有人剃头，因此他只能给自己剃头——这样也回到了开头，而且循环推论永无结果。

墨辩学派也发现了该型号的誖论，比如——

> 以言为尽誖。誖。(《墨子·经下》)
> 非诽者。誖。(《墨子·经下》)
> 以学为无益也，教。誖。(《墨子·经说下》)

译为现代汉语就是——

（1）有人说："所有的语言都是错误的。"
（2）有人批评一个喜欢批评别人的人："批评别人是不应该的。"
（3）有个老师要学生记住他的教导："学习是没有意义的。"

不妨称为"言尽誖者誖论"，"非诽者誖论"，"非学者誖论"，它们同样可以按照上述那种推论方式得出："如果后件真则因为前件被后件指称而否定，因此后件假；既然后件假，则因为后件被前件指称而肯定，因此后件真。"于是同样进入罗素所说的"恶性循环"。

哥德尔定理所说的"至少有一个命题在体系内部不可证明"，也是为了避免"恶性循环"，因为每个体系"至少有一个"命题是用来证明体系内其他命题的母命题，即所谓"不证自明"的公理或大前提；如果母命题需要用被它证明的子命题来证明，就是"循环论证"。可见这一型号的悖论，实际上是一个微型的封闭体系。在演绎推理中，论证就是蕴涵，蕴涵就是指称。因此封闭有限型悖论的基本特征，就是前件后件互相蕴涵、互相指称，也就是双重的对扭性的自我指称，而自我指称必然导致悖论。

从思维学和语言学的角度来看，思维者及思维的语言，必须与思维者思维的对象及语言指称的对象互相分离。分离原则是思维与语言的根本法则，但是语言本身也可以成为思维的对象，这正是自指性悖论产生的根源。

消除自指性悖论的根本出路在于认识到，一旦把语言当成思维对象，思维已经进入了元思维，元思维运用的语言已经是元语言。元思维实际上就是哲学史上神秘兮兮的"反思"。反思之所以神秘，就因为传统哲学没有分清思维和语言及其对象之间的层次。一旦认识到思维着的语言不能同时成为被思维的对象，那么自指性悖论就会消失。元思维和元语言实际上就是封闭体系走向开放以后的思维和语言，但消解了有限封闭型悖论的形式系统，一旦把开放推向无限，那么第二种型号的悖论正等在那里。

悖论的第二种型号是无限开放型，由于它在有限范围内相对正确地反映了一部分事实，只是在无限推论中使一个相对有效的命题走向了反面，因此不妨称这种悖论为"反论"。它的最早形式有古希腊哲学家芝诺的四个反论，如"阿喀琉斯追不上乌龟"；在《庄子·天下》记载的辩者二十一事中，也有与芝诺反论非常相似的反论，如"镞矢之疾，而有不行不止之时"、"一尺之棰，日取其半，万世不竭"等，都是有关数量的无限微分的反论。但无限型反论长期以来没有受到哲学界的足够重视，甚至很少有人意识到反论也是悖论的一种，而且当二十世纪初集合论悖论批量出现时，人们的注意力也主要集中在其中的标准型号即有限型悖论上，如著名的"罗素悖论"；却较少关注其中的无限开放型反论，如"康托尔反论"：

全部偶数的集合与全部自然数的集合相等。

它的错误是如此明显，因为谁都知道，偶数只是自然数的一半。但康托尔用摩尔式的事实证明法列表如下：

自然数：1，2，3，4，5，6，7，8，9，……
偶　数：2，4，6，8，10，12，14，16，18，……

自然数每有一项，偶数必然也有相应的一项与之对应；因此两者的总和相等。连罗素也没有注意到这是一个悖论，反而赞扬康托尔"逻辑严密"。

我试着用归谬法来证明它的错误：设全部自然数的集合为 ∞（无穷大），则偶数的集合为自然数的一半，即 $\frac{1}{2}\infty$，因此康托尔反论断定：$\frac{1}{2}\infty = \infty$，这比断言"女人的总数等于人类的总数"还要荒谬。

数学家们或许会不顾常识地争辩说，二分之一的无穷大仍然是无穷大，因此康托尔反论是正确的，你的否证无效。他们不知道，人只能思维有限，不能思维无限。思维主体与思维对象的分离，已无条件地规定了思维对象只能是有限，人只能从有限来认识无限。当我们偶尔有效地思维"无限"时，这个所谓"无限"实际上只是"有限的无限"，而非"无限的无限"（恩格斯称为"恶无限"）。况且"有限的无限"也只是并未实现的可能性，即潜无限；并非已经全部实现的恶性无限，即实无限。当我们说"人就是无限"时，我们的意思只是表明，人是宇宙中能主动追求无限多样性和无限可能性的最高物质形式，但无限多样性和无限可能性决不可能全部实现，否则就会陷入极端唯心主义，也陷入悖论的陷阱。

另外，无限型悖论与所有的悖论一样，也具有自指性，即无限对有限的整体指称和有限对无限的局部指称，因此无限型悖论尽管避免了恶性循环，却陷入了恶性的无限穷举和无限追溯。

另一个无限型悖论是二十世纪影响最大的天文学理论"宇宙大爆炸反论"——或许该理论是第一次被这么称呼，因为这仅是我的个人观点。我至今不曾听说有人意识到这是一个悖论，这就使它的误导性更大，由它推导出的"宇宙热寂说"拥有更多的狂热信徒，但它的悖谬又是如此一目了然：

宇宙全部空间正在向外急剧膨胀。

试问：全部空间向何处膨胀？向"全部空间以外的空间"吗？先秦名家大师惠施说过："至大无外。"很显然，这个理论如果具有真理性，只能表述为"宇宙局部大爆炸"或"局部宇宙小爆炸"。

悖论的第三种型号是有限无限混合型，混合产生双重标准，双重标准导致诡辩，因此不妨把这种悖论称为"诡论"（庄子称为"吊诡"）。它的最早形式是古希腊智者普罗塔戈拉的"学费诡论"：

> 普罗塔戈拉收了一个向他学习辩讼的学生尤拉苏斯，事先订下契约："尤拉苏斯先交一半学费，其余的一半等尤拉苏斯打赢第一场官司以后再付。"但尤拉苏斯满师后迟迟不替人办理讼事，失去耐心的普罗塔戈拉于是向法庭起诉，并且得意地对尤拉苏斯说："如果我胜诉，根据判决你必须付钱；如果我败诉，你就赢了这场官司，根据契约你也必须付钱。"没想到名师出高徒，尤拉苏斯反戈一击道："如果你败诉，根据判决我不必付钱；如果你胜诉，我就仍然没有赢过任何一场官司，根据契约我还是不必付钱。"由于这个诡论超出了法官的判断能力，因此法官拒绝受理此案。

实际上法官应该理直气壮地判决普罗塔戈拉败诉，因为尤拉苏斯还没赢过任何一场官司。普罗塔戈拉本该料到法庭会这么判决，他的如意算盘应该是在首次败诉以后再第二次起诉，那时法官就不得不判决普罗塔戈拉胜诉，因为尤拉苏斯已经赢了前一场官司。

问题出在普罗塔戈拉迫不及待地在"这场官司"中说："如果我败诉，你就赢了这场官司，根据契约你也必须付钱。"这样他一方面违反了最根本的逻辑同一律，陷入法律和契约的双重标准，根据不同需要把有利于自己的有限事实做无限推论，而对方"以子之矛攻子之盾"，使它变成双重的双重标准。诡辩双方的"合作"，使形式上不自足的推论进入了恶性循环。另一方面他在"这场官司"中思维和指称"这场官司"，犯了自指性错误，炮制了一个有限无限混合型悖论，难怪法官怕陷入魔鬼的恶作剧而挂起免战牌。

《韩非子·难一》所载著名的"矛盾"寓言，"物无不陷之矛"，"物莫能陷之盾"，把"有限的矛利盾坚"这一事实做无限推论，符合有限无限混合型悖论的部分特征，但是不能循环，不是标准型诡论，因此也缺乏悖论的形式迷惑性。但是《吕览》记载了两个标准型诡论，一是《淫辞》中寄名公孙龙的"秦赵相约诡论"，因其较长，本文不引（参见拙著《寓言的密码》

下卷"秦赵相约"章）；一是《离谓》中邓析的"赎尸诡论"：

> 郑之富户有溺者，人得其死者。富人请赎之，其人求金甚多；以告邓析。邓析曰："安之，人必莫之卖矣。"得死者患之，以告邓析。邓析又答之曰："安之，此必无所更买矣。"

由于这一诡论涉及的有限事实"尸体"很快就会烂掉，因此作出两个"安之"的无限推论就更突出了诡论的荒谬性。这一诡论与普罗塔戈拉诡论的区别在于，它只是一重的双重标准，但是邓析一身兼任了诡辩双方，可算是自觉的诡论大师。

综上所述，三种型号的悖论尽管各有特点，共性却是"自我指称"，因此有嗜痂之癖的人把悖论谬赞为"站在自己头上的真理"，我却认为悖论是想抓着自己的头发把自己提离地面的愚行，是人类理性的癌变。根除悖论，必将为人类打开真理之路；正如根治癌症，必将为人类健康和人类幸福创造（有限的）无限前景一样。

三

不久前我又遇见我的朋友王先生，我对他说：我上次做的那个纸环，有四条边和四个面，因为纸有厚度。同样因为纸有厚度，是三维的，所以你做的那个"莫比乌斯怪圈"有两个曲面和两条边。但"两条边两个平面"的圆环却是二维的，即用剪刀在纸上剪两个半径不等的同心圆所得的圆环，并且必须想象纸没有厚度——二维世界本来就只存在于人类的想象之中，而事实的世界是三维的。因此，莫比乌斯怪圈是由二维和三维的双重标准构成的混合型诡论。

我又继续说道：你再想象一个实心的三维圆环，比如说呼啦圈。如果说呼啦圈的横截面是任意多边形，那么这个呼啦圈就有任意多条边和任意多个面；如果把这个具有任意多的边和面的呼啦圈截断，做莫比乌斯式

180°乃至任意度的扭转后再接上，边和面或许会有所减少，但这个莫比乌斯呼啦圈也不是什么怪呼啦圈，在拓扑变形中，它可以毫无困难地拓变成街上到处有售的普通呼啦圈。如果这个横截面为圆的实心呼啦圈是用纸浆压制而成的，那么这个纸圈或纸环就一条边也没有而只有一个曲面；最后，如果这个实心的纸质呼啦圈的横截面是水滴形的，像一条太极鱼或者像一个顿号，那么这个纸环或纸圈就真的"只有一条边和一个面"了，但它既不是怪圈，也不是悖论，只是一个儿童玩具。

王先生听完后一言不发，或许他心里想的是维特根斯坦的名言："对于不可说的东西，我们必须保持沉默。"

1992年6月26日—7月1日

（本文刊于《书屋》1999年第5期。收入张远山文集《永远的风花雪月，永远的附庸风雅》。入选吴剑文编张远山文选《思想真的有用吗》，北京出版社2021年版。）

考试悖论试解

逻辑课老师在周末放学时对学生说：

条件一，下周要对你们考试；

条件二，到底哪天考试，你们事先不可能知道。

一个聪明的学生运用已经学到的逻辑知识做出了以下推理：

推论一，周六不可能考试，考试时间一定是周一至周五的某一天。因为如果周一至周五都不考，那么周五放学时我们就事先知道了明天考试，这不符合条件二。但根据条件一，下周肯定考试，因此考试时间只能是周一至周五的某一天，周六可以排除。

推论二，周五也不可能考试，考试时间一定是周一至周四的某一天。因为如果周一至周四都不考，那么周四放学时我们就事先知道了明天考试，这不符合条件二。但根据条件一，下周肯定考试，因此考试时间只能是周一至周四的某一天，周五可以排除。

推论三，周四也不可能考试，推理过程同上。

推论四，周三也不可能考试，推理过程同上。

推论五，周二也不可能考试，推理过程同上。

推论六，周一也不可能考试，推理过程同上。

结论，如果要完全符合老师说的两个条件，那么下周就不可能考试。

但是老师确实在下周的某一天考试了，这个聪明同学感到非常突然。那么，他的推理错在哪里呢？

以上材料采自2002年4月26日"世纪中国"网站上的帖子《一个曾悬有重赏的悖论谁能解决》，在不违背原意的前提下我进行了重新表述。请允许我在本文开头对提供材料的网友abada表示感谢。

我挂念着这件悬案（为叙述方便，以下称为"考试悖论"），却一直没有尝试自己破解，因为贴主在"至今无人破解"前加了"据说"二字，我担心万一早已有人破解，自己冒冒失失试解，岂非既浪费时间又贻笑大方？但是由于一直没有下文，我被好奇心憋得难受，终于决定试一试。我要声明，我的试解纯粹是出于对知识的好奇而不是为了领奖，如果我解得对，我更关心的不是何时何地由何人悬赏征解，而是何时何地由何人提出了这个"考试悖论"。如果我解得不对，也希望对最终破解者有所启发。

我认为推论一完全正确：周六不可能考试；然而推论二直到结论全错。具体说来，错误又分两部分。首先，推论二至推论六虽然推理过程与推论一完全一样，却是错的，而且是错误的核心部分；其次，由于推论二至推论六的错误，导致了结论的错误。

令人迷惑也值得分析的是核心部分即推论二至推论六的错误。核心部分的错误是产生悖论的根源，结论的错误仅仅是核心部分的关键性错误的副产品。那么这一推理的核心部分即推论二至推论六违背的是什么客观事实？答曰：违背了时间这一客观存在的根本性质。

一　先探讨一下时间的本性

时间是一个如圣奥古斯丁所说的"你不问我倒明白，你一问我反倒不明白了"的最奥妙的客观存在。对时间的思考因此常常不能直接进行，而必须借助于隐喻。水流显然是时间的最佳喻体，所以赫拉克利特和孔子不约而同地借水喻时："一个人不能两次涉入同一条河流。""子在川上曰：逝者如斯夫。"然而水流虽然与时间之流有相似性，却不具有时间之流的绝对向度，在一定条件下水流可能静止为死水，也可能逆向流动。水流的常态确实具有与石头等固态物体不同的性质，即相对的定向流动性，但孟子把水流的相对流动性错误地加以绝对化，就得出了"水无有不下，人无有不善"的荒谬结论。

博尔赫斯在《我和博尔赫斯》一文中说："除萦怀的时间问题外，我对任何哲学问题都没有得出结论。"为此博尔赫斯假装雄心勃勃地写了唯一一篇哲学论文《对时间的新驳斥》，但实际上这依然是一篇典型博尔赫斯式自我驳斥的游戏性哲学论文，称之为伪哲学论文或许更恰当，因为博尔赫斯除了引用许多哲人关于时间的思考以展览其博学外，最后什么结论也没有得出。不过他引用的材料值得有兴趣的读者参考，可惜本文无暇加以讨论。

我为"时间"下的定义是：无限的不可分割的不可逆绵延。

这一定义包含三个方面：无限性，不可分割性，不可逆性。时间的这三项性质，都是根本性质，都是硬约束。但硬约束固然是绝对的，却并非绝对僵硬，某些硬约束也具有一定的柔软性。无限性和不可分割性这两项硬约束就具有这种柔软性。当然，并不是说时间可以是有限的或是可以分割的，而是指可以在理论上设定其为有限的片断并进行假设性的分割。

就生命个体而言，时间确实是有限的，所以我们称死亡为"大限"，正如虽然空间的根本性质也是无限的，然而对地球生命圈来说，其生存空间却是有限的。另外，相对于空间的可直接分割而言，时间不能被直接分割，但我们可以假设性地对时间进行分割。

为了思考、研究乃至生活的方便，人类把时间假设为有限的且可分割的。生命时段的有限性对于生命体是客观真实的，但时间本身却是无限的。时间本身的无限不会因为个体生命的有限性而有所改变。有人认为时间只对生命界存在，对于非生命界则不存在。这种说法其实似是而非。时间与空间一样是世界的客观存在，某个局部空间不会因为占据该空间的是生命体或非生命体，变得忽而存在忽而不存在；某个局部时段也不会因为该时段有某生命体存在而存在，更不会因为某生命体的死亡而不存在。该生命体存在之前之后的时间同样如此，时间像空间一样无限而且永在，不以任何生物和非生物的存在与否为转移，只不过生命体能够感知时空甚至计量时空，非生命体不能。

空间可以直接分割，不仅可以被生命体有意识地分割，也可以被非生命体无意识地分割：人可以用刀劈开一棵树，雷电也可以劈开一棵树。时间却只能假设性地分割，而且只能被作为最高级生物的人类假设性地分割，而不能被无生物和人类以外的其他生物假设性地分割。低级生物（比如植物）的生命也是有限的，但低级生物却没有生命意识。高级生物（比如动物）有了生命意识，并且通过进化能够无意识地适应自然的节律（人类称为"生物钟"），但却不能有意识地分割时间、计划生命。只有作为最高级生物的人类成了时间的主人，不仅知道生命是有限的（认为生命是无限的、死后延续的甚至轮回的，是不敢直面生命大限的软弱和自欺），必须适应自然的节律，而且能够有意识地分割时间、计划个体生命乃至族群生命和全人类生命。

假设性地对时间作出分割是人类脱离动物界的根本标志，当第一个原始人用石器在树上划下一道刻痕作为一天的标记时，他就已经与所有其他动物有了不可逾越的鸿沟。迄今为止还没有第二种动物能这么做，尽管所有的动物都能按照昼、夜、日、月、季、年的自然节律而睡眠、苏醒、交配、冬眠、迁徙、洄游等，但除人以外的任何动物都不会为事实上不可直接分割的时间寻找假设性分割的符号代码，包括树上的那道刻痕。鲁滨逊在荒岛上已经失去了一切文明特征，但他每天在树上划一道刻痕，固守着智慧生物的时间意识。而第一个原始人的那道刻痕，后来变成了中国人的《易经》。

人类并不满足于昼夜的模糊等分（由于地轴的倾斜，地球上任何地点都不可能每天昼夜平分），于是用日晷和沙漏把一昼夜精确等分为十二时辰（借助于中国人的地支观念）或二十四小时，这样人类就成功地对不可分割的时间进行了假设性分割，从而成了时间的主人。

人类对时间的假设性分割单位主要有：年（对应于地球绕太阳运行的周期）、季、月（对应于月亮绕地球运行的周期）、日（对应于地球自转的周期）、时、刻、分、秒等（"季"和"时"以下皆为没有自然节奏对应物的数学等分单位）。由于一天太短，一个月又太长，人类为了生活节奏的合理调节和安排，人为设定了一星期或曰一周（借助于巴比伦天文学的七星观念和希伯来神话中上帝创世的虚构周期）。周是人类对时间的假设性分割的伟大成就之一，现在整个人类的生活安排都离不开这一时间单位。在前工业时代，周这一时间单位仅有宗教意义（没有宗教的中国人设定的是旬即十天，借助于中国人的天干观念），但从工业时代以来，人类一周工作、学习六天或五天，周末休息一天或两天，甚至以周为发薪周期。

因此，时间的无限对生命个体来说是外在的、相对的，个体的生命大限倒是内在的、绝对的；时间的不可分割，也可以用理论上的假设予以克服，因此时间的无限和不可分割是具有柔软性的硬约束，只有时间的不可逆才是没有任何柔软性的绝对硬约束。

科幻小说和科幻电影经常幻想时间机器和时间隧道可以带着人们回到过去，但这是根本不可能的。且不说每秒三十万公里的光速是速度的极限，人类不可能造出比光速快的机器，即使假设人类造出了比光速快的机器，时间也是不可逆的，不可能回到过去。

不妨让我们做一个思想实验：

　　假设人类造出了比光速快一倍的机器，该时间机器能否回到异地的过去或原地的过去？

　　如果该时间机器从2003年1月1日启动，穿越2光年的空间，从A地飞到B地，到达B地时B地的时间不是2005年1月1日，而是2004年1月1日。看起来时间机器挣回了1年时间，但该机器只是使自己的相对"时间"比绝对时间走慢1年，因此比光速快的时间机器不可能回到异地B的过去。

　　如果该机器于2004年1月1日到达B地后又立刻飞回A地（不计折返时的速度损耗），它穿越2光年的空间回到A地时，A地的时间并非2006年1月1日，而是2005年1月1日。也就是说，该时间机器用了光要走4年的时间穿越了4光年的空间（从A地至B地，再从B地至A地），实际上只花了2年时间，它回到原地A时，A地的时间同样过了2年，因此时间机器也无法回到原地A的过去。

所有科幻作品中的时间机器都是不在空间中飞行的，而是发癫痫般在原地颤抖，因为科幻小说家想让主角回到原地的过去以便编一个哗众取宠的不可能故事。在原地不动，或即使乱动却依然在原地，是这一"科幻"最不科学的。只要在空中飞行，无论飞行速度多么快，哪怕比光速快十倍百倍，也只能在飞行中少消耗一些时间，但少消耗还是正消耗而非负消耗，所以无论比光速快多少倍都无助于逆转时间。而且无论比光速快多少倍，回到原地的时间一定是原地的正常时间，不可能倒转一秒。

可见时间隧道、时间倒转并非"科学的幻想"，而只是迎合人性弱点的"不科学的幻想"。当然，由于时间的无情（即作为不可逆的绝对绵延），人们对于时间恰恰有最多的幻想，长生不老或永生不死是人类长期无法摆脱的一个普遍幻想。几乎所有的宗教都起源于时间的不可逆和生命有绝对大限且仅有一次，因此基督教等宗教幻想有天堂，许多宗教幻想有来世，而佛教则幻想生命可以轮回。尽管佛教的根本教义是摆脱轮回，但这是对极少数上根而言，对大部分下根来说，相信轮回可以部分免除对生命大限的恐惧。甚至连反宗教的哲学家尼采也受尊崇印度思想的叔本华影响，宣扬什么"永恒轮回"，说明生命大限确实是人类难以克服的巨大恐惧。

另外，科幻小说还认为，宇航员在星际旅行中代谢速度慢了，回到地球后发现同龄人比自己老了许多，这一假设也是有疑问的。据上例，如果宇航员坐着比光速快一倍的时间机器，那么他们飞了一年等于光走了两年，如果他们的代谢速度不慢一半，他们就会比地球人老得快一倍，但正因为他们的代谢速度慢了一半，其代谢速度应该与地球人完全一样，回到地球时其衰老程度丝毫未变。当然这里排除了非地球空间中影响代谢速度的其他变数，也排除了宇航员在飞行中假如进入冬眠式假死状态而停止代谢的影响。

综上所述，时间的三项根本性质：无限性、不可分割性、不可逆性，尽管都是硬约束，但前两项具有一定的柔软性和可假设性，最后一项不可逆性却是没有任何柔软性的硬约束。也就是说，三项性质不是并列的和等价的，而是有主次的。在时间的定义"无限的不可分割的不可逆绵延"中，"不可逆绵延"是主词，是时间的最根本属性，"无限的"和"不可分割的"是限制词，是时间的次根本属性。

其实中外古人对时间绵延的绝对不可逆早有清醒的认识，故中国人云："往者不可谏，来者犹可追。"西方人说："历史不可以假设。"

二　回到"考试悖论"

在"考试悖论"这一涉及时间的命题中，时间的本性不可能改变。虽然在"周"这一人为设定的有限时间范围内，可以在理论上暂时不考虑绝对时间的无限性和不可分割性，但时间必须从周一向周六运行这一向度是没有柔软性的绝对硬约束，不能违背时间的不可逆本性而假设它是可逆的。

那个聪明同学犯的错误首先不是逻辑错误（但也有逻辑错误，详下，一切逻辑错误皆源于对世界本性的错误认识），而是用逆向思维把周六、周五、周四、周三、周二、周一依次从一周中扣去，这种逆向思维违背了时间的不可逆本性，导致时间在其假想中发生了不可能的逆向运动。

在"考试悖论"中，周六确实不可能考试，因为如果到周五放学时还未考试，学生就都知道了明天考试，这违背条件二。另外，由于周五确实紧邻周六，所以事实上老师也不可能不违背给出条件而于周五考试，但推论二却不能如此做出，推论三至推论六也同样。也就是说，事实上不会在周五考试，但推论二却是错误的。因为推论二只有在周六不存在时才正确，但周六不可能不存在。可以在推论一中把周六考试的可能性排除，却不能在推论二中把周六这一天的存在逆向扣除，否则就违背了时间的不可逆本性。

严格说来，"考试悖论"的逻辑并非无懈可击：只有推论一没有违背已知的两项条件，而从推论二至推论六都仅仅不违背条件二，却都偷偷地修改了条件一，不断地逆向缩短条件一给出的规定时间片断。缩短条件一规定的时间片断只有在一种情况下是正当的，即周一过去后，本周还剩五天，根据条件二可以排除周六考试的可能性，所以可以考试的日子还剩四天；周二过去后，本周还剩四天，根据条件二可以排除周六考试的可能性，所以可以考试的日子还剩三天……这样缩短条件一规定的时间片断并不违背条件一。周六、周五等日子尚未过去就全部逆向扣掉，不仅违背了时间的不可逆本性，还不正当地修改了条件一，犯了逻辑错误。

读到此处，或许有人会问：既然推论二至推论六有如此明显的逻辑错误，即修改了条件一，为什么你要不厌其烦地先大谈时间的本性呢？直接指出其逻辑错误不是更方便更简洁吗？答曰：直接指出"考试悖论"的逻辑错误固然方便，但无助于我们认识一切悖论的错误根源——一切悖论都违背了世界的本性。一切悖论表面看来逻辑上都无懈可击，但实际上一定有逻辑错误。如果我们看不出其逻辑错误，说明人类目前的逻辑体系还不完善，所以看不出逻辑错误并不意味着没有错误。如果以现有的逻辑知识确实看不出其逻辑错误，那就说明该圆满逻辑中暗藏着现有逻辑体系中固有的逻辑陷阱。但即使看得出逻辑错误，也不能仅仅满足于指出其逻辑错误，还要进一步认识到一切逻辑错误必定源于我们对世界之本性的错误认识。而只有认识到对世界之本性的认识错误何在，才能更坚实更充分地认识到逻辑错误和逻辑陷阱的思维误区，才能完善现有的不够完善的逻辑体系，以免产生更多的逻辑圆满的谬论，起码不被表面圆满、似乎无懈可击的谬论所迷惑。归根结底，逻辑是人类认识世界之本性的永不可能完善的工具，而世界却不是向人类的"圆满逻辑"承认其不完善的证据。如果表面圆满的逻辑违背了世界之本性，我们就必须抛弃表面圆满的逻辑，而且必须立刻意识到，违背世界本性的圆满逻辑一定并不真正圆满，其中一定有逻辑陷阱。任何悖论的存在都提醒我们，有必要进一步完善现有的逻辑体系。所有的悖论，以现有的逻辑知识看来，都是完全无懈可击的。悖论之所以是悖论，就在于逻辑上一定无懈可击，但一定有部分推论违背了世界之本性。如果一个命题在逻辑上不能自洽而有技术错误，那是没有资格被称为悖论的。以这个标准来看，"考试悖论"显然还没有资格称为真正的悖论。

以下我想用现有的逻辑知识重新表述一下在"考试悖论"中的正确推论。

推论一：周六不可能考试，考试时间一定是周一至周五的某一天。因为如果周一至周五都不考，那么周五放学时我们就事先知道了明天考试，这不符合条件二。但根据条件一，本周肯定考，因此考试时间只能是周一至周五的某一天，周六可以排除。

原有的推论一正确，故照录如上。推论一之所以正确，是因为当时间抵达周五放学时，已经没有两个以上选项。然而推论一中的"周六可以排除"，仅仅意味着"周六考试的可能性可以排除"，而非"周六这一天可以从时间列表中扣除"，但那个聪明学生正是如此误解的，这是标准的"偷换概念"。由于这一可能是无意的偷换概念，导致了推论二至推论六全错：他把整整一周从周六到周一逆向一一扣除，到最后并非考试不考，而是剥夺了整整一周时间的存在。

　　正确的推论不能把周六、周五等日子逆向扣除，因此那位聪明学生推论二以下的错误的必然判断，必须全部修正为或然判断。

　　当时间抵达周四放学时，判断哪天考属于非此即彼的选言判断：

　　　　修正后的推论二：如果周五不考，就只能周六考；但如果周六考的话，周五放学时学生就事先知道了周六必考。但根据条件二，学生事先不会知道考试时间，所以只能周五考。

　　当或然性缩小到非此即彼，而且选项之一能够被已知条件成功排除时，那么选言判断就能做到100%准确。可见周四以前不考，学生确实会事先知道考试时间。

　　但是如果周三放学时还没有考试，学生要做的是连续两个选言判断，而两个连续的选言判断只有或然性而没有必然性：

　　　　修正后的推论三：根据条件一，如果周四不考，就只能周五考；如果周五还不考，就只能周六考；但如果周六考的话，周五放学时学生就事先知道了周六必考。但根据条件二，学生事先不会知道考试时间，所以只能周四或周五考。

　　如果周二放学时还没有考试，学生要做的是连续三个选言判断，三个连续的选言判断，其或然性就更大了：

修正后的推论四：根据条件一，如果周三不考，就只能周四考；如果周四还不考，就只能周五考；如果周五还不考，就只能周六考；但如果周六考的话，周五放学时学生就事先知道了周六必考。但根据条件二，学生事先不会知道考试时间，所以只能或者周三考，或者周四考，或者周五考。

如果周一放学时没有考试，学生要做的是连续四个选言判断，四个连续的选言判断简直就是搞笑：

修正后的推论五：根据条件一，如果周二不考，就只能周三考；如果周三不考，就只能周四考；如果周四还不考，就只能周五考；如果周五还不考，就只能周六考；但如果周六考的话，周五放学时学生就事先知道了周六必考。但根据条件二，学生事先不会知道考试时间，所以只能或者周二考，或者周三考，或者周四考，或者周五考。

假如这样的判断也有确定性的话，那么每个人就都可以这样对自己说：

上帝告诉我：条件一，人一定会死，而且仅有一生；条件二，到底哪天死，人事先不可能知道。

推论如下：根据条件一，如果今天不死，就一定明天死；如果明天不死，就一定后天死；如果后天还不死，就一定大后天死……按照"考试悖论"，不是事先知道哪天死，就是不会死。

结论是：既然事先知道哪天死不符合条件二，因此人不会死。

这真是一个令人兴奋的好消息！这个"好消息"与"考试悖论"完全同构：仅仅是将"一周"置换为"一生"，将"考试"置换为"死亡"，将"老师"置换为"上帝"，将"学生"置换为"人"。如果"考试悖论"能够成立，那么这个"好消息"也能够成立。可惜这个"好消息"是既不符合世界之本性又逻辑不圆满的假消息，所以它没有资格称为"死亡悖论"，正如"考试悖论"也不是真正的悖论。

小结一下：考试一定考，而且被考者事先不可能准确预知考试时间，被考者到考试那天总是感到非常突然；每个人都会死，而且事先不可能准确预知死亡时间，死的时候总是感到非常突然。任何死亡都是突然的，哪怕是癌症患者和百岁人瑞，死神降临的那一刻依然让他感到非常突然，所以西塞罗在《论老年》一文中说："一个人哪怕再老，也认为自己至少可以再活一年。"

三　顺便探讨一下空间的本性并借题发挥一下

我还想在本文中顺便为"空间"下一个定义：可逆的可分割的无限延展。

与时间的三项性质相似，空间的三项根本性质：可逆性、可分割性、无限性，虽然都是硬约束，但前两项具有一定的柔软性和可假设性，最后一项无限性却是没有任何柔软性的硬约束。也就是说，空间的三项性质也并非并列的和等价的，而是有主次的。在空间的定义"可逆的可分割的无限延展"中，"无限延展"是主词，是空间的最根本属性，"可逆的"和"可分割的"是限制词，是空间的次根本属性。

由于空间的可逆性，每个人都可以离开A地再回到A地，像陶渊明那样高唱"归去来兮"，两个朋友可以在电话两头通话，慈母可以等待游子归来，人类可以等待宇宙飞船的回飞，哪怕用超过一代人生命的漫长时间。但丁甚至可以去天堂、地狱等虚拟空间游历一番后写下不朽的报告文学《神曲》，正如电脑时代的人们在网络虚拟空间中打完游戏后洗洗睡觉。可见即使是虚拟空间，也具有空间的基本属性。即使过去的时光实际存在过而非像天堂、地狱那样虚拟性地存在，照样没有人能违背时间的不可逆本性回到过去。人们通过回忆回到的过去，并非真实的过去，而是经遗忘之变形和想象之加工的虚拟过去。因此博尔赫斯的父亲曾经如此教导他："我每次追想往事，实在并非在回忆它本身。我是在回忆最后一次回忆它的情

景，我是在回忆我对它的最后回忆。"(《伯金采访记》)

空间的可逆性虽然是硬约束，实际上也是有限度的，类似于时间的前两项硬约束具有柔软性，因为任何空间都是时间中的空间，但不能说任何时间都是空间中的时间。每一个具体空间的绝对唯一性，不是由其他空间来确定的（虽然这通常是可行的，但这种参照性确定是相对的，因为沧海桑田的变迁可以把帮助确定某一具体空间的其他参照性空间全部改变），而是由时间点的绝对唯一性来确定的。空间的可逆性，必须在抽去时间这一绝对维度时才有可能。如果不抽去时间这一不可逆的绝对维度，那么任何具体的空间也都成了不可逆的或曰不可重临的了。因此可以为赫拉克利特的名言补充一句：一个人也不能两次踏上同一块石头。

由于空间的可分割性，动物在自己的领地上撒尿标界，人们为自家的草坪围上栏杆，国与国之间为了边界的划定而大动干戈。自从地球上有生命以来，所有的生命都因为生存时间的不可重临而只能在生存空间上穷折腾了。但空间性物体却不是无限可分割的，"一尺之棰，日取其半，万世不竭"（见《庄子·天下》，疑为公孙龙提出的命题）只能在理论上正确，在实际操作上却有极限。人类对空间物质微观分割极限的科学探索目前止于"夸克"，虽然这未必是最终的极限，但可以断言必有极限。奇妙的是，由于对时间的分割是假设性的而对空间的分割是操作性的，因此不可直接分割的时间永远可以假设性地再除以2（这只要仰仗理论数学就行），而可以直接分割的空间反而不能无止境地在操作上加以分割（这需要仰仗实验物理学）。

综上所述，空间是可逆的和可分割的，但可逆性必须抽去时间坐标，而可分割性必须在操作极限之内。所以空间的三项根本性质中，前两项硬约束具有柔软性，只有第三项无限性是不具有柔软性的硬约束。

把时间与空间的三项性质加以比较可以发现，时、空共有的唯一一项性质是：无限。时、空分有的两项相反性质是：时间不可分割和不可逆，空间可分割和可逆。但空间的分割虽然可以在实际中操作，却必有极限；而时间虽然不可实际分割，却可以在假设中进行没有极限的分割。而空间的可逆只有抽去时间坐标才成为可能，只有时间的不可逆是绝对中的绝对，不能加任何限制词。

时空的这种区别，导致空间成为科学的根本问题，而时间成为哲学的根本问题。因为空间是可以加限制词的，适合于限定范围的科学研究，所以科学是"形而下"的。而时间是不能加限制词的，适合于不限定范围的哲学思辨，所以哲学是"形而上"的，但这也正是大部分哲学思辨不值得信任的根本原因。"考试悖论"涉及到的，正是时间这一哲学根本问题的局部领地："可能性"（即"或然性"）与"必然性"。大部分轻言"必然性"的哲学判断都是主观的，难以验证的，不符合世界之本性的，"历史必然性"更是如此。事实上历史没有绝对的必然性——对具体事件更是如此。历史只有"可能性"，可能如此，也可能不如此，即使很可能如此，依然可能不如此。"小概率事件"虽然不多，但事实上每天都在发生，比如彩票中奖和飞机失事。彩票中奖者和空难受害者都亲历了小概率事件，但小概率事件的亲历者不可能事先断言小概率事件一定会发生在自己身上，或一定不会发生在自己身上。

总结一下：考试一定会考，但每个学生都无法预知是哪一天。贿赂老师以获得内部消息属于作弊，猜某一天考则属于买彩票赌一把。人一定会死，但每个人都无法预知是哪一天。预定自杀时间然后按计划实施属于作弊，算命先生猜你某一天死则属于卖彩票赌一把。中国一定会实现现代化，但在实现现代化之前，没有一个中国人能预知是哪一天，由哪位英雄人物实质性完成。把这一问题抛诸脑后不去想这件事也属于作弊，这事既没人卖彩票，也没人买彩票，因为一个国家的命运是不能赌的。由于我希望自己在有生之年能亲历这一伟大的历史性时刻，所以只要我还活着，我就会不遗余力地为之奋斗。这是我的生命意义所在，也是我参与创造历史的方式。每一个渴望民主的中国人都应该意识到，撬动历史的杠杆就握在自己手中。对我来说，无论我能否及身而见，只要中国早日实现现代化，就是对我的最大奖赏，比我中了彩票大奖还要高兴。

2003年3月6日初稿，7月6日定稿

（本文未曾入集。刊于《书屋》2003年第11期，《人大复印资料》转载。）

自由常数和自由变数

——非自由社会的四大种姓

引言

自由社会与非自由社会，是一组社会学对词。许多民族都曾有过非自由社会的历史形态，然而不同民族的非自由社会，却有着相似的共性。本文试图对其一般共性，予以纯理论的科学考察。

非自由社会由四种基本成员组成：

1. 帮助权力意志侵夺民众自由的假英雄。

2. 身心自由遭到普遍侵夺而不敢反抗的普通人。

3. 身体反抗的真坏蛋。

4. 心灵反抗的假坏蛋。

对这四大种姓的定性判断如下：假英雄心奴身半奴，普通人身心皆半奴，真坏蛋身不奴心半奴，假坏蛋身奴心不奴。由于定性判断过于笼统粗疏，因而本文欲做一点定量分析。

具体方法是：先算出四大种姓的心灵常数（H）和身体常数（B），两项之和，即为自由常数（C）；再归纳出"常数定律"并做出相应的推论。然后算出四大种姓的心灵变数（h）和身体变数（b），两项之和，即为自由变数（V）；再归纳出"变数定律"并做出相应的推论。

基于"人生而自由"的理论预设，本文假定：任何人的心灵自由和身体自由，最低分值均为1分，最高分值均为4分。具体计分标准是："不自由"计为最低分1分，"较不自由"计为次低分2分，"较自由"计为次高分3分，"自由"计为最高分4分。由于自由积分（自由常数与自由变数的统称）由身、心两项相加，因此任何人的自由积分，最低为2分，最高为8分。

定量分析可以告诉我们，在非自由社会中，人们选择做怎样的人，究竟出于怎样的理性考量。定量分析还可以直观地显示每一个体的自由赤字，以及整个社会的自由赤字。

一 "自由常数"及其说明

1.1 假英雄的自由常数

假英雄高度依附权力意志，心灵最不自由，心灵常数计为1分。因积极帮助权力意志侵夺民众的天赋自由有功，权力意志恩准其享有身体特权，身体较自由，身体常数计为3分。自由常数合计4分。

假英雄的自由常数：1（H）+3（B）=4（C）

1.2 普通人的自由常数

普通人无限顺从权力意志，既不敢像真坏蛋那样凭本能隐秘反抗权力意志，更不敢像假坏蛋那样凭理智公开反抗权力意志，心灵较不自由，心灵常数计为2分。既没有假英雄的合法身体特权，也没有真坏蛋的非法身体放纵，仅比失去身体自由的假坏蛋较自由，身体也较不自由，身体常数计为2分。自由常数合计4分。

普通人的自由常数：2（H）+2（B）=4（C）

1.3 真坏蛋的自由常数

真坏蛋不懂自由真谛，认为身体自由比心灵自由重要，敢于隐秘反抗权力意志对身体自由的全面侵夺，心灵较自由，心灵常数计为3分。因隐秘反抗权力意志不易失败，其常态是反抗成功，身体充分自由，身体常数计为4分。自由常数合计7分。

真坏蛋的自由常数：3（H）+4（B）=7（C）

1.4 假坏蛋的自由常数

假坏蛋懂得自由真谛，认为心灵自由比身体自由重要，敢于公开反抗权力意志对心灵自由的彻底侵夺，心灵最自由，心灵常数计为4分。因公开挑战权力意志不易成功，其常态是挑战失败，身体失去自由，身体常数计为1分。自由常数合计5分。

假坏蛋的自由常数：4（H）+1（B）=5（C）

自由常数表

四大种姓	心灵常数（H）	身体常数（B）	自由常数（C）
假英雄	不自由=1	较自由=3	4
普通人	较不自由=2	较不自由=2	4
真坏蛋	较自由=3	自由=4	7
假坏蛋	自由=4	不自由=1	5

二 "常数定律"及其推论

2.1 常数定律

《自由常数表》的四大种姓（第1纵列），按在非自由社会中的社会地位排序。比较第1纵列与第2、第3纵列的关系，可归纳出如下"常数定律"：

心灵自由决定社会地位，且成反比：心灵越自由，社会地位越低；心灵越不自由，社会地位越高（第1纵列与第2纵列的关系）。社会地位决定身体自由，且成正比：社会地位越高，身体越自由；社会地位越低，身体越不自由（第1纵列与第3纵列的关系）。

表面看来"常数定律"似乎有一个例外：真坏蛋的社会地位排第三，身体自由却最高。然而实际上并非例外，因为真坏蛋的身体自由是其社会地位不允许的，是对非自由社会基本纲常的冒险犯禁，随时可能遭到合法暴力制裁，失去身体自由。

2.2 常数定律决定总体选择

从《自由常数表》的"自由常数"（第4纵列）可知，假英雄与普通人的自由常数相同而且最低，假坏蛋的自由常数稍高，真坏蛋的自由常数最高。自由理念的基本假设是：每个人都追求更大的自由。因此非自由社会的人们，理论上应该最愿意做真坏蛋，其次愿意做假坏蛋，再次愿意做假英雄，最不愿意做普通人。

然而非自由社会的实际情形是：人们最愿意做假英雄，其次愿意做普通人，再次愿意做真坏蛋，最不愿意做假坏蛋。因为自由理念的基本假设，遵循的是以人性为依据、以逻辑为后盾的人文公理。然而非自由社会的实际运作，遵循的却是以兽性为依据、以暴力为后盾的丛林原则。人本质上是社会性动物，四大种姓的社会地位高低，决定了非自由社会中大多数人的总体选择：把反自由的利害观，置于自由的是非观之上，最后根本不知何为天赋自由，何为人文公理。

2.3 权力意志重新定义"自由"

非自由社会的权力意志不承认任何自由属于"天赋"，而对"自由"重新下了定义，具体分为两个方面：对天赋自由中的心灵自由，权力意志彻底抹煞其天赋性质，予以全部而且永远的侵夺，任何人都不能享有心灵自由。对天赋自由中的身体自由，权力意志先抹煞其天赋性质并予以全部侵夺，然后再以"恩赐"的名义，把不同程度的天赋身体自由，奖赏给不同程度的驯服者。

即使是最高程度的驯服者，也不可能充分享有天赋身体自由，而仅仅是天赋身体自由被侵夺最少。权力意志对"自由"的重新定义，最后达到了如此荒谬的地步：无论身体自由被侵夺到如何赤贫，人们依然必须无限感激权力意志的"皇恩浩荡"，因为连生存权竟然也属于权力意志，这就是所谓"君要臣死，臣不得不死"。

2.4 重新定义"自由"的结果

由于权力意志掌控着任何个体都无法抗衡的合法暴力，大多数人只能不问是非地趋利避害，无限退缩地放弃个体意志，无限顺从地迎合权力意志，逃避权力意志的打击迫害，乞求权力意志的恩宠垂青，把获得更高的社会地位和更多的身体自由，作为人生的唯一追求。这种选择在纯粹理性上固然很糊涂，但在实践理性上却"很明智"。

只有极少数认死理且不信邪的勇士，才会做出相反选择，只问是非不管利害，正道直行地张扬个体意志，不屈不挠地挑战权力意志，不怕权力意志的打击迫害，拒绝权力意志的笼络收买，把捍卫心灵自由和弘扬人文公理作为人生的唯一追求。这种选择在纯粹理性上固然不糊涂，但在实践理性上却"不明智"。这是非自由社会中大多数人的共识，因而权力意志最终成了非自由社会的集体意志。

2.5　权力意志的统治理想：平等地侵夺自由

权力意志很重视"人人平等"。然而非自由社会本质上是极少数人身体无限自由、绝大多数人身心极不自由的等级社会，因此不同等级之间的"人人平等"根本不可能存在，"人人平等"只存在于每一等级之内。这种等级内的"人人平等"也并非"人人平等地享有自由"，而是"人人平等地被侵夺自由"。

对自由社会来说，"平等"只是手段，"自由"才是目的；为了达到"自由"之目的，其"平等"是真平等。对非自由社会来说，"平等"也是手段，但"自由"并非目的，"平等地侵夺自由"才是目的；为了达到"平等地侵夺自由"之目的，其"平等"不可能是真平等。权力意志常常对自由社会这样反唇相讥："你们自由，然而不平等；我们不自由，然而平等。"于是"平等"优先或"自由"优先，似乎纯属两种各有利弊、难分高下的不同价值观之间互攻其非的无聊扯皮，实际上却是权力意志在混淆是非和浑水摸鱼。权力意志之所以把"平等地侵夺每个人的自由"视为统治理想，是因为权力意志深知：不平等地侵夺自由，必将导致忍无可忍的反抗，最终倾覆非自由社会。

2.6 非自由社会的集体意志：不患寡而患不均

权力意志的统治理想"平等地侵夺自由"，当然不能让全体被侵夺者知道，因为"民可使由之，不可使知之"（孔子）。这一不可告人的统治理想，必须转换为可以庄严宣告的神圣表达："不患寡而患不均。"（孔子）

从权力意志的角度来说，就是：我不担心把人们的天赋自由侵夺得太过分会导致反抗，我只担心对人们的天赋自由侵夺得不平均会导致反抗。

从普通人的角度来说，则是：即使我的天赋自由被侵夺得很过分我也不会反抗，只要我的天赋自由被侵夺的程度与其他人一样。我不要求"自由"，我只要求"平等"的不自由。

就这样，"不患寡而患不均"从权力意志的统治理想，变成了普通人的被统治理想。非自由社会的社会基础，就此奠定。

2.7 权力意志的赏"善"罚"恶"

尽管权力意志必然被转化为集体意志，但集体中的每个人对待自由被平等侵夺的反应不尽相同，有的驯服，有的反抗，而且驯服程度与反抗方式也不尽相同。由于自由的反面正是驯服，因此侵夺自由的权力意志必然要求人们成为驯服工具，而且按照驯服程度之高低，派定社会地位之高低：假英雄心灵最驯服，因此社会地位最高；普通人心灵较驯服，因此社会地位其次；真坏蛋心灵较不驯服，因此社会地位第三；假坏蛋心灵最不驯服，因此社会地位最低。

表面看来，决定社会地位高低的，仅是才能高低，其实却是驯服程度的高低。如果驯服，当然才能越高地位就越高；但如果不驯服，那么才能越高地位就越低。因此，科举考试考核的并非一般意义的才能高下，而仅仅是考核驯服者的才能高下。在权力意志眼里，驯服者就是"善人"、"好人"，不驯服者就是"恶人"、"坏人"。因此权力意志的赏"善"罚"恶"，就是积极奖赏最驯服者，消极奖赏较驯服者；消极惩罚较不驯服者，积极惩罚最不驯服者。

2.8 驯服之赏

假英雄是积极驯服者，普通人是消极驯服者。

假英雄不仅积极争取和积极配合权力意志对自身的驯化，而且积极帮助权力意志驯化普通人，打击真坏蛋，迫害假坏蛋；不仅积极帮助权力意志全面侵夺民众的身心自由，而且积极帮助权力意志维持非自由社会的长治久安。作为帮助权力意志全面侵夺民众天赋自由的积极工具，假英雄得到了权力意志的积极奖赏：享有身体特权。

普通人不仅消极争取并消极配合权力意志对自身的驯化，而且消极帮助权力意志驯化亲友子女，远离真坏蛋，敌视假坏蛋；不仅消极容忍权力意志侵夺自身的天赋自由，而且消极默许权力意志侵夺同胞的天赋自由。作为容忍权力意志全面侵夺自身及同胞天赋自由的消极工具，普通人得到了权力意志的消极奖赏：不受打击迫害。

2.9 两种不同的驯服者：自觉的奴才和不得已的奴隶

在非自由社会中，假英雄是可以炫耀恩宠、光宗耀祖的高等奴才，普通人是只能唯唯诺诺、任人宰割的低等奴隶。大部分奴隶都渴望权力意志垂青，得到表彰、奖励、培养、提拔的机会，先从普通奴隶升级为低等奴才，再从低等奴才升级为高等奴才。然而奴隶必须有才，才有机会成为奴才；奴隶若无才，就没有机会成为奴才。更由于享有身体特权的奴才宝座十分有限，因而奴隶即便有才，也仅仅是理论上有机会成为不同等级的奴才，实际上大多数聪明奴隶的最终命运是落榜，成为终生抱怨"怀才不遇"的"落第秀才"。落第秀才就是落第奴才，怀才不遇就是奴才不遇。自由社会没有"落第"和"不遇"问题，更没有非自由社会的恶性奴才竞争。

普通人是假英雄的最大后备军，也是权力意志畅行无阻的最佳导体。就个体能量而言，假英雄对自由的危害最大，普通人对自由的危害次大；然而假英雄数量有限，普通人数量巨大，因此就总能量而言，普通人不仅是权力意志滥施淫威的最大受害者，同时也是权力意志滥施淫威的最大帮凶。

2.10　普通人的最大渴望：假英雄的身体特权

由于假英雄被"恩赐"的天赋身体自由多于普通人，其多于普通人的天赋身体自由就成了"身体特权"。在自由社会中，普通人相对最不自由（但比非自由社会的任何人都更自由），因此没有人庆幸自己是普通人；但在非自由社会中，普通人相对最为安全（但比自由社会的任何人都更不安全），因此大多数人颇为庆幸自己是普通人。

自由社会和非自由社会的普通人都渴望与众不同。由于自由社会的普通人已经享有不可侵夺的天赋身体自由，所以他们渴望的与众不同是心灵的出类拔萃。由于非自由社会的普通人不享有不可侵夺的天赋身体自由，所以他们渴望的与众不同仅仅是身体的出人头地。因此，非自由社会的大多数普通人都力争成为假英雄，以便权力意志把原本属于天赋的身体自由，以"恩赐"的名义奖赏给他本人及其亲属。然而普通人尽管主观动机上渴望成为假英雄，客观机会却极其有限，因为身体特权只可能"恩赐"给极少数人。

2.11　假英雄的恶性竞争：选拔奴才的常规机制

在数量有限的奴才宝座竞争中，假英雄与普通人相比有才能优势，与真坏蛋相比有人格优势。假英雄的才能确实高于普通人，因此凭借才能战胜普通人，是正淘汰；然而假英雄的人格远比真坏蛋卑劣，凭借人格战胜真坏蛋，却是逆淘汰。凭着双重淘汰法则，假英雄战胜了同样渴望身体特权的普通人和真坏蛋。由于最有才能且最有人格的假坏蛋不参加奴才竞争，因此才能低下且人格卑劣的假英雄，就在奴才宝座的竞争中占据了绝对优势。

当假英雄之间展开同类恶性竞争时，决定胜负的依然是逆淘汰法则：在才能相近的情况下，谁的人格更卑劣，谁就更有机会爬上高等奴才的宝座。由这种低能低贱的奴才全面控制的非自由社会，嫉贤妒能就成为永远的常态，高尚的才智之士总是厄运不断。不驯服的与众不同者，往往被逼成真坏蛋。最不驯服的出类拔萃者，常常被打成假坏蛋。

2.12　不驯服之罚

真坏蛋是消极反抗者，假坏蛋是积极反抗者。

真坏蛋不愿仅仅为了安全和苟活，就放弃天赋的身体自由，由于身体极不驯服，心灵也不太驯服。作为消极的身体反抗者，真坏蛋追求的主要是私人生活的消极自由，因此遭到了权力意志的消极惩罚：时松时紧的严厉打击。

假坏蛋不愿仅仅为了安全和苟活就放弃天赋的心灵自由，由于心灵极不驯服，身体也不太驯服。作为积极的心灵反抗者，假坏蛋追求的主要是公共生活的积极自由，因此遭到了权力意志的积极惩罚：不遗余力的无情迫害。

2.13　两种不同的反抗者：非正义的身体反抗和正义的心灵反抗

真坏蛋的身体反抗，遵循的是弱肉强食的丛林原则，不仅具有盲目性，同时具有破坏性，是以非正义反抗非正义，即使反抗理由是正义的，也被反抗手段和反抗结果的非正义，降低乃至消解了正义性。况且权力意志掌控着强大的合法暴力，而假英雄又得到权力意志的积极庇护，因此真坏蛋的反抗对象，并非侵夺其身心自由的权力意志和假英雄，而是已经遭到双重侵夺的普通人。真坏蛋的反抗对象一旦转移到普通人身上，就不成其为反抗，而是成了对普通人雪上加霜的第三重侵夺。因此尽管真坏蛋比假英雄和普通人具有更多的心灵自由，依然是真坏蛋。

假坏蛋的心灵反抗，遵循的是自由平等的人文公理，不仅具有明确性，而且具有建设性，是以正义反抗非正义，反抗理由、反抗手段以及希望的反抗结果，都是正义的。假坏蛋的主要反抗对象，永远是侵夺其身心自由的权力意志和假英雄，而不是身心自由遭到三重侵夺的普通人。然而假坏蛋所采取的反抗手段（自由言论）以及希望的反抗结果（自由社会），正是权力意志最惧怕的，因此假坏蛋遭到了严厉打击和残酷迫害。

2.14　真坏蛋的身体诉求：选拔奴才的补充机制

竞争奴才宝座失败的真坏蛋，如果仅仅是隐秘反抗权力意志，只要破坏性不大，不到杀人越货的程度，权力意志就会听之任之，视而不见。即使破坏性较大，犯下了杀人越货的重罪，只要没有组织，权力意志尽管不得不予以严厉打击，还是较有限度，比较讲究分寸，以避免过度的高压，激起更激烈、更普遍的反抗。

即使真坏蛋铤而走险，与权力意志公开对抗，甚至有了组织形式，但只要没有政权要求，就未必是不归路。因为权力意志一旦认为"怀柔"成本低于"镇压"成本，就有可能与之谈判，满足真坏蛋的身体特权诉求；而一旦有望得到身体特权，真坏蛋通常愿意被"招安"，于是权力意志就把真坏蛋从体制外整合到了体制内。这是对非自由社会的常规奴才选拔机制的补充机制："要做官，杀人放火受招安。"

2.15　假坏蛋的心灵诉求：颠覆非自由社会的基本纲常

假坏蛋的心灵反抗是公开的、理智的、自觉的，其主要方式是以积极自由的言论著述诉诸公共领域。真坏蛋的身体反抗是隐秘的、本能的、盲目的，其主要方式是以消极自由的饮食男女诉诸私人生活。真坏蛋扰乱的仅仅是非自由社会的局部治安，对非自由社会的深层基础即基本纲常却毫无威胁，假坏蛋扰乱的却是非自由社会的总体稳定，对非自由社会的深层基础即基本纲常具有颠覆性的重大威胁。因此，权力意志把假坏蛋视为非自由社会的首要敌人，是"奸人"（道德罪名）和"政治犯"（法律罪名），而把真坏蛋视为非自由社会的次要敌人，是"小人"（道德罪名）和"刑事犯"（法律罪名）。

出于权力斗争的需要，尤其是在权力更替完成之后，权力意志常常会用"大赦天下"来表演伪善的"仁慈"，但只赦定性为"人民内部矛盾"的身体不驯服的真坏蛋，不赦定性为"敌我矛盾"的心灵不驯服的假坏蛋。对于心灵不驯服者，权力意志从来没有任何"仁慈"。

2.16　假坏蛋的历史宿命：欲争更多自由却失去更多自由

作为非自由社会的既得利益者，假英雄像权力意志一样把假坏蛋视为自己的首要敌人，所以假英雄是迫害假坏蛋的急先锋，希望"天不变，道亦不变"（董仲舒）。作为非自由社会的最大受害者，大多数普通人不可能把假坏蛋视为自己的敌人，但他们非常清楚假坏蛋被权力意志和假英雄视为首要敌人，同情假坏蛋会带来极大危险，所以他们不得不与权力意志保持口径一致，努力做到"上之所是，下必是之；上之所非，下必非之"（墨子）。为了安全和苟活，他们对假坏蛋充满戒心和敌意，而为了获得渴望已久的身体特权，他们甚至会把假坏蛋违背非自由社会基本纲常的言行，向权力意志主动告密。权力意志对于可耻的告密，事先不断鼓励，事后不断奖励。

在非自由社会中，最该受到监督的权力意志无人监督，最不该受到监督的假坏蛋却有无数双眼睛在义务监督。心灵不驯服的假坏蛋，就这样陷入了"人民战争的汪洋大海"，比身体不驯服的真坏蛋更没有存身之地。假坏蛋以公理对抗暴力，以个体对抗群氓，不仅是"秀才碰到兵，有理说不清"，而且是"鸡蛋碰石头，自讨苦头吃"，其结果必然是：欲争更多自由，反而尽失所剩无几的自由。

2.17　统治理想的初步变形：弱肉强食和同类相残

仅凭一己之力，权力意志不可能统治全体民众，更不可能抵达统治理想，因此权力意志迫切需要假英雄集团的帮助。然而假英雄必须从普通人中选拔出来，选拔过程必然是普通人之间的弱肉强食和同类相残，选拔结果又必然导致对不同等级的侵夺不可能平等，于是权力意志不得不把最初的统治理想"平等地侵夺自由"，降格为"对同一等级的平等侵夺"。非自由社会的等级制度，就此确立。

然而这一降格了的统治理想，仍然不可能抵达。因为每个渴望享有身体特权的普通人，都不满足于自己的自由状态。每个渴望更大身体特权的假英雄，也不满足于已有的身体特权。因此，在每一等级内部，等内分等的弱肉强食，以及互相侵夺的同类相残，永远无休无止。况且权力意志不仅不想阻止，还用等级制度以及不同等级的差额特权，诱使人们自我消耗，于是成功转移了因自由被严酷侵夺所导致的普遍愤怒。原本可能犯上作乱的反抗能量，大都被成功地转移为窝里反，直到相互抵消。

2.18 统治理想的进一步变形：阎王好见，小鬼难缠

等级制度使渴望向上爬的人们坚信，权力意志给了自己向上发展的机会，如果"科举"落第或"待遇"上不去，他决不会抱怨权力意志没给自己机会，而只会敌视同一等级内的其他竞争者；也不会抱怨"位置"和"名额"有限，而只会憎恨成功爬上高位者。爬上更高社会等级的极少数人，不仅在享有更大身体特权的同时，降低了自身自由被侵夺的程度，而且无不或合法或非法地侵夺较低等级乃至同一等级之弱者的身心自由以自肥。

无论自己处于哪一社会等级，对自身自由状态不满的人们，其愤怒永远针对同一等级的其他同胞，其发泄对象永远是同一等级的更弱者和广大低等级者。受侵夺程度最深的普通人，其愤怒永远不会针对权力意志和非自由社会的制度架构，他们对遭到权力意志的平等侵夺并不愤怒，只对遭到权力意志之奴才的不平等侵夺感到愤怒，因此他们相信"阎王好见，小鬼难缠"，"佛经是好的，但被歪嘴和尚念歪了"。他们不知道，权力意志的权力合法性必须建立在保护全体民众的天赋自由不受任何合法侵夺和非法侵夺之上，只要不能有效阻止和惩罚奴才们的胡作非为，那么权力意志就是最大的罪魁祸首。

2.19 统治理想变形后的严酷现实：普通人遭到三重侵夺

尽管名义上受到了权力意志的消极奖赏，但普通人实际上是非自由社会的最大受害者，其身、心自由，遭到三重侵夺。

首先是权力意志对每个人既合理又合法的平等侵夺。这种每个人从生到死无一幸免的普遍侵夺，常常不被意识到，因为合于"王法"。即使人们意识到"王法"的非正义，也很少反抗，因为支持反抗的人文公理，根本不被社会纲常认可，理不直则气不壮，因而大部分的可能反抗，都已自我消解。即使一时冲动诉诸行动，也因为"非法"而不可能成功。

其次是假英雄对全体普通人合理但不合法的不平等侵夺。这种每个人或轻或重无一幸免的普遍侵夺，普通人都知道不合"王法"，而反抗在理论上合于"王法"，然而人们实际上依然很少反抗，因为理论上支持他反抗的

"王法"，实际上却积极庇护假英雄，因此即使是理论上合法的反抗，也往往越反抗越倒霉。

最后是真坏蛋对个别普通人既不合理也不合法的侵夺。这种侵夺既不普遍，也不必然，并非每个人每时每刻都会碰到，但没碰到是运气，碰到也只能自认倒霉。普通人都知道，真坏蛋的非法侵夺不仅不合"王法"，而且不受"王法"的积极庇护，然而往往会得到"王法"的消极庇护，即行政不作为的消极庇护。因此反抗真坏蛋能否得到"王法"支持，不仅毫无把握，更有可能送上门去，为假英雄提供侵夺自己的机会。总之成本极高，风险极大，收益极低，常常得不偿失。因此普通人对权力意志、假英雄、真坏蛋的态度完全相同：忍气吞声，逆来顺受，退避三舍，无限驯服。

2.20　群魔乱舞的末世图景：庙堂与江湖的黑白合流

如果说权力意志主宰着非自由社会的国家组织——庙堂，那么真坏蛋就主宰着非自由社会的民间基础——江湖。非自由社会的江湖社会，本质上是庙堂组织的亚种，因此江湖社会与庙堂组织一样遵循暴力原则，只不过江湖社会的暴力是非法的，而庙堂组织的暴力是合法的。真坏蛋其实是江湖社会中具体而微的权力意志。国家组织的合法暴力与江湖社会的非法暴力，既有冲突，也有妥协，更经常的是井水不犯河水的平行运作。随着文明程度的提高，庙堂组织的管理能力也日益现代化，庙堂组织日益膨胀为无限庞大的利维坦，而江湖社会则日益萎缩，因此才能低下的假英雄，比才能杰出的真坏蛋远为风光。如果庙堂组织逐渐空壳化，或者非自由社会走向末路，那么江湖社会就会日益膨胀，真坏蛋甚至可能比假英雄还要风光。或者权钱合谋、黑白合流：假英雄假手真坏蛋使自己的权力套现为金钱，真坏蛋以金钱租用假英雄掌控的合法暴力。于是非自由社会走向群魔乱舞的末世。

2.21　权力意志与假英雄、真坏蛋本质上是同类

在视身体自由高于心灵自由这一点上，权力意志与假英雄、真坏蛋本质上是同类。他们之间的区别仅仅是：权力意志的身体自由无须任何人恩

赐，而且没有任何力量能够加以限制和监督。假英雄的身体特权属于权力意志恩赐，而且随时可能被权力意志收回，转赐诸多觊觎者，所以必须不断拿出更佳的效忠表现。真坏蛋渴望身体特权，而且坚信凭其才能有资格得到，却在奴才竞争中因逆淘汰而败北，极度的忿忿不平，促使他自行其是地放纵身体本能，扰乱了非自由社会的社会治安，随时可能遭到合法暴力的严厉制裁。

普通人与上述三者尽管并非同类，但在视身体自由高于心灵自由这一点上并无二致。只不过做假英雄没机会，做真坏蛋又没胆量，只能自怨自艾，服输认命，转而寄望于下一代在奴才竞争中胜出，因而倾全力于子女的奴化教育，力争把子女驯化成有才能无人格的合格奴才。

2.22 侵夺自由的根本目的

权力意志侵夺自由的根本目的，就是无限放纵自己的身体欲望，权力意志自己就是身体欲望的奴隶，对自己的身体欲望无限驯服，而从不以心灵自由对身体自由加以适度节制，所以尽管权力意志的心灵自由没有任何外在力量能够加以控制，但权力意志不懂自由真谛，因此不可能具有心灵自由。在非自由社会中，只有假坏蛋才懂得心灵自由不仅至高无上，而且无害于人，仅仅有碍于自由的侵夺者，尤其是让权力意志不能畅心快意地为所欲为；也只有假坏蛋才懂得身体自由必须受到心灵自由的适度节制，否则不受节制的身体自由和身体放纵，必将侵犯他人的天赋身心自由，乃至危及整个社会共同体的和谐健康。

三 "自由变数"及其说明

3.1 假英雄的自由变数（6种）

3.1.1 假英雄是尽忠报国的好奴才，没有假公济私、贪污腐败的劣迹，然而由于权力斗争的需要，权力意志主动假借是非之名剥夺其身体特权，导致其身体自由从3分降至2分。成为权力斗争的牺牲品造成的冤屈心理，使他更急于表白对权力意志的无限忠诚，因而心灵常数1分不变。自由积分从4分降至3分。

假英雄的自由变数1：1（h）+2（b）=3（V）

3.1.2　假英雄是愚忠耿直的蠢奴才，轻信了权力意志的伪道德说教，并用这种伪道德说教，反过来对只说不做甚至背道而驰的权力意志犯颜直谏，被触怒的权力意志不仅剥夺其身体特权，还进一步加以迫害，导致其身体自由从3分骤降至1分。因愚忠而遭到迫害，使他对现任权力意志的忠诚完全丧失，但他对非自由社会的忠诚依旧，只不过转而寄幻想于下一任权力意志，因此心灵常数1分不变。自由积分从4分骤降至2分。

假英雄的自由变数2：1（h）+1（b）=2（V）

3.1.3　假英雄是假公济私的真坏蛋，其贪污腐败、为非作歹的劣迹不慎败露，为了维持道德假面，权力意志就会丢卒保车，假借是非之名剥夺其身体特权，甚至为了平息民愤而加重惩罚，导致其身体自由从3分骤降至1分。尽管失去庇护且遭到严惩，割断了假英雄对权力意志的实际依附，却不可能割断他对非自由社会的精神依附，因为他时刻期待着东山再起，因而心灵常数1分不变。自由积分从4分骤降至2分。

假英雄的自由变数3：1（h）+1（b）=2（V）

3.1.4　不管仕途受挫的前假英雄是奴才还是坏蛋，只要还有内部利用价值，他就有可能受惠于下一轮权力斗争或权力更替，从而东山再起。如果假英雄实为真坏蛋，那么东山再起会使他更加坚信是非善恶无关紧要，关键是在权力斗争中不站错队，不押错宝，因此他会更加肆无忌惮地作恶。如果假英雄并非真坏蛋，那么仕途沉浮会导致其价值观幻灭，他固然有可能不再热心充当积极工具，但更大的可能是变成同流合污的真坏蛋。其心灵自由、身体自由和自由积分，因东山再起而恢复为常数。

假英雄的自由变数4：1（h）+3（b）=4（V）

3.1.5　即使失势的前假英雄已经失去内部利用价值，但只要还有外部利用价值，他依然有可能受惠于下一轮权力斗争或权力更替，不过其受惠形式并非东山再起，而是在争取民心的平反昭雪中"恢复名誉"。因身体特权并未恢复，身体自由仅从1分略升至2分；因平反而感恩戴德，加上对下一轮权力斗争的幻想，其对权力意志的精神依附依旧，心灵常数1分不变。自由积分又从2分升至3分。

假英雄的自由变数5：1（h）+2（b）=3（V）

3.1.6　平反昭雪并恢复名誉后的前假英雄，由于曾经接近权力中枢而且现已远离权力中枢，比普通人更有条件认清权力意志和非自由社会的本质，其中的极少数人有可能走上反叛权力意志甚至反叛非自由社会之路，致力于非自由社会向自由社会的转型。心灵自由从1分骤升至4分，身体自由从1分升至2分。自由积分从2分骤升至6分。

假英雄的自由变数6：4（h）+2（b）=6（V）

（说明：假英雄成为假坏蛋后，其进一步的自由变数同于"假坏蛋的自由变数"，但不计入假英雄的自由变数。）

3.2　普通人的自由变数（3种）

3.2.1　极少数普通人有可能在奴才竞争中胜出，成为假英雄并享有身体特权，身体自由从2分升至3分。因依附权力意志，心灵自由从2分降至1分。自由积分4分不变。

普通人的自由变数1：1（h）+3（b）=4（V）

（说明：普通人成为假英雄后，其进一步的自由变数同于"假英雄的自由变数"，但不计入普通人的自由变数。）

3.2.2　非自由社会的司法不可能独立于权力意志，因而不可能公正，每时每刻都在大量制造冤案。普通人也有可能因冤案而遭到打击迫害，偶尔会被打成身体反抗的真坏蛋，但更经常的是被打成心灵反抗的假坏蛋。心灵自由2分不变，身体自由却从2分降至1分。自由积分从4分降为3分。

普通人的自由变数2：2（h）+1（b）=3（V）

3.2.3 因冤案而失去身体自由的普通人，比未遭厄运的普通人更有可能领悟自由真谛，认清非自由社会的本质，于是他从不懂自由真谛的普通人，变成了懂得自由真谛的假坏蛋。尽管身体自由从2分降至1分，心灵自由却从2分骤升至4分。自由积分也从4分升至5分。

普通人的自由变数3：4（h）+1（b）=5（V）

（说明：普通人变成假坏蛋后，其进一步的自由变数同于"假坏蛋的自由变数"，但不计入普通人的自由变数。）

3.3 真坏蛋的自由变数（4种）

3.3.1 真坏蛋的身体反抗终于失败，遭到合法暴力制裁，丧失身体自由。身体自由从4分骤降至1分，心灵自由3分不变。自由积分从7分骤降至4分。

真坏蛋的自由变数1：3（h）+1（b）=4（V）

3.3.2 遭到制裁的真坏蛋刑满或遇赦，恢复身体自由，但在丧失身体自由期间，被权力意志成功改造和驯化，终于成了驯服的普通人。其心灵自由、身体自由，均降至2分。自由积分降至4分。

真坏蛋的自由变数2：2（h）+2（b）=4（V）

（说明：真坏蛋变成普通人后，其进一步的自由变数同于"普通人的自由变数"，但不计入真坏蛋的自由变数。）

3.3.3 遭到制裁的真坏蛋刑满或遇赦，恢复身体自由，但在失去身体自由期间，未被权力意志成功改造（尽管必定会假装驯服），恢复身体自由后继续从事隐秘的身体反抗。其心灵自由、身体自由和自由积分，因一仍其旧而恢复为常数。

真坏蛋的自由变数3：3（h）+4（b）=7（V）

3.3.4 真坏蛋有了相当的社会破坏力，甚至有了反抗性组织，有了与权力意志讨价还价的谈判筹码，于是有条件地接受权力意志招安：权力意志满足其身体特权诉求，非法暴力披上了合法暴力的外衣，体制外的真坏蛋，摇身一变成了体制内的假英雄。心灵自由从3分骤降至1分，身体自由从4分降至3分。自由积分从7分骤降至4分。

真坏蛋的自由变数4：1（h）+3（b）=4（V）

（说明：真坏蛋变成假英雄后，其进一步的自由变数同于"假英雄的自由变数"，但不计入真坏蛋的自由变数。）

3.4 假坏蛋的自由变数（3种）

3.4.1 一旦权力斗争告一段落，或权力更替尘埃落定，新的权力意志就必须重新赢得虚假的权力合法性，通常会为部分（不可能是全部）因冤案遭到迫害的假坏蛋平反，恩准其成为不受打击迫害的普通人。于是假坏蛋的身体自由从1分升至2分，心灵自由4分不变。自由积分从5分升至6分。

假坏蛋的自由变数1：4（h）+2（b）=6（V）

3.4.2 平反后的前假坏蛋，由于具有特殊才能和社会声望，在内部的权力斗争和外部的争取民心中，都比普通人更有利用价值，因此也更有机会被权力意志招纳笼络，成为享有身体特权的特殊人物，身体自由从1分骤升至3分。由于身体特权必然腐蚀心灵自由，因此其心灵自由也有所下降，不由自主地对权力意志有所依附，然而假坏蛋的心灵自由不会轻易降到普通人的水平，因此仅从4分降至3分。自由积分从5分升至6分。

假坏蛋的自由变数2：3（h）+3（b）=6（V）

3.4.3 权力意志迫于民众日益高涨的自由呼声，不得不有限改革非自由社会，向自由社会缓慢转型。平反后的假坏蛋，有可能成为推动非自由社会向自由社会转型的真英雄，成为真正的自由人。身体自由从1分升至4分，心灵自由4分不变。自由积分从5分骤升至8分。

假坏蛋的自由变数3：4（h）+4（b）=8（V）

（说明：8分是非自由社会中极少数人理论上的最高自由变数，却是自由社会中最大多数人实际上的最低自由常数。）

自由变数表

四大种姓	心灵变数（h）	身体变数（b）	自由变数（V）
假英雄	1,1,1,1,1,4	2,1,1,3,2,2	3,2,2,4,3,6
普通人	1,2,4	3,1,1	4,3,5
真坏蛋	3,2,3,1	1,2,4,3	4,4,7,4
假坏蛋	4,3,4	2,3,4	6,6,8

四 "变数定律"及其推论

4.1 变数定律

《自由变数表》似乎杂乱无章，难以找到变化规律，但仔细分析后仍然可以归纳出"变数定律"：

　　任何人都有可能不以主观意志为转移地直接变成另外两种人，但不可能既主动又直接地变成社会地位仅低一级的那种人，只可能或被迫或间接地变成社会地位仅低一级的那种人。假英雄变成真坏蛋的可能性极大，变成假坏蛋的可能性极小，但不可能既主动又直接地变成普通人。普通人变成假英雄和假坏蛋的可能性都极小，但不可能既主动又直接地变成真坏蛋。真坏蛋变成假英雄和普通人的可能性都极小，但不可能既主动又直接地变成假坏蛋。假坏蛋变成真坏蛋和普通人的可能性都极小，但不可能既主动又直接地变成假英雄。

　　表面看来"变数定律"似乎也有一个例外：假坏蛋的社会地位最低，因此"不可能既主动又直接地变成"的就不是"社会地位仅低一级的那种人"，而是社会地位最高的假英雄。于是构成一个完整的回路。

4.2 假英雄的命运变数最大：恩宠的喜怒无常

假英雄与权力意志距离最近，随着永不停息的权力斗争，以及阵痛震荡的权力更替，其命运总是大起大落。权力意志明知特权阶层位置有限，却刻意制造人人都有机会成为假英雄的假象，希望每个人都像假英雄那样心灵高度驯服。

权力意志不希望普通人知道假英雄的命运浮沉无关是非仅及利益，更不希望普通人知道权力斗争的黑暗实质和权力更替的肮脏内幕，因此假英雄的成功被御用媒体刻意放大，以强化普通人对身体特权的心驰神往；假英雄的失败则被御用媒体刻意遮蔽，以避免普通人看破权力意志的喜怒无常。

4.3 真坏蛋的命运变数次大：打击的时松时紧

真坏蛋与权力意志距离最远，但其命运同样大起大落。权力意志深知非自由社会建立在普通人的集体驯服之上，而驯服必须克制本能并削弱理智，由于理智健全者甚少而本能却人人皆有，因此防止普通人变成身体反抗的真坏蛋，就成了维持非自由社会长治久安的日常要务。权力意志深知：如果像真坏蛋那样冒险犯禁的人越来越多，那么非自由社会就会迅速崩溃。

权力意志不希望普通人看到真坏蛋的身体反抗极其容易成功，只希望普通人相信得逞于一时的真坏蛋最终必将失败并受到惩罚，因此真坏蛋的反抗失败并受到惩罚被御用媒体刻意放大，以强化普通人对冒险犯禁的气沮胆寒；真坏蛋失败前的反抗成功却被御用媒体刻意遮蔽，以避免普通人见猎心喜，纷纷效尤。

4.4 普通人的生存策略：安全第一

经过御用媒体的上下其手和褒贬抑扬，假英雄和真坏蛋的真实形象和成败概率，产生了双重魔幻，于是普通人争做假英雄，不敢做真坏蛋。普通人之所以永远是普通人，就因为其思想感情受到权力意志的成功控制，既无法识破御用媒体漏洞百出的谎言，也无力抵抗御用媒体铺天盖地的宣传。项羽名言："富贵不还乡，如衣锦夜行。"充分揭示了非自由社会中绝大多数人不追求真自由、只追求比他人更富贵的集体心理。

既然假英雄是可以炫耀的富贵还乡者和衣锦日行者，而真坏蛋是不能炫耀的富贵不还乡者和衣锦夜行者，那么普通人当然宁要假英雄的既合法又安全的有限身体特权，也不要真坏蛋的既不合法又不安全的较大身体自由。即使没机会做假英雄，也宁要普通人那合法而安全的身体较不自由，不要真坏蛋那非法而危险的身体大自在。

4.5　普通人渴望成为假英雄的实质：欲做合法的真坏蛋

在常数状态下，普通人通常没胆量做真坏蛋，但在变数状态下，普通人一旦有机会成为假英雄，就有胆量做真坏蛋了。大部分欲做假英雄的普通人，其真正目的并非做假英雄，而是欲做受权力意志庇护的合法真坏蛋。由于假英雄的命运变幻莫测且朝不保夕，因此假英雄的普遍信条是"一朝权在手，便把令来行"，"有权不用，过期作废"。所以实为真坏蛋的假英雄，往往比单纯的真坏蛋还要不择手段地无恶不作，比单纯的真坏蛋还要迫不及待地醉生梦死，每时每刻都像在举行末日前的最后狂欢。

4.6　普通人的愿望受挫：身陷冤案

大多数普通人做假英雄没机会，做真坏蛋没胆量，做假坏蛋又不愿意。这揭示了普通人的基本困境：愿望受挫。想做假英雄但没机会，是愿望的客观受挫；羡慕真坏蛋却没胆量，是愿望的主观受挫；不愿做假坏蛋却被无辜打成假坏蛋，则是愿望的主客观同时受挫。普通人被打成"坏蛋"，与假坏蛋被打成"坏蛋"，是性质完全不同的两种冤案。假坏蛋懂得自由真谛且追求真自由，被打成"坏蛋"，按照非自由社会的价值观来看，并不冤。只有按照自由社会的价值观来看，才是冤的。普通人既不懂自由真谛更不追求真自由，却被打成"坏蛋"，即使按照非自由社会的价值观来看，也是冤的。

当身陷冤案的普通人从厄运中悟出自由真谛以后，普通人就变成了懂得自由真谛的假坏蛋，从而改变了自己的冤案性质：把非自由观之下的冤案，提升为自由观之下的冤案。这是权力意志始料不及的：制造冤案不仅不能巩固非自由社会，反而为非自由社会掘下了坟墓。

4.7　普通人的永恒惰性：比上不足，比下有余

在常数状态下，由于普通人不享有假英雄的身体特权，而且认为身体自由比心灵自由重要，因此尽管普通人与假英雄的自由积分相同（4分），但普通人依然认为自身自由状况远不如假英雄，更不如真坏蛋，因而对自身现状永远不满且牢骚满腹；但与落难的假坏蛋相比，普通人又认为自己尽管不太成功，起码没有失败，因而尽管对自身现状不满，也能过下去。

然而在变数状态下，普通人看见某些真坏蛋"作恶不报"（合法暴力的姑息养奸、行政不作为乃至黑白合流），某些假坏蛋"先苦后甜"（平反后享有身体特权），又有事后诸葛亮的无限懊恼，吃不尽后悔药：早知如此，悔不当初。但与下台的假英雄和落网的真坏蛋相比，普通人又庆幸权力斗争和权力更替与己无关，再次认为自己尽管不太成功，起码没有失败，因而尽管对自身现状不满，依然能过下去。

大多数普通人永远是普通人，因此非自由社会向自由社会转型的动力，主要不是来自普通人，而是来自假坏蛋。甚至真坏蛋对非自由社会的撼动力，也比普通人大得多。

4.8　权力意志对假英雄的前期庇护

与有贼心没贼胆的普通人相比，有贼心的假英雄往往更有贼胆，也更有机会成为真坏蛋，而且特权地位使他不容易败露。局部败露以后，权力关系网也能发挥"大事化小、小事化无"的保护伞作用，因而假英雄的侥幸心理，比普通人和真坏蛋远为强烈。假英雄知道，权力意志不仅不反对他在社会等级限定的范围内充分享受身体自由，只要"奉旨行乐"，就非常安全，而且沉迷于身体享乐，还会使权力意志对他非常放心，相信他不会有异心。

假英雄还知道，身体自由超出社会等级限定的范围，就是"僭越"。但只要仅有身体僭越，而无心灵僭越，那么权力意志就会网开一面，不予深

究。如果身体僭越是隐秘的，不为公众所知，那么权力意志还会尽一切力量保护心灵高度驯化的假英雄，把假英雄的劣迹当成"防扩散"的机密，维护权力意志及其追随者圣洁高贵的假面。

4.9 权力意志对假英雄的后期庇护

实为真坏蛋的假英雄，身体就与真坏蛋一样自由，甚至比真坏蛋更自由，更放纵，但为了保住特权地位，会比真坏蛋更小心掩饰，只有不慎败露以后，御用媒体才会大曝内幕。但是御用媒体大曝内幕，仅限于对权力斗争、权力更替有利的限度之内，因为过度曝光内幕有损权力意志及其追随者的道德假面，使民众认清权力斗争乃至非自由社会的实质，对非自由社会的长治久安和虚假繁荣不利。

在权力斗争激烈时期，非自由社会的民众有一定程度的政治知情权，养成一定程度的政治洞察力，然而一旦权力斗争告一段落，或者权力更替尘埃落定，御用媒体大曝内幕就会立刻停止，民众的有限政治知情权也会被重新剥夺，于是做稳了奴隶的民众，很快就会重新陷入非自由社会的权力意志最乐意看到的政治麻木。

4.10 权力斗争的本质：只问利害不管是非

假英雄的命运变幻莫测，固然源于权力意志的喜怒无常，然而权力意志的喜怒无常，却源于权力斗争的永无是非。权力斗争只问利害，不管是非，因此假英雄的命运变化，完全取决于权力斗争的需要。只要对权力斗争有利，即使是真坏蛋，也可以继续树为假英雄；只要对权力斗争不利，即使并非真坏蛋，也可以随时被打成假坏蛋。

尽管权力斗争只问利害，不管是非，但权力意志永远要借用名义上的是非，掩盖实质上的利害：如果权力斗争需要甲是非，而不需要乙是非，那就大谈甲是非，决不提及乙是非；一旦权力斗争需要乙是非，而不需要甲是非，那就大谈乙是非，不再提及甲是非。成王败寇是非自由社会的唯一是非，胜出的权力意志永远是对的，紧跟权力意志的人云亦云者也永远是对的，但权力意志及其追随者永远不知何为真是非。

4.11 非自由社会的两大秘密

只要非自由社会存在一天，普通人永远受侵害的命运就不会改变。然而普通人的受侵害是隐秘的，它是非自由社会对内的最大秘密：权力意志希望，社会内部知道这一秘密的人越少越好。由于普通人不知何为天赋自由，更不懂何为自由真谛，因而不知道自己每时每刻都在受到莫大侵夺。

假坏蛋却不遗余力地试图让尽可能多的普通人知道何为天赋自由，知道其天赋自由每时每刻都在遭到严酷侵夺，因此只要非自由社会存在一天，假坏蛋永远受迫害的命运也不会改变。假坏蛋的受迫害同样是隐秘的，甚至连假坏蛋的存在也是隐秘的，它是非自由社会对外的最大秘密：权力意志希望，社会外部知道这一秘密的人越少越好。因为不遗余力扼杀一切心灵反抗的非自由社会，居然始终存在着永不屈服的心灵反抗者，正是令权力意志食不甘味、睡不安寝的最大隐痛。

4.12 对普通人的"思想教化"

为了非自由社会的长治久安，歌舞升平，安定团结，继往开来，权力意志最重视稳定压倒一切，消灭一切不稳定因素，所以必须经常开展"统一思想"运动，也就是洗脑。具体又分为对普通人（同时包括假英雄）的"思想教化"和对假坏蛋（同时包括真坏蛋）的"灵魂改造"。对普通人的"思想教化"由两部分组成：对未成年人的学校教育，以及对成年人的思想控制。

对未成年人的学校教育，由官办学校和钦定教材包办。官办学校和钦定教材不传播任何人文公理，只鼓吹用"是非观"包装过的利害观。对这种名为"是非观"实为利害观的伪思想，未成年人只能拥护，不能反对。

对成年人的思想控制，由御用媒体和钦定圣经包办。御用媒体和钦定圣经不传播任何社会舆论，只鼓吹用"社会舆论"包装过的权力意志。对这种名为"社会舆论"实为权力意志的虚假舆论，成年人只能拥护，不能反对。

4.13　对假坏蛋的"灵魂改造"

非自由社会的头等大事，就是对假坏蛋的"灵魂改造"。其首要目的固然是消灭一切既有的假坏蛋，但其最终目的则是根除未来假坏蛋的产生土壤。因此，只要非自由社会存在一天，"灵魂改造"运动就永远不会终止。

每一个潜在假坏蛋的最大愿望是不要暴露，不要被揪出来，然而是否暴露，是否被揪出来，不以主观意志为转移，一旦被公开打成假坏蛋，就面临着生与死的抉择。在少数假英雄做表率、无数普通人瞎起哄的大好形势下，陷入"敌人不投降，就叫他灭亡"之绝境的假坏蛋，通常只能以心灵自由换取身体自由，以假装"彻底接受灵魂改造"，换取最后的生存权。为了达到任何人都不敢成为"灵魂改造"对象的威慑目的，假坏蛋们即使愿意放弃心灵自由，还是不被恩准做普通人。欲做普通人而不得的大部分假坏蛋因而认定：自由是原罪！心灵自由是原罪！懂得自由真谛是原罪！既然一切知识都会增进对自由真谛的领悟，那么知识就是原罪！

4.14　假坏蛋应对"灵魂改造"的两难困境

被打成假坏蛋之前，敢于公开对抗权力意志的假坏蛋很多。被打成假坏蛋之后，敢于公开抗拒灵魂改造的假坏蛋极少。迫于权力意志和亲友子女的内外压力，大部分假坏蛋不得不假装接受改造。内部压力其实更大，因为假坏蛋会自我加压。假坏蛋认为，自己懂得自由真谛，亲友子女却未必懂，如果反抗改造，自己殉道受难虽有意义，但是殃及亲友子女却毫无意义，所以不得不假装接受改造。

然而长期假装必定产生严重的人格分裂，最后必定导致精神崩溃，而且假装者会怀疑：除了我自己，有谁知道我是假装接受改造？长期假装接受改造，与真诚接受改造又有何分别？人仅有一生，假装一生必彻底抽空人生意义，因此长期的假装接受改造，最后必定变成真诚接受改造。所有长期接受改造的假坏蛋，最后必定心灵严重致残，人格高度扭曲。自称长期假装，劫后余生，前度刘郎又重来，依然翩翩一少年，只是自我粉饰的神话。尽管不该谴责受害者，但也不必拔高受害者。

4.15　权力更替时期的政治作秀：为假坏蛋有限平反

在民怨沸腾时期，尤其是在权力更替时期，权力意志往往会为假坏蛋举行有限平反，即从非自由观的角度为假坏蛋平反。有限平反尽管提高了假坏蛋的自由积分，却不仅没有动摇，反而巩固了非自由社会的基本纲常。由于非自由社会的权力合法性并非建立在全民同意和正当授权的坚实基础上，而是建立在全体顺民盲目承认权力意志"永远圣明"的脆弱基础上，因此若非万不得已，权力意志总是将错就错地坚持对假坏蛋的迫害，如果权力意志经常主动认错，就自我揭穿了"永远圣明"的神话。

从非自由观的角度为假坏蛋举行有限平反，只能证明非自由社会产生了严重的权力合法性危机。因此有限平反是权力意志万不得已的被迫认错，更是假惺惺的政治作秀。通过有限平反，权力意志顺利度过了权力合法性危机，而普通人误以为非自由社会具有自我纠错能力和自我完善能力，又重新产生了不切实际的幻想。

4.16　证明权力合法性的政治老套：声讨前任

不得已的被迫认错和假惺惺的政治作秀，也不大可能由现任权力意志自己完成，而往往由现任权力意志对前任权力意志事后追加。非自由社会的悖论是：冤案每时每刻都在大量产生，但被部分承认且有限平反的"冤案"却永远是前任制造的，现任权力意志永远充当为前任权力意志制造的冤案"平反"的恩主角色。现任权力意志制造的"冤案"，必须等到现任权力意志成为"前任"以后，再由下一任权力意志出面"平反"。

每一任权力意志声讨前任，总是归咎于前任权力意志偶然的个人道德品质低劣，而决不会承认非自由社会先天具有权力意志必然滥用权力、必然侵夺自由的制度架构。因此，声讨前任权力意志并为其制造的冤案"平反"，成了非自由社会在权力更替之际必然上演的政治老套。只有这样，每一任权力意志才能获得虚假的权力合法性。

4.17　声讨前任的政治诈骗：转移目标的溢恶之词

前任权力意志下台或死后，常常以道德品质低劣的个人罪名，充当非自由社会的制度罪恶的"替罪羊"。所谓"替罪羊",不是前任权力意志并未犯罪,而是所犯罪行与所加罪名缺乏必然关系。对前任权力意志之道德品质的空洞声讨,是避重就轻的"溢恶之词",是转移目标的政治诈骗,尽管"暴君"、"昏君"帽子乱飞,但对必然产生"暴君"、"昏君"的非自由社会的制度架构,却毫发无伤。

如果现任权力意志制造的冤案和对天赋自由的严酷侵夺,越过了民众能够忍受的极限,已经严重威胁到非自由社会的稳定,因而不得不在现任权力意志当政之时为冤案"平反",适当实施"宽松"政策,那么制造冤案和侵夺太甚的责任也决不会由现任权力意志来负,而一定是由现任权力意志的某位"亲密战友"充当替罪羊,以维持现任权力意志"永远圣明"的神话,直到他下台或死去,成为"前任"为止。

4.18　权力更替的政治实质:换汤不换药

只要非自由社会的制度架构不变,现任权力意志必然会像其前任一样继续滥用未经全民合法授权的不正当权力,一如既往地全面侵夺自由,一如既往地大量制造冤案。当民众再次轻信新一任权力意志是"永远圣明"的明君之时,现任权力意志拥有绝对权力的虚假合法性,就再一次得到了承认。

一旦虚假的权力合法性得以确立,权力更替即告顺利完成,对前任权力意志的空洞道德控诉和有限冤案平反,就会立刻终止。不出数年,粉饰太平的宣传机器就会让民众,尤其是新一代民众,忘记前任权力意志曾经犯罪,更不会意识到不受监督的现任权力意志也必然犯罪。于是社会悲剧白白上演,集体代价白白付出,既没有赢得社会进步,更没有赢得自由解放。

五 结语

自由常数（C）与自由变数（V）积分示意图

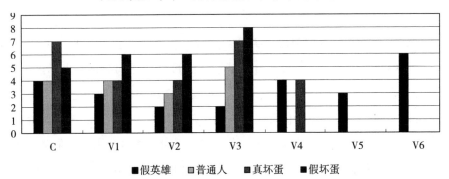

5.1 集体选择决定历史必然

综上所述，在非自由社会中，四大种姓的自由常数4项加自由变数16项，总计20项自由状态，不均衡分布于7个坐标点，从最低的2分，到最高的8分。每个人主观上都希望自己的自由积分上升，自由积分的下降不可能是主观愿望，而一定是客观情势所迫。即使铤而走险，冒险犯禁，也一定是为了增加自由积分，而非降低自由积分。

尽管个人选择往往是盲目的，非理性的，受外在偶因左右的，但群体性的长期选择决不可能盲目，而一定具有趋利避害的甚深理性内涵。每个人受外在偶因左右的选择总和，就是历史的必然。

5.2 公开认可的最高自由：6分

值得注意的是，最高坐标点8分，只有一项分布，仅仅属于非自由社会向自由社会转型之时的极少数假坏蛋（变数），所以这一最高分值，实际上并不真正属于非自由社会，而仅仅是理论上存在。次高坐标点7分，则有两项分布，且都属于普通人不敢做的真坏蛋（常数1项，变数1项），因此次高分尽管实际上存在，也得不到公开认可。

第三高的坐标点6分，共有三项分布，且都属于从非自由观角度加以有限平反的假坏蛋（均为变数，其一是极少数成为假坏蛋的前假英雄），这是不仅实际上存在而且得到公开认可的最高分。非自由社会每一时期最风光显赫的人物，都是前一时期的假坏蛋。正如每一时期最臭名昭著的人物，总是前任最高权力意志。

5.3　非自由社会的自由赤字

值得注意的还有，在仅及自由基本分8分之一半的4分这个坐标点上，却有7项分布（常数2项，变数5项），占自由常数与自由变数全部20项的三分之一强，而且涉及除假坏蛋以外的全部三种人（假坏蛋的最低自由积分为5分）。由此可见，与自由社会普通人的自由常数8分相比，非自由社会中的每个人都有或大或小的自由赤字，全体民众的自由赤字之总和巨大。

如果说一个国家的国民经济总值可以用GDP（Gross Domestic Product）来衡量，那么一个国家的国民自由总量就可以用GDD（Gross Domestic Disengagement）来衡量。理论上说，穷人和富人仅仅是经济状况不同，两者的天赋自由却是相同的。因此，即使是自由社会的穷人，也比非自由社会的富人更为自由。

5.4　国民自由总量（GDD）决定一切

经济并不能决定一切，甚至不能决定战争的胜负。决定战争胜负的，除了经济总量、人口总量，最为关键的是自由总量。假设交战双方在人口和经济上旗鼓相当，那么自由总量较大的一方，必然是最后的胜利者。因为十个不自由的乌合之众，常常不能战胜一个孤独的自由战士。

何况胜负往往是表面的，海明威《老人与海》中的圣地亚哥老头说："一个人并不是生来要给打败的，你尽可以把他消灭掉，可就是打不败他。"这个"人"，指的是自由人和保有心灵自由的被迫的奴隶，而不可能是不自由的奴才。奴才在被消灭之前，早已被打败，被权力打败，被暴政征服，被欲望劫持。奴才即使属于胜利者或征服者一方，也是生命的惨败者，而且永远没有翻盘机会。奴才死后不可能进天堂，只会去地狱，然而他们或许并不在乎这一点，因为他们活着时已在地狱里，而且安于这样的地狱，不肯失去这样的好地狱。

5.5　消极自由和积极自由

消极自由是天赋的、先天的、自然的、私人生活的自由和权利，积极自由是契约的、后天的、社会的、公共生活的自由和权利。消极自由主要是身体的自由，积极自由主要是心灵的自由。

非自由社会要彻底剥夺的是心灵的积极自由，因此权力意志不与臣民订立契约，不给予臣民以基本的社会自由和公共生活自由，由此观之，非自由社会是反社会的，反共同体的，非自由社会不把社会视为全体公民的自愿联合体和平等共同体，仅仅视为一姓一家或特殊利益集团的私有财产。

5.6　身体自由和心灵自由

任何人都首先追求身体自由，其次才追求心灵自由。在身心自由无法两全的情况下，绝大多数人都会选择放弃心灵自由，而非放弃身体自由，只有极少数人才会宁愿放弃身体自由乃至生命，也决不放弃心灵自由，但这决不意味着身体自由不重要。身体自由是初级自由和消极自由，心灵自由是高级自由和积极自由，正因为优先考虑身体自由无可厚非，优先考虑心灵自由才难能可贵。

由于普通人很少有机会成为假英雄，而做真坏蛋首先不是机会问题，而是胆量问题，因此普通人非常羡慕真坏蛋得逞之时的身体自由，仅仅是不敢铤而走险做真坏蛋。所以他们不敢在实际生活中做真坏蛋，却常常会与电影或文学中的真坏蛋产生角色认同，得到不必付出实际代价的想象性满足。这就是真坏蛋尤其是电影和文学中的真坏蛋，对非自由社会的观众具有超凡魅力的原因所在。

5.7　优秀人物的彻底退隐：伪装成普通人

有鉴于在非自由社会中，义无反顾地追求心灵自由，以积极自由的方式公开反抗权力意志，代价极大，胜算极小，因此自古以来，非自由社会中最杰出的优秀人物，不仅不愿做被权力意志垂青的假英雄和未被垂青但实质上与权力意志相似的真坏蛋，也不愿做被权力意志盯住不放的假坏蛋，于是他们伪装成了大智若愚、难得糊涂、韬光养晦、和光同尘、与世沉浮、与时消息的假普通人。

这些优秀人物是逃名逃利、相忘江湖的真隐士，与以隐通显、沽名钓誉的假隐士完全不同。他们的隐，是如树藏林、如水藏海的真隐。他们竟然隐得如此彻底，隐得如此成功，完全隐没在普通人的汪洋大海里，也完全消失在可见的历史记载里，就像他们从未存在过一样。

5.8　自由真人和自由英雄

在非自由社会中，没有自由真人（或许理论上存在），也没有自由英雄（理论上也不可能存在）。即使确实存在自由真人和自由英雄，历史记载里也见不到，公开报章里更见不到。在非自由社会的严酷高压下，大多数渴望自由的人都被迫成了逍遥真人，未能像自由真人那样以充分的实践弘扬自由真谛。部分由于逍遥真人们隐得过于彻底，隐得过于成功，于是非自由社会变得异乎寻常的长寿。

2004年2月27日—3月5日初稿

2004年3月6日—7月10日二稿

2005年3月2日—25日定稿

（本文刊于《社会科学论坛》2005年第5期,《人大复印资料》转载。收入张远山文集《文化的迷宫》。）

权力魔方变形记

一

我上幼儿园时，老师教我做过一个折纸游戏：先在图画纸中间画一个等边三角形，再以这个等边三角形的每一条边为边长，各画一个同样大小的等边三角形，把这四个同样大小的等边三角形一起裁下来，把外围的三个等边三角形向上折起来粘住，就得到了一个四面体。把这个四面体随手丢在桌上，必有一个三角形的面在最底下，另外三个三角形沿着倾斜的坡度，支撑起一个最高的尖顶。

今天我突发奇想，觉得这个四面体就是所有社会的基本权力结构。四个等边三角形，分别是士农工商（实际上四个三角形的大小并不相等，但为了简便，姑且这么说）。最高的点，在专制社会中是皇帝，或是不叫皇帝但实际上相当于皇帝的最高统治者；在民主社会中则是总统、总理或君主立宪制下的首相。农人从事第一产业，工人从事第二产业，商人从事第三产业，士人从事精神产业。尽管所有的社会都离不开农工商三者，但由于权力结构的立足重点不同，却可能是农业社会、工业社会和商业社会。在神权政体中，士的主体是依附于神权的教士或修士。在皇权政体中，士的主体是依附于皇权的文士或武士。在民主政体中，士的主体是独立于任何世俗权力之外的学士，即人文知识分子。

古代中国以农为本，农人的荣誉地位仅次于士人，但实际上农人三角形却永远处于最下，构成古代中国社会的基础。所有的古代农业社会，大抵也是如此，具体情况当然要复杂得多。每个三角形内部都有更细的阶层分化，比如在士这个三角形中，古代中国以文士为主体，古代日本以武士为主体，中世纪欧洲以教士为主体。必须注意，这三种士对权力的依附性都很大，与独立的近代知识分子有本质差异。另外，三个倾斜的三角形，其地位因大小不等也有所不同，比如法国的三级会议所代表的三个等级也地位不等。

这一情形到工业革命之后的近代工业社会发生了变化，马克思认为工人阶级作为无产阶级，已经代替农民阶级被压在了社会最底层。不过哪个三角形在最底下，本文不予讨论。我想看看这个折纸游戏有什么变数，有了变数以后怎样才能继续玩下去。

二

上述那个四面体，如果没有变数，比如没有第五个三角形加入进来，那么它就是一个超稳定结构。只要桌子不被掀翻，这个四面体的构成元素与结构关系就不会发生根本变化。即便桌子被掀翻，比如农民起义或被外族征服导致改朝换代，但只要没有第五个三角形挤进来，那么重整旧山河的结果，放在桌上的还是这个正四面体，在外观上看不出丝毫变化。虽然可能换了一个尖角在最上面，为此许多人的身份与桌面被掀翻前发生了天翻地覆的根本变化，原先居上的也许现在居下了，原先居下的也许现在居上了，但这个四面体的基本结构毫无改变。儒家的那套礼教，就是用于论证和维护这个四面体的神圣性和永恒性，谓之"天不变道亦不变"。这套儒家之道，扼杀了有可能威胁该结构之稳定性的一切变数，墨家、名家是其显者。有时扼杀不太凶悍，而是以柔克刚地化解，比如把异己者消化掉，招安掉，于是儒家就越来越不纯粹，变得五色驳杂，儒家先后消化吸收了法家、阴阳家、道家、佛教、禅宗等。

从这一社会权力的结构模型中，可以发现一个非常直观的特点：在每一个倾斜的三角面上，越是向上越是收敛，越是向下越是放大。这有两层含义：一、居上位者总是少于居下位者；二、居上位者必须对居下位者宽容。由于最上位者人数最少（仅有一人），所以必须对下最宽容。任何稳定的四面体，都必然是上尖下宽，而且越向下越宽。因此希望社会稳定的最上位者，必须对全体居下位者宽容。只有宽容才能确保社会结构不被颠覆。同理，依次而下，每一个相对的居上位者，也必须对全体相对的居下位者宽容。这是这一折纸模型告诉我们的自然法则。谁主张居下位者应对居上位者宽容，而居上位者应对居下位者严厉，那么我就请他把这个四面体的尖头朝下，竖起来。

宽容只能是上对下，不能是下对上。下对上的"宽容"，不叫宽容，而叫纵容。但是反对居上位者对居下位者宽容的人，却反过来，把居上位者对居下位者应有的宽容，叫作"纵容"。这种人是"人与人天生不平等"的拥护者。他们认为居上位者的权力是神授或天授的，所以不过度使用乃至不滥用权力就是对居下位者的纵容。但"人人生而平等"的拥护者认为，社会地位的高低仅是政治结构的功能性需要，而不是因为人与人天生具有贵贱之分。居上位者的权力是人授的，即居下位者授予的，因此居下位者对居上位者的"宽容"才是纵容。而且居下位者对居上位者的纵容，最终的最大受害者正是居下位者自己。

所有居下位者对居上位者的批评，都在根本上有利于桌子不被掀翻，有利于整个社会系统中的每一个成员。居上位者允许居下位者自由批评，也就是宽容，是释放可能威胁系统稳定的异己能量的唯一方式。不允许批评甚至扼杀批评，就是主动在为异己者积聚能量，那么居上位者就不是居于稳定结构之上，而是坐在火山口上。

三

这一折纸游戏的第一个变数，不是增加一个三角形，而是把底下的那个三角形翻上来，与另外三个三角形一样拱向尖顶，也就是每个面都倾斜于桌面，构成金字塔的四个斜面，而形成金字塔式的社会关系和权力结构。值得注意的是，虽然四个三角形中没有一个在形状上有任何改变，但现在这四个三角形中，没有任何一个三角形被置于底面。

第四个三角形翻上来之后，发生了一个显著的变化：由四个等边三角形支撑的权力结构与原先那个由三个等边三角形支撑的权力结构，其权力坡度明显平缓化了。这个权力坡度的平缓化，正是宽容度的放大。底下那个三角形翻上来并不是任意的，导致这种权力坡度平缓化也即政治文明进步的，有一个必要条件，那就是由最底层构成的社会生产力必须有替代物，它或者是一个从事基础生产的本族的奴隶阶级，或者是一个从事基础生产的被征服被奴役的异族。由于奴隶或准奴隶阶级被剥夺了基本人权和天赋政治权利，因此从事第一产业的农人阶级和从事第二产业的工人阶级由权力结构之外的奴隶阶级充当，于是这样的社会就由商人成为权力结构的主导性力量。这样的社会，可以在古希腊发现，也可以在殖民主义的近代欧洲发现。古希腊社会是一个建立在奴隶制度之上的直接民主制社会，殖民主义的近代欧洲社会是一个建立在准奴隶制度之上的代议制社会。两者的民主成分主要是对内部成员而言。

在工业革命之后的欧洲近代社会中，第五个等边三角形终于出现了，那就是自然科学家、技术发明家（也称技术知识分子）构成的等边三角形。这是一个真正改变有史以来的所有传统社会的权力结构的新生力量。这个三角形挤入了原先的四个等边三角形构成的权力结构，于是权力坡度再次发生平缓化，宽容度也进一步放大。一旦科学技术成为第一生产力，权力至高点与社会最底层的落差已经相当小，但是全体公民的真正平等尚未实现。它必须等待第六个等边三角形的出现，也就是不从事生产而专事批评权力阶级和社会不公的人文知识分子构成的第六个等边三角形。

四

不依附于任何世俗权力的批判性人文知识分子阶层作为第六个等边三角形，几乎与科学家同时出现，但是必须等到科学家所改变的近代商业社会基本成熟以后，才能真正发挥改变历史进程的巨大作用。也就是说，只有以科学家为主导的现代商业社会，才能使不直接从事第一、第二、第三产业的批判者阶层不依附于任何世俗权力，摆脱特权阶层的供养，因而不必为特定阶层服务，而是为社会公理服务，为全人类服务。因此批判者阶层这一崭新的三角形一旦进入人类历史，就不仅是像科学家那样改变了传统社会的权力结构，而是彻底瓦解了传统社会的权力结构，它甚至颠覆了对权力的传统定义：权力不再是支配与被支配的关系，而是每个人因功能性需要和结构性分工在不同领域为全社会其他成员提供服务的关系。人与人在根本上不再有高低贵贱之分，只有互相服务的义务、责任和权利。也就是说，"我有权"不是我有权要你为我服务，"我有权"更不是我有权奴役你，而是"我有权"在这个合法的岗位上为你提供职业性服务，并且无权不提供这种职业性服务。

完全独立的人文知识分子即第六个等边三角形的出现，是近代以来最重要的历史事件。不难发现，六个等边三角形连在一起，是不可能构成任何坡度的，它们已经完全成了一个平面，构成一个正六边形。批判者阶层的出现，不仅使权力坡度达到了有史以来最大的平缓化，而且使传统社会中的一切权力失去了神圣性，从此"人人生而平等"真正地成了文明社会的基本公理。但这一人文公理的彻底实现，将是一个不断趋近理想的漫长历史过程。正是因为宣扬这一至高理想而事实上却不得不生存在一个尚不理想的社会现实中，批判者的言论和实践才必然会发生一定程度的分离。而这也成了在残存的传统权力结构中获益的扼杀批评者对批判者的最主要指责：批判者的言行不一致。

事实上，批判性通用理论与阶段性历史实践、公理性人文思想与个体性生存行为是不可能真正一致的。与实践完全一致的理论只是世俗权力的辩护，与行为完全一致的思想只是世俗行为的护短。真正有价值的批判性通用理论和公理性人文思想，都具有现实所缺乏的理想色彩。真正的批判者和理想家，必然是言行不一致的。但这里的言行不一致不是在世俗层面上的言行不一致，而是批判者的行为以现行法律为底线与批判者的言论以永恒正义为旨归之间的不一致。正是这样的言行不一致，为未来人们的世俗行为和政治结构提供了一个更高的理想目标。反对这样的言行不一致，就是反对人类社会向更理想的形态发展。

当一个批判者居下位时，他想怎么批评居上位者都可以，无论多么偏激，他都有权批评。他有绝对的言论自由。他的不无偏激的批判对政治结构的动态稳定和社会系统的良性运转不仅无害，而且有益。桌子的四个脚必须居于桌子边缘的四角才能保持桌面的稳定，如果桌子的四个脚都居于桌子的中心，那么这个桌子就会摇摇欲坠。所以，当一个人处于社会底层、社会边缘而未进入权力中心、权力高层时，他的批评不妨偏激。因为偏激言论中的不合理因素会被其他端点的偏激言论的不合理因素所抵消和中和，来自不同端点的各种不无偏激的自由言论所形成的合力，正是社会稳定所需的凝聚力和社会进步所需的推动力。各有所偏的自由言论的活跃，不仅保证了社会的活力和文化的创造力，而且充分保证了整个政治结构和社会系统的稳定。

但是如果一个批判者通过成功的批评进入了结构性权力中心和功能性权力高层，那么他就不能完全按照他原来的思想尤其是偏激言论来行动，他必须放弃思想的偏激而在行为上中庸和妥协，虽然他依然可以批评居上位者，但他却必须对居下位者宽容。如果他是最高权力者，那么他就只能接受批评，只能对下宽容。他可以依法惩罚行动上的极端主义者，但不能滥用法律授予他的权力惩罚思想言论上的异见者乃至偏激者。因为公正的法律决不会授予他惩罚异见者的权力，只要当权者在惩罚异见者，那么他一定是挪用了权力，也就是滥用了权力。被挪用和滥用的权力，已经失去了其正当性。

举例来说，苏格拉底是雅典直接民主制度的批评者。他有发表任何批评意见的绝对自由，尤其有权批评直接民主制的种种弊端，因为他是在野者，他的意见无论多么偏激，只能用另外的自由言论与他进行自由辩论。雅典当局不能禁止他的自由言论，更没有权力假借民主的公意判处"言而不行"的苏格拉底死刑。然而如果苏格拉底成了雅典的执政者，那么他就不仅失去了偏激言论的自由，尤其失去了按其偏激思想任意行动的自由。因为作为当权者，他的行动必须以全体雅典公民的身心福利为最高目的。作为当权者，他必须对其他苏格拉底式偏激言论加以无限度的宽容。

在此意义上，道学家式地要求执政者前后言行一致和知行合一是荒谬的。因为前一个言论的苏格拉底是在野者，而后一个行动的苏格拉底是当政者。在野者苏格拉底如果言行一致且其行为不触犯法律，当然很好。在野者苏格拉底如果言行不一，那么有两种情况，第一种是言论不偏激，但行动不符合其言论而触犯法律，那么法律就必须对苏格拉底触犯法律的行为进行制裁。第二种是言论偏激，而他的行为虽然违反其言论但却没有触犯法律，那么法律就无权制裁苏格拉底。在这两种情况下，法律都不能对他的言行不一致进行制裁，因为言行是否一致不属于法律的管辖范围。法律只管行为，不管思想言论。言论享有绝对自由，而行动必须遵守法律——这就是在野者苏格拉底在雅典法庭判处他死刑时坦然接受这一错判、服毒而死的理由。

五

思想、言论、著述永远无罪，不论是否与行动一致，这是民主的基石。在现代社会，人文知识分子就是一个永远在野的专事批判的阶层，主要是批评乃至挑剔当权者以及民众对当权者的纵容和盲从。不依附权力的独立知识阶层虽然在中国历史上没有传统，但从五四以来，中国的自由知识分子始终在艰苦卓绝地追求这种独立。

言行一致是道德的自律性要求，而不是法律的他律性强制。把道德与法律混为一谈，甚至用道德代替法律，是专制制度的最大骗局，是统治者的虚伪道德和愚民道德。关于行动和思想的不必合一，而且不能以这种分离为理由加以惩罚，可以再举几个例子。意大利诗人但丁在其不朽巨著《神曲》中，把他厌恶的当代和古代、本国与异国人物打入地狱或炼狱接受永恒惩罚，其惩罚的方式非常残酷。但是只要但丁没有作为执政者把这种想象中的残酷付诸实行，但丁就是无罪的。即使那些被但丁运用想象打入地狱或炼狱的真实历史人物的亲属和后裔，也没有权利控告但丁侵犯了其亲属或先人的名誉权。法国作家西蒙娜·波伏娃的学生奥尔嘉曾经介入她与萨特的同居生活，上演了有名的"三重奏"，波伏娃为此非常痛恨奥尔嘉，于是她在小说《女客》中让代表她自己的女主角弗朗索瓦兹"亲手"杀死了代表奥尔嘉的格扎维埃尔，从而获得了感情上的解脱，并且在生活中也原谅了奥尔嘉，与她长期保持着友谊。这样的虚构性谋杀，当然也是无罪的。中国作家王小波在小说《革命时期的爱情》中，让男主人公王二想象自己强奸了女主人公×海鹰，并且为这种想象辩护说："这样干虽然很不对，但是想一想总是可以的。要是连想都不让想，恐怕就会干出来了。"可见任何人都有权在想象和写作中残酷，但不能在事实上残酷。任何人都有权在想象和写作中谋杀、强奸，但无权在事实上谋杀和强奸。任何人都有权在思想上反民主、在言论和著作中宣传反民主，但无权在事实上专制和独裁。因为思想属于个人，行动涉及整个世界。即便我驳不倒你的思想，但我依然可以不同意你的思想。不同意的权力是神圣的，它是民主的精髓。民主制度把不同意的权力赋予了所有人。如果我认为你的思想有害，那么我就要批判你，但我无权剥夺你的思想言论自由。如果你把这种我认为有害的思想付诸行动，而且即便这种行动没有触犯法律，但我依然有权认为你的思想和行动有害，依然有权认定你是在犯罪。但只有当你的行动确实触犯了现行法律，我才可以通过正当的法律程序起诉你。如果你的行动确实对社会有害但按现行法律体系却不能绳之以法，那么我就有权通过自由言论批评现有的法律体系，并呼吁民众经由民主程序修改和完善现有的法律体系。

六

追求绝对平等的独立的人文知识分子阶层是现代文明的最大支柱。绝对平等永远不可能实现，但是必须永远追求。因此不必过度担心全体公民完全平等会导致个体精神的平面化即没有个性——但也确有此弊，因为在大的正六边形中，会形成无数的小六边形，整个社会有可能成为毫无个性毫无活力的蜂窝状。但个性常常是蚌病成珠的产物，在不平等社会中有价值的个性，未必是平等社会中有价值的个性。认为不平等有助于A与B都有个性而刻意让两者不平等，决不是走向精神丰富的真正通途。真正健康的个性不是依靠外在等级差异来强加的，而是凭借内在天性而自然发展的。也不必过度担心全体公民完全平等会导致社会结构的崩溃，因为在民主社会中，人类这一社会化的生物群，依然离不开结构性的职业分工和功能性的科层体系。民主社会中的上下等级仅仅是出于管理上的必需，是结构性的、功能性的、暂时的、非世袭的、可替换的、理论上人人有机会担任的。

趋于绝对平等是一个无止境的过程，它永远不可能真正抵达，但平等已经成为现代民主社会最主要最根本的人文公理。人文知识分子的使命之一，就是防止管理者（即结构上功能上的居上位者而非事实上的高贵者）企图使六个等边三角形都变形为顶角小于60°的等腰三角形（即两边长于底边），再次把权力至高点逐渐拉离三角形的底边和权力金字塔的底层，再次造成政治权力的两极分化。现代人普遍反对物质财富的两极分化，殊不知恰恰是政治权力的两极分化才导致了物质财富的两极分化。政治权力的两极分化是万恶之源。如果不能改变政治权力的两极分化，那么物质财富的两极分化就是必然的。如果不反对政治权力的两极分化，那么反对物质财富的两极分化就是永远无效的。如果在政治权力两极分化的社会结构中，反对物质财富两极分化的言论居然获得了官方的阴险鼓励，那就一定是政治权力为自己脸上贴金的假惺惺，这种假惺惺的根本目的是为了巩固其政治权力，是为了使其政治权力获得一种虚假的合法性。

2000年4月6日初稿，2001年11月21日定稿
（本文未曾入集。刊于《社会科学论坛》2003年第2期。）

理论影响历史
——冷战攻略及其结局

中国人向来轻视理论，更轻视理论思维中的法律——逻辑，而更相信直觉或所谓妙悟，认为横空出世的感性直觉，比周密圆融的理性智慧更为实用，誉为"兵器一车，不如寸铁杀人"。然而感性直觉和所谓妙悟，往往是算计粗疏的狡智，似是而非的自作聪明，理性认知和逻辑推演，才是计算精确的大智慧。当代思想家顾准说："那种庸俗的实用主义，把逻辑的一贯性和意义体系的完整性看得比当下的应用为低，低到不屑顾及，那也不过无知而已。"[1]

不过，源于希腊的纯逻辑理性思维，为了强调理论科学至高无上的价值，常常故意贬低，甚至竭力否认理论的实用性。当一名新弟子询问几何有何用处之时，欧几里得对大弟子说："给这位先生一块银币并送他出去，既然他认为寻求智慧的乐趣，不值得他费心学习这门科学。"这一流传甚广的逸闻，进一步加剧了中国式感性直觉头脑的偏见，误以为连逻辑大师也承认理论无用，仅是智力游戏。这当然绝非事实，理论绝对是有用的，只是第一，纯理论思维不把当下的实用性视为最高目标。比如希腊哲学家泰勒斯，为了用事实驳斥别人对其理性智慧的怀疑，曾在橄榄油歉收的某年，低价收购了大量空油桶，随后在次年橄榄油丰收之后，高价售出空油桶，并把所获暴利全部散尽，以示智者不屑于追逐世俗利益，但绝非不能做到。第二，由严密逻辑支持的科学理论，常常在短时期内看不出当下实用性。这方面的好例，莫过于纯数学。第二次世界大战时勃兴于美国的应用数学，就曾把长期"无用"的纯理论数学应用于实战，从而有效帮助盟军战胜了轴心国。许多通俗的数学趣味读物，已经做过引人入胜的介绍，无须我再赘述。本文要描述的，是理论影响当代世界历史进程的一个最新例子。

---

[1] 《顾准文集》第252页，贵州人民出版社1994年版。

1944年，德国数学家约翰·冯·诺伊曼创立了"对策论"（即"博弈论"）。二战结束后，兰德（RAND）公司认识到这一理论具有极大的应用潜力，聘请诺伊曼研究制定冷战策略。诺伊曼建构的理论模型如下：

假设有A、B、C三人各自为战，进行决斗。规则是每人轮流开一枪。其中A的枪法最差，平均三枪只能打中一枪。B枪法略好，平均三枪能打中两枪。C枪法最好，百发百中。为了公平，由A先开枪，随后依次为B和C。

在现实生活中，有恃无恐的强者往往最爱和平，而弱者则因为恐惧而常常先发制人，只不过弱者无法一举置强者于死地。因此这一虚拟游戏，为了公平而规定的开枪顺序，绝非主观设定，而有相当的客观真实性。

问题是A应该向谁开枪，才有最大的存活机会？感性直觉是C的威胁最大，应该打C。因为如果A打B并且凑巧打死了B，那么接下来轮到百发百中的C开枪，A就死定了。假如A打C并且凑巧打死了C，那么接下来轮到B开枪，A死掉的可能性有三分之二，存活机会有三分之一。死定与有三分之一存活机会，看起来对C开枪的感性直觉颇有道理，然而这一由感性直觉支持的决策却是错的。经过严密推理和精确计算，最佳理性决策应该是：A既不该向C开枪，也不该向B开枪，而应该故意放空枪。也就是说，A的理智选择，是断然放弃为了"公正"而给他的开枪优先权。这显然超出了直觉主义者的智力水平。

A放完空枪，或为了隐瞒真实意图而假装没打中，轮到B开枪。B一定是向C开枪，因为等一下轮到C时，C一定向B开枪，所以B别无选择。C被B打死的可能性有三分之二。假如C死了，那么第二轮重新开始，又轮到A先开枪。借B之手除去了最强的对手，而且依然由A先开枪，显然第二轮的形势比第一轮的形势对A更有利。即便C没被B打死，那么C一定打死B。尽管第一轮仅仅除去了次强对手B，但第二轮依然由A先开枪，因此第二轮的形势与第一轮的形势相比，还是对A相当有利。B打死C的结果对A最有利，B打不死C（则B必被

C打死）的结果对A也相当有利，而出现前一结果的概率有三分之二，出现后一结果的概率仅三分之一。这足以证明，由于A正确选择了理性对策，他不仅在第一轮的三人决斗中率先开枪，而且在第二轮的二人决斗中仍能确保率先开枪。由于A在第一轮中违反感性直觉地服从理性智慧，决定放空枪，结果毫无代价地借他人之手除掉了一个比自己强大的对手，而且除掉最强对手C的概率，大于除掉次强对手B的概率。

由严密逻辑支持的理论思维得出的奇妙结论是，如果A在第一轮有效使用出于"公平"而给他的开枪优先权，甚至成功打死一个对手，那么结果反而对他"不公平"——比他强的对手将会率先向他开枪，并且极有可能一举将他置于死地。可见感性直觉的浅层次"公平"，对弱者未必一定有利。A只有第一轮放空枪，而到第二轮才动用开枪优先权，才能为自己赢得最大存活机会。严密的逻辑，确保了A在第一轮中绝对不死。而B与C在第一轮中都危险万分，两者必有一死。

我相信，这就是数学家约翰·冯·诺伊曼为西方集团制定的冷战总策略。由于相关史料尚未解密，以上三人决斗模型的简单资料，见于英国作家西蒙·辛格所著《费马大定理：一个困惑了世间智者358年的谜》一书[1]。上文是我的重述、展开和阐释，下文则是我的推测和演绎。

依三方实力而论，A是中国，实力最弱；B是苏联集团，实力次强；C是西方集团，实力最强。

作为最强者C的西方集团因有恃无恐而爱好和平，轻易不会率先发难。作为最弱者A的中国因恐惧而不得不逞强，但主动发起攻击对最弱者A事实上不利，所以最弱者A很可能在姿态上非常好战，即冒充最强者C，比如宣称对手都是不堪一击的"纸老虎"等，而实际上却最不可能主动挑起战端，A只有在不得不自卫时才会被迫应战，如1950年抗美援朝和1969年

---

[1] 西蒙·辛格《费马大定理：一个困惑了世间智者358年的谜》，薛密译，上海译文出版社1998年版。详见文末所附该书第143页"三人决斗"，第286页"对策论和三人决斗"。

中苏珍宝岛之战。

作为次强者B的苏联集团，因最强者C一旦发动攻击，必定首先攻击B而非首先攻击A，就不得不主动发起攻击，如1956年苏军入侵匈牙利，1968年苏军入侵捷克斯洛伐克，尤其是1962年苏联近乎玩火地导演了直逼美国家门口的古巴导弹危机。次强者B之所以没有像理论模型所推定的那样对最强者C直接发动最终的主动攻击，并非理论失误和逻辑失算，而很可能是兰德公司参考数学模型后，进一步提出了匪夷所思的献策：西方集团虽然是最强者C而非最弱者A，但应该采取与最弱者A冒充最强者C的方针正好相反的战略，即假扮最弱者A，以便诱导真正的最弱者A和次强者B对三方实力和国际局势做出错误判断，促使A、B做出错误决策。以其后的史实反推，很显然西方集团的首脑们欣然采纳了这一卓越建议，长期推行了"示弱"政策，制造出自己"枪法"不好的假相。而A、B两者确实都误以为，民主制度的"混乱"、"低效"，尤其是因"言论自由"导致的"思想不统一"，不利于贯彻战时所需的高度集权的领袖权威。这是A和B在1969年以后互相把对方视为头号敌人的主要原因，他们都想把头号敌人解决以后，再腾出手来对付危险性有限而且"不堪一击"的C。

冷战时期国际政治博弈的最终结果作为铁的事实，业已尽人皆知。严密逻辑支持下的纯理论思维，帮助西方集团选择了最佳对策并得到了最高回报：1991年，作为次强者B的苏联集团，在众叛亲离中不战而溃地自动瓦解了。作为最弱者A的中国，在风声鹤唳、危机四伏的求强中徐图发展。作为最强者C的西方集团，在不动声色的"示弱"中不战而胜地掌控了全局。

事实上，美国人在冷战前的第二次世界大战中也采用了相似的"示弱"战略。军国主义的日本误以为自由民主的美国不堪一击，于1941年轻率地偷袭珍珠港，挑起太平洋战争，结果先下手遭殃，后下手为强。东方直觉主义则迷信"先下手为强，后下手遭殃"。美国人在第一轮都不率先开枪，到第二轮却掌控了全局。西方集团的冷战策略，与"以逸待劳"、"后发制人"、"欲擒故纵"、"将欲取之，必先予之"、"不战而屈人之兵"等最高层次的中国式直觉智慧一致。上文提到的错误直觉，只是普通的直觉，中国智慧的某些最高直觉确实超越了普通直觉的粗浅层次，所以有时会让其他民族觉得不可思议，甚至肃然起敬。但直觉毕竟只是直觉，任何直觉都可以找到言之成理、持之有故的相反直觉加以反驳，所以每一条立基于直觉的中国格言，都能找到一条以上的反向格言。没有理性逻辑的强有力支持，感性直觉式智慧远不够深广和坚定，答案不可能具有唯一性，因此常常陷入自疑、疑人的思维陷阱，乃至因算计过深而搬起石头砸了自己的脚。投机取巧、赌博押宝的直觉式狡智，最后一定会落到比仅仅使用普通常识还要不如的昏庸地步。

我出生于冷战开始十多年后的六十年代初，从我记事起，战争阴影就笼罩着我幼年的全部生活。当时的中国领导人直觉地认为"战争是不可避免的"，宣称"小打不如大打，晚打不如早打"，认定第三次世界大战"非打不可"。很显然，当时的中国领导人没有向诺伊曼式的理论家和科学家，进行过真正虚怀若谷的咨询和求教，正如马寅初的"新人口论"，就被"人多好办事"的粗浅直觉所否定。中国的理论专家，都被视为"反动学术权威"而打倒。于是要"备战备荒"，"深挖洞，广积粮"；红小兵，红卫兵，基干民兵，"全民皆兵"，"全国人民向解放军学习"；"工业战线"、"农业战线"、"文艺战线"，整个社会生活和社会生产，都按战时状态加以安排和组织，为此付出了沉重代价。然而出乎中国和苏联集团的预料，在西方理论科学的精确预测下，冷战竟在西方集团的"不战而胜"（尼克松）中有惊无险地突然结束。矗立近半个世纪的柏林墙倒塌之后，世界历史翻开了"和平与发展"（邓小平）的新篇章。尽管我不属于胜利者一方，但我依然为避免了生灵涂炭的毁灭性战争而由衷庆幸，并对科学力量和理性智慧无限敬畏，尤其是对领袖权威服从科学理性的民主政治运作方式，油然神往。

后冷战时代的现实是，作为最弱者A的中国已不再过分逞强，而作为最强者C的西方集团也不再过分示弱。中国现在急于发展自身的经济实力，而西方集团作为冷战中胜利的一方，可能有点被胜利冲昏头脑，误以为"历史已经终结"（福山），所以近年来常常过于得意忘形，比如北约的挑衅性东扩，以及在伊拉克、前南斯拉夫等地区一再悍然动武。西方集团应该明白，强权外交不可能永远有效，恃强凌弱更不是推广社会真理和建设美好地球村的最佳方法，他们必须重新考虑"公平"原则，了解弱者的特殊心理和既敏感又脆弱的自尊心，承认弱者的异议权和自决权。面对持"枪"

（现已升级为核武器）的较弱者，强者虽然可能"有恃无恐"（其实远非真正的有恃无恐）地爱好和平，但面对无"枪"的更弱者，强者却同样可能有恃无恐地穷兵黩武。这样就可能迫使原本无"枪"者急于持"枪"自卫，印度、巴基斯坦等国纷纷发展核武器，正是冷战后核武器不但未得到有效控制，反而开始恶性扩散的危险信号。如果不能有效地对话沟通，大度地求同存异，以和平手段平衡推进全球各地区的经济发展和文明进程，必将有更多国家或明或暗地研发制备自己的核武库。对很多国家来说，这在技术上已经毫无困难。甚至有不少业余爱好者宣称，仅凭一己之力就能制造小型核武器。如果二十一世纪的地球村，再次进入霍布斯意义上的"一切人对一切人的战争"，将是可悲的历史倒退。其可能的惨淡前景，依然是"没有任何胜者"（戈尔巴乔夫）。

逞强和自大，绝非真正的强大，固守古老的统治方式，绝非有自信的表现。源于冷战时期特殊时代需要的陈旧政治体制，早已不再适应现代文明发展的历史潮流。抱残守缺的中世纪式宫廷狡智，不仅不可能满足公众日益高涨的政治诉求，也不可能帮助中国在全球政治格局中，占据一个与其广袤疆域、众多人口、博大文化、悠久历史相称的恰当位置。彻底解放思想，全面开放理论思维的禁区，让政治运作服从科学真理和人文公理，是中国社会脱胎换骨、中国智慧重放异彩的唯一通途。

本文资料来源：《费马大定理：一个困惑了世间智者358年的谜》

一、第143页"三人决斗"

在1944年，约翰·冯·诺伊曼与人合作写了一本《对策论和经济行为》，其中他创立了"对策论"这个术语。对策论是冯·诺伊曼用数学来刻画对策的结构以及人们如何进行操作的一个尝试。他从研究弈棋和扑克游戏着手，然后继续尝试模仿诸如经济学之类的更复杂的对策。在第二次世界大战之后，兰德公司认识到冯·诺伊曼的思想的潜力，聘用他研究制定冷战策略。从那时起，数学对策论就成为将军们通过把战役看作复杂的棋局来检验他们的军事策略的基本工具。对策论在战役中的应用可以通过"三人决斗"作简单的说明。

三人决斗类似于二人决斗，只是参加者有3个而不是2个。一天早晨，黑先生、灰先生和白先生决定，通过用手枪进行三人决斗直到只剩下一个人活着为止来解决他们之间的冲突。黑先生枪法最差，平均3次中只有1次击中目标；灰先生稍好一些，平均3次中有2次击中目标；白先生枪法最好，每次都能击中目标。为了使决斗比较公平，他们让黑先生第一个开枪，然后是灰先生（如果他还活着），再接着是白先生（如果他还活着）。问题是：黑先生应该首先向什么目标开枪？你可能会根据直觉来猜，或者更为好一点根据对策论来猜。答案在附录9中讨论。

二、第286页"附录9.对策论和三人决斗"

我们来研究黑先生可作的选择。黑先生可能以灰先生作目标。如果他成功了，那么下一次将由白先生开枪。白先生只剩下一个对手，而且因为白先生是百发百中的枪手，于是黑先生死定了。

黑先生较好的选择是以白先生为目标。如果他成功了，那么下一次将由灰先生开枪。灰先生3次中只可能有2次击中他的目标，所以黑先生有机会活下来再回击灰先生，从而有可能赢得这场决斗。

似乎第二种选择是黑先生应该采用的策略。然而，有第三种更好的选择。黑先生可以对空开枪。于是下一次是灰先生开枪，他会以白先生为目标，因为白先生是危险得多的对手。如果白先生活下来，那么他将以灰先生为目标，因为他是更为危险的对手。通过对空开枪的办法，黑先生将使得灰先生有机会消灭白先生，或者反过来白先生消灭灰先生。

这就是黑先生的最佳策略。最终灰先生或白先生将会死掉，那时黑先生将以剩下的一个人为目标。黑先生控制了局势，结果他不再是在三人决斗中第一个开枪，而变成二人决斗中第一个开枪。

2000年2月28日

（本文刊于《黄河》2000年第3期。收入张远山文集《文化的迷宫》。）

相关附录

《美丽新世界》备忘录

一、1995年夏离职前试笔：选3篇

1992年4月16日—24日：中西思维层次之差异及其影响（选自《文化的迷宫》）

1992年5月21日—26日：公孙龙《指物论》奥义（选自《文化的迷宫》）

1992年6月26日—7月1日：理性的癌变：悖论（选自《永远的风花雪月，永远的附庸风雅》）

二、第一个写作十年（1995年夏—2005年夏）：选17篇

1996年9月22日：被愚弄的兔子和被弄愚的乌龟（选自《永远的风花雪月，永远的附庸风雅》）

1996年9月22日—23日：永远的风花雪月，永远的附庸风雅（选自《永远的风花雪月，永远的附庸风雅》）

1997年4月22日：思想真的有用吗（选自《思想真的有用吗》）

1997年4月22日初稿，10月14日—20日定稿：集体主义的游戏：寻找替代（选自《永远的风花雪月，永远的附庸风雅》）

1997年10月5日—13日：巫风强劲的中国象形文化（选自《永远的风花雪月，永远的附庸风雅》）

1998年4月14日—20日：乏味的英雄和有趣的坏蛋（选自《永远的风花雪月，永远的附庸风雅》）

1998年5月19日：平面化的美丽新世界（选自《告别五千年》）

1999年7月13日：告别五千年（选自《告别五千年》）

2000年2月28日：理论影响历史：冷战攻略及其结局（选自《文化的迷宫》）

2000年3月14日：你愿意生活在哪个朝代（选自《告别五千年》）

2000年4月6日初稿，2001年11月21日定稿：权力魔方变形记（集外文）

2002年1月27日：文化五身段（选自《文化的迷宫》）

2003年3月6日初稿，7月6日定稿：考试悖论试解（集外文）

2004年2月初稿、3月二稿，2005年3月定稿：自由常数和自由变数（选自《文化的迷宫》）

2004年2月26日：学术：政治之内，权力之外（集外文）

2004年3月2日："江湖"的词源（选自《文化的迷宫》）

2005年2月25日—3月3日：进入古典中国的五部经典（选自《文化的迷宫》）

三、第二个写作十年（2005年夏—2015年夏）：选4篇

2008年2月24日—3月7日：被庙堂遮蔽的江湖中国（选自《思想真的有用吗》）

2009年8月11日—10月23日：道家散论五题（选自《老庄之道》）

2010年7月31日—8月4日："江湖"、"庙堂"的历史意蕴（集外文）

2010年8月18日—9月16日：中华复兴的目标和进路（选自《老庄之道》）

《美丽新世界》所收24篇思想论，写于三个时段：3篇是1995年夏天离职开笔之前的试笔，17篇写于第一个写作十年，4篇写于第二个写作十年。

这些思想论，主要写于第一个写作十年，多为报刊专栏而写。2005年夏天，我停掉所有报刊专栏，此后专心著书。第二个、第三个写作十年，除了伏老庄专论，基本不写思想论。

2005年春所撰《进入古典中国的五部经典》，宣布即将启动第二个写作十年的庄子工程。